Sylvia Terpe
Ungerechtigkeit und Duldung

Sylvia Terpe

Ungerechtigkeit und Duldung

Die Deutung sozialer Ungleichheit und das Ausbleiben von Protest

UVK Verlagsgesellschaft mbH

Dissertation zur Erlangung des Doktorgrades der Philosophischen Fakultät der Martin-Luther-Universität Halle-Wittenberg

Bibliografische Information der Deutschen Nationalbibliothek
Die Deutsche Nationalbibliothek verzeichnet diese Publikation in der Deutschen Nationalbibliografie; detaillierte bibliografische Daten sind im Internet über http://dnb.d-nb.de abrufbar.

ISBN 978-3-86764-142-5

Einband: Susanne Fuellhaas, Konstanz
Printed in Germany

UVK Verlagsgesellschaft mbH
Schützenstr. 24 · D-78462 Konstanz
Tel.: 07531-9053-0 · Fax: 07531-9053-98
www.uvk.de

Inhalt

Abbildungen und Tabellen

Danksagung

Ich möchte dieses Buch nicht ohne eine ordentliche Danksagung erscheinen lassen. Denn wäre es nicht ungerecht, all jene ungenannt zu lassen, die nicht nur zu seiner Drucklegung, sondern auch ganz wesentlich zum Gelingen meiner Promotion beigetragen haben? Auf ihr Verdienst soll hier angemessen hingewiesen werden: So fanden Gabriele Mordt und Michael Bayer stets ein offenes Ohr, die verschiedensten Facetten des Themas "Ungerechtigkeit" mit mir zu diskutieren. Reinhard Kreckel und Helmut Thome gaben wiederholt hilfreiche Ratschläge und Anregungen. Carmen Figlestahler und Christoph Heiduk möchte ich für die sorgfältige Korrektur des Manuskripts danken. Und Anett Reichenbach-Heiduk hat mit ihrem Können die grafische Umsetzung meiner Gedanken ermöglicht. Alle im Buch verbliebenen Fehler sind freilich allein mir zuzurechnen.

1 Ungerechtigkeit als Thema öffentlicher und soziologischer Diskurse

Ein Blick auf die aktuellen Debatten in der Bundesrepublik vermittelt den Eindruck, als sei "Ungerechtigkeit" eines der großen Themen unserer Zeit. So ziehen die mit der "Agenda 2010" einhergegangenen Veränderungen noch immer Unmut auf sich und insbesondere der Teilbereich der sogenannten "Hartz IV"-Reformen wird als ungerecht bezeichnet. Es war unter anderem diese Einschätzung, die ihrerseits Vorschläge zu einer Verlängerung der Bezugsdauer des Arbeitslosengeldes für Ältere sowie zu einer stärkeren Abstimmung von Einzahlungs- und Bezugszeiten dieser Transferzahlung inspirierte. Unter dem Stichwort der "Generationengerechtigkeit" werden diese Forderungen hingegen ebenso wie eine in Aussicht gestellte Rentenerhöhung als ungerecht für die jüngeren Kohorten dargestellt. Wiederkehrende Themen sind darüber hinaus die Ungleichverteilung des Reichtums in Deutschland – eine Ungleichheit, die offenkundig immer wieder als ungerecht erlebt wird und unter anderem in Gestalt der Diskussionen um "die Managergehälter" oder eine "Reichensteuer" in Erscheinung tritt. Gleichermaßen wurden auch die Erhöhung der Mehrwertsteuer im Januar 2007 sowie die Unternehmenssteuerreform desselben Jahres unter gerechtigkeitsbezogenen Erwägungen diskutiert. Missbilligung zog des Weiteren die Ankündigung einer Diätenerhöhung für Bundestagsabgeordnete nach sich – ein Vorhaben, das insbesondere angesichts der in den letzten Jahren weit verbreiteten Forderung nach Lohnzurückhaltung als unangemessen empfunden wurde. Unumstritten blieben auch nicht die neuen familienpolitischen Instrumente wie das Elterngeld, dessen einkommensabhängige Bezugshöhe im Unterschied zum vormaligen Erziehungsgeld als ungerecht beanstandet wurde. Die Diskurse beschränken sich zudem nicht auf den nationalstaatlichen Rahmen der Bundesrepublik: Mit "der Globalisierung" und "der Klimaveränderung" werden sowohl von globalisierungskritischen Bewegungen wie ATTAC, aber auch von nationalen Regierungen und überstaatlichen Institutionen wie der Weltbank ungleiche Verteilungen von Lasten thematisiert; je nach Perspektive wird dies mit dem Verweis auf fehlende Chancengleichheit oder eines auf Kosten der Armut Vieler erkauften Reichtums Weniger als ungerecht kritisiert. Die Liste der (Un-)Gerechtigkeitsdiskurse ließe sich an dieser Stelle noch fortführen, sodass die Vermutung naheliegt, die Feststellung von Ungerechtigkeiten sei nicht nur eine omnipräsente Wahrnehmung in unserer heutigen Zeit, sondern ihr wohne überdies ein hohes Maß an handlungsmotivierender Kraft inne.

Vor diesem Hintergrund kann eine Frage, wie sie der Historiker Barrington Moore formulierte, leicht als überholt erscheinen: Galt sein Interesse doch dem Problem, "warum Menschen sich so oft damit abfinden, Opfer ihrer gesellschaftlichen Verhältnisse zu sein" (1987: 9). Denn weisen nicht all die Stimmen, die heutzutage nach Maßnahmen zur Überwindung von Ungerechtigkeiten verlangen darauf hin, dass dieses "sich Abfinden" und das bloße Hinnehmen gesellschaftlicher Missstände vielleicht zur Kennzeichnung früherer Epochen taugt, nun aber keine Entsprechung mehr in der empirischen Welt findet? Eine solch optimistische Einschätzung kann sich als vorschnell erweisen, wenn man bedenkt, dass der öffentliche Diskurs nur einen Ausschnitt der Wirklichkeit wiedergibt. Es sind bestimmte Personengruppen, die sich an ihm beteiligen und ihn durch ihre Deutungen prägen; für weite Bevölkerungskreise gilt hingegen vermutlich noch immer, was bereits von Moore konstatiert wurde: Sie sind mit ihrem alltäglichen Leben beschäftigt und versuchen so gut wie möglich, mit den Verhältnissen und Ereignissen ihrer Zeit zurechtzukommen. Doch wie ist es um ihre Wahrnehmung derselben bestellt? Teilen sie die in den politischen Debatten zum Ausdruck gebrachten Einschätzungen einer Vielzahl von Ungerechtigkeiten? Und wenn dem so ist, wieso unternehmen sie selbst nichts zu ihrer Bewältigung? Sehen sie ihre eigenen Standpunkte als bereits ausreichend vertreten an oder erachten sie es als aussichtslos selbst die Initiative zu ergreifen? Vielleicht nehmen sie soziale Problemlagen auch nur mit einem Achselzucken zur Kenntnis, da sie nichts mit ihrer eigenen Welt zu tun haben scheinen? Oder liegt ihrer – zumindest vordergründigen – Untätigkeit eine Deutung zugrunde, die soziale Ungleichheiten als durchaus gerechtfertigte Unterschiede entschuldigt? All diese Fragen regen dazu an, die Wahrnehmung sozialer Verhältnisse sowie die Erfahrung von Ungerechtigkeiten selbst zum Gegenstand der Aufmerksamkeit werden zu lassen.

So allgegenwärtig in den aktuellen Diskursen nun die Rede von "Ungerechtigkeit" ist, erstaunt doch der Umstand, diesen Begriff in der soziologischen Forschung nur in einigen Teilbereichen anzutreffen. In der *Ungleichheitsforschung*, die als zentral für das Selbstverständnis der Soziologie gelten kann, stehen – wie es ihre Bezeichnung bereits nahelegt – die sozialen Ungleichheiten im Vordergrund. Ihre Analyse trägt häufig zwar die Konnotation in sich, dass es sich um zu bewältigende, also vermutlich ungerechte Ungleichheiten handelt, doch bleibt Ungerechtigkeit somit ein eher implizites als ausdrückliches Thema. Allenfalls jene Beiträge, die zu einer Auseinandersetzung darüber anregen, welche (Un-)Gleichheiten denn überhaupt Gegenstand der Analyse werden sollten und erklärungsbedürftig sind, verweisen auf das der Ungleichheitsforschung inhärente Ungerechtigkeitsverständnis (vgl. Berger 2008; Schmidt 2000a). In den Ansätzen der sozialen *Bewegungsforschung* hingegen wird der Ungerechtigkeit zwar ein gewisser Platz eingeräumt, gilt ihr Interesse doch jenen Akteuren, die unter anderem aufgrund ihrer Ungerechtigkeitserfahrungen auf kollektive Formen des Widerstandes zurückgreifen. Allerdings sind auch damit zwei Einschränkungen verbunden: Denn entweder werden diese Deutungen als selbstverständlich vorausgesetzt und aus den Forschungsfragen ausgeklammert; letztere wenden sich dann in der Regel anderen, einen kollektiven Protest begünstigenden Faktoren zu. Oder es werden mit den Wahrnehmungen der zumeist organisierten Bewegungsteilnehmer jene Ungerechtigkeitseinschätzungen einer eingehenden Betrachtung unterzogen, die eine handlungsmotivierende Kraft zu entfalten imstande sind – darauf wird im Verlauf der Arbeit noch zurückzukommen sein. Doch so interessant und gerechtfertigt eine solche Fokussierung auch sein mag, verliert sie all jene Personen aus dem Blickfeld, die sich gerade nicht durch ein aktives Engagement auszeichnen und sich nicht an den öffentlichen Diskursen beteiligen. Mit der soziologischen *Gerechtigkeitsforschung* ist einer der wenigen Forschungsbereiche angesprochen, der den Ungerechtigkeitswahrnehmungen auch jenseits ihrer potentiell handlungsaktivierenden Wirkungen eine größere Aufmerksamkeit zukommen lässt. Im Mittelpunkt stehen hier die Vorstellungen der Akteure von zum Beispiel gerechten oder ungerechten Verteilungen und Verfahren – und dies zunächst unabhängig davon, ob diese Einschätzungen mit einer das Handeln antreibenden Kraft einhergehen oder nicht. Jedoch stellt den Dreh- und Angelpunkt dieser Forschungsrichtung gerade nicht die "Ungerechtigkeit", sondern die "Gerechtigkeit" dar: Denn sowohl die theoretischen Überlegungen als auch die empirischen Analysen nehmen ihren Ausgang stets von einem als gerecht vorgestellten Standpunkt. Obgleich diesem Verständnis einer von der Gerechtigkeit abgeleiteten Ungerechtigkeit hier weder die theoretische Plausibilität noch die empirische Gültigkeit abgesprochen werden soll, birgt eine solche Herangehensweise doch zwei Gefahren in sich: Zum einen liegt die Vermutung nahe, damit nur einen bestimmten Ausschnitt aus der Welt der potentiell möglichen Ungerechtigkeitserfahrungen erfassen zu können – und zwar Ungerechtigkeiten, die eine Entsprechung in dem als gerecht vorgestellten Gegenpol finden. Zum anderen vermag einen die Konzentration auf Gerechtigkeitsvorstellungen gerade jene Eigenschaften und Charakteristiken von Ungerechtigkeiten übersehen lassen, die nur diesen Deutungen zu eigen sind. Und sind es nicht gerade die mit den Wahrnehmungen von Ungerechtigkeiten einhergehenden spezifischen Qualitäten, die Aufschluss darüber versprechen, ob sich Akteure mit den ihnen widerfahrenen Benachteiligungen abfinden oder sich gegen sie zur Wehr setzen?

Aufgrund dieser den wissenschaftlichen Diskurs kennzeichnenden Einschränkungen ist es angebracht, die Ungerechtigkeit zunächst selbst in den Fokus der Aufmerksamkeit zu stellen: Wie kann eine soziologische Konzeption von Ungerechtigkeit aussehen, die nicht nur ihren Erscheinungsformen in den öffentlichen Debatten Rechnung trägt, sondern die zudem den Versuch unternimmt, auch jene Ungerechtigkeiten zu erfassen, die ihren Ausdruck in bloß stillschweigender Missbilligung und resignativer Hinnahme finden? Und welchen Aspekten muss eine solche Konzeption besondere Beachtung schenken, wenn sie den spezifischen Qualitäten von Ungerechtigkeitserfahrungen gerecht werden möchte? Es sind diese beiden Fragen, die meine Ausführungen im ersten Teil der Arbeit – *Was ist Ungerechtigkeit?* – motiviert und begleitet haben. Eine kritische Auseinandersetzung mit der soziologischen Gerechtigkeitsforschung erweist sich hier als fruchtbarer Ausgangspunkt für die Grundlegung einer eigenständigen soziologischen Kategorie der Ungerechtigkeit – "kritisch" jedoch nicht, weil das Modell der soziologischen Gerechtigkeitsforschung falsch und zu verwerfen wäre; vielmehr regt das ihm inhärente Verständnis selbst dazu an, über alternative und mit ihm noch nicht erfasste Variationen von ungerechten Erfahrungen nachzudenken. Um diese blinden Stellen in der soziologischen Thematisierung von Ungerechtigkeit zu füllen, wird jedoch ein Blick über die fachwissenschaftlichen Grenzen hinaus notwendig sein. Denn so lässt die Herangehensweise des bereits zitierten Historikers Barrington Moore sowie der Philosophin Judith Shklar Erscheinungsformen von Ungerechtigkeit in den Vordergrund treten, die jenseits der Vorstellungen von Gerechtigkeit liegen. Zugleich vermag ihre Perspektive ein erstes Licht auf die der Ungerechtigkeit eigenen Qualitäten zu werfen: Kennzeichnen ihre Schilderungen diese Erlebnisse doch nicht nur als Erfahrungen, die wissend zur Kenntnis genommen werden und sich in diesem Wissen erschöpfen; vielmehr scheinen sie vor allem heftig empfunden zu werden und mit einem Facettenreichtum an Gefühlen verbunden zu sein. Diese affektive Aufladung wird insbesondere von jenen sozialpsychologischen Untersuchungen bestätigt, in denen Versuchspersonen nicht nur mit hypothetischen Ungerechtigkeiten konfrontiert wurden, sondern in denen sie den Eindruck haben mussten, sie selbst seien tatsächlich deren Opfer oder Zeugen. Dieses Verständnis von Ungerechtigkeit als einem sehr emotionalen Erlebnis lässt sich nicht nur mit jenem von der soziologischen Gerechtigkeitsforschung formulierten Modell von bewusst getroffenen Ungerechtigkeitsurteilen sinnvoll verbinden, es verspricht darüber hinaus auch ihre handlungs*de*motivierenden Wirkungen besser abschätzen zu können. Denn so schmerz- oder leidvoll einem selbst oder anderen Personen widerfahrene Ungerechtigkeiten auch sein mögen, scheinen Menschen sie doch immer wieder stillschweigend hinzunehmen oder sich, wenn auch widerwillig, mit ihnen abzufinden. Die mit den Ungerechtigkeitsdeutungen einhergehenden Gefühle scheinen sowohl für diese resignativen als auch für die einen Protest aktivierenden Reaktionen von Bedeutung zu sein. Jedoch hat die empirische Sozialforschung noch einige Hürden zu nehmen, möchte sie mit ihren Operationalisierungen von Ungerechtigkeit diesen emotionalen Komponenten gerecht werden – auch diese methodischen Aspekte werde ich an verschiedenen Stellen der Arbeit aufgreifen.

Während diese sehr knappe Darstellung nun bislang den Eindruck vermittelt haben mag, die Feststellung einer Ungerechtigkeit sei für die Betroffenen oder die Zeugen eine ausgesprochen eindeutige und einfache Angelegenheit, wird bereits in den ersten Teilen meiner Ausführungen deutlich werden, dass ungeachtet der allgegenwärtigen Rede von Ungerechtigkeiten diese als sehr voraussetzungsreiche Einschätzungen begriffen werden müssen. Denn obgleich Akteure mitunter der Ansicht sind, dass sie selbst oder andere ungerecht behandelt wurden, finden sie doch häufig genug Erklärungen, die das Geschehen rechtfertigen und auf Widerstand oder Ausgleich bedachte Handlungen als hinfällig erscheinen lassen. In ähnlicher Weise werden offenkundig auch die Auseinandersetzungen in der soziologischen Ungleichheitsforschung über die als relevant erachteten sozialen Ungleichheiten von dem Eindruck inspiriert, dass nicht jede Ungleichheit auch eine Ungerechtigkeit darstellt. Mit Verweis auf die soziologische Gerechtigkeitsforschung könnte man geneigt sein zu sagen, dies liege an den verschiedenen Vorstellungen von Gerechtigkeit, die nicht nur den alltagsweltlichen, sondern eben auch den wissenschaftlichen Akteuren zu eigen sind – da ihre Ansichten über das, was sie als gerecht erachten, variieren können, präge dies letztlich auch ihre differierenden Urteile über das Vorliegen einer Ungerechtigkeit . Diese Antwort vernachlässigt allerdings die Frage, unter welchen Bedingungen dauerhafte soziale Verhältnisse oder kurzfristige Ereignisse überhaupt als ein moralisches Problem gedeutet werden und folglich eine Qualifizierung als (un-)gerecht zulassen. Und so wird diese Fragestellung denn auch im Vordergrund des zweiten Teils meiner Arbeit über die *Dimensionen von Ungerechtigkeit* stehen. Zunächst werden hier wiederum die Beobachtungen von Barrington Moore den "roten Faden" vorgeben, konnte er doch in seinen historischen Analysen herausarbeiten, dass jenseits der Deutung sozialer Ungleichheiten als gerecht oder ungerecht eine weitere Variante ihrer Wahrnehmung berücksichtigt werden muss. Sie bezieht ihren spezifischen Gehalt aus der Einschätzung jener *Ursachen*, die den Ungleichheiten ursächlich zugrunde liegen und für sie verantwortlich zu sein scheinen. Die Positionierung dieser auslösenden Faktoren auf der *Dimension der Verantwortungszuschreibung* stellt folglich eine der Bedingungen dar, die die Möglichkeit einer moralischen Beurteilung erst eröffnet. So mögen zum Beispiel durch Naturkatastrophen oder Zufälle erzeugte Benachteiligungen zwar als bedauerlich erscheinen, als Adressaten einer moralischen Empörung eignen sich ihre Ursachen (zunächst) allerdings nicht: Wenn es auf der eigenen Geburtstagsfeier regnet, kann man das Wetter zwar "schlecht" finden, es käme aber vermutlich kaum jemand auf die ernsthafte Idee, es als "ungerecht" zu verurteilen. Allerdings gibt es eine Reihe von ungleichheitserzeugenden Faktoren, deren Positionierung auf der Dimension der Verantwortungszuschreibung ungewiss ist: Man denke nur an die großen gesellschaftlichen Struktur- und Systemzusammenhänge oder an die sogenannten "Marktmechanismen", die in ihrer Qualität mitunter den Naturereignissen zu gleichen scheinen, jedoch nicht mit diesen identisch sind. Um ihre Wirkungen auf die Deutung sozialer Problemlagen abschätzen zu können, soll folglich den verschiedenen Formen von Verantwortungszuschreibungen eine eingehende Betrachtung gewidmet werden.

Wenn über Ungerechtigkeiten gesprochen wird, erweist es sich darüber hinaus als sinnvoll, genauer darauf zu achten, auf *wen* sich diese Auseinandersetzungen eigentlich beziehen. Diese Perspektive vermag den Blick dafür zu öffnen, dass moralische Erwägungen nicht nur eine spezifische Form der Verantwortungszuschreibung voraussetzen, sondern häufig auf nur bestimmte Personengruppen beschränkt bleiben – diesem Umstand werde ich mit der *Dimension der kategorialen Grenzziehungen* Rechnung tragen. Denn obwohl Chancengleichheit und Gleichberechtigung heutzutage in aller Munde sind, ist dies nicht zwingend mit einer Vorstellung verbunden, die auch alle Menschen jenseits der sie kennzeichnenden Unterschiede als gleich ansieht. Vielmehr werden auf Grundlage der verschiedensten Merkmale und Eigenschaften eben diese Unterschiede stets aufs Neue betont und zur Begründung von kategorialen Trennlinien herangezogen. Aus der soziologischen Ungleichheitsforschung sind viele dieser Kennzeichen bekannt (vgl. Kreckel 1992) und mit der Staatsangehörigkeit, dem Geschlecht oder dem Alter seien hier nur einige von ihnen genannt. Entlang dieser Grenzziehungen werden nun allerdings nicht nur soziale Ungleichheiten erzeugt und reproduziert; sie sind darüber hinaus in der Lage, abgegrenzte "Welten" zu schaffen, für deren Innenbereiche und die darin integrierten Personen jeweils andere moralische Standards zu gelten scheinen als für jene, die auf der anderen Seite der Trennlinie stehen. Von Helen Fein, einer Autorin, die sich insbesondere dem Versuch einer soziologischen Erklärung von Völkermorden gewidmet hat (1979, 1990), werden solche Welten als *universe of moral obligation* bezeichnet. In ihrer extremen Ausprägung verweigern sie den von ihnen Ausgeschlossenen jegliche moralische Ansprüche und "erlauben" Übergriffe, die in der eigenen Welt den Anlass zu moralischer Entrüstung und Empörung liefern würden. In ihren abgeschwächten Varianten schließen sie andere Personen zum Beispiel von dem Anspruch auf eine leistungsgerechte Bezahlung oder dem Bezug bestimmter Sozialleistungen aus: Die daraus resultierenden Ungleichheiten brauchen aufgrund der betonten Verschiedenartigkeit aber nicht als ungerecht erlebt zu werden, bleibt doch das Privileg einer solchen gerechtigkeitsbezogenen Beurteilung den Angehörigen des eigenen "moralischen Universums" vorbehalten.

Auf Grundlage dieser beiden Dimensionen von Ungerechtigkeit sollte es schließlich nicht nur möglich sein, jene Bedingungen zu spezifizieren, die überhaupt erst die Chance eröffnen, dauerhafte soziale Ungleichheiten oder konkrete Ereignisse als ungerecht einzuschätzen. Zugleich sollte eine auf sie fokussierte Betrachtung auch Aussagen darüber zulassen, wieso sich für die Betroffenen oder die Zeugen sozialer Problemlagen die Feststellung von Ungerechtigkeiten als ein Prozess darstellen kann, der von Unsicherheiten und Zweifeln begleitet wird. Diese Frage wird an verschiedenen Stellen meiner Ausführungen aufgegriffen und diskutiert werden. Darüber hinaus verspricht eine auf diese beiden Dimensionen bezogene Herangehensweise Aufschluss darüber zu liefern, mit welchen typischen Gefühlslagen Ungerechtigkeitserfahrungen verbunden sind. Verweist doch sowohl die Dimension der Verantwortungszuschreibung als auch die Dimension der kategorialen Grenzziehungen auf die Beziehungskonstellationen zwischen den beteiligten Akteuren: den Opfern, den Verursachern sowie den Zeugen des Geschehens. Die Wahrnehmung dieser Beziehungen, das heißt die von den Beteiligten erfahrene Positionierung in einem Netzwerk sozialer Bindungen, kann aus einer emotionssoziologischen Perspektive als der Auslöser von spezifischen, mit diesen Bindungen einhergehenden Emotionen angesehen werden. Und diese Emotionen vermögen in Gestalt von Ärger und Wut, Angst und Furcht, Scham und Schuldgefühlen nicht nur das Erleben von Ungerechtigkeiten zu begleiten, sondern es überdies zu einer motivierenden oder einer das Handeln lähmenden Erfahrung werden lassen. Obgleich am Beginn dieser Einleitung also die Beobachtung einer allgegenwärtigen, den öffentlichen Diskurs durchziehenden Thematisierung von Ungerechtigkeit stand, gehen die hier interessierenden Fragestellungen – zum einen "Was ist Ungerechtigkeit?" und zum anderen "Was sind die Bedingungen ihrer Wahrnehmung?" – von der Annahme aus, dass die Deutung sozialer Ungleichheiten als ungerecht ein ausgesprochen voraussetzungsreiches Phänomen darstellt und sowohl sein Auftreten als auch seine mitunter handlungsaktivierende Wirkung erklärungsbedürftig sind.

2 Was ist Ungerechtigkeit?

Möchte man wissen, was Ungerechtigkeit ist, könnte man geneigt sein zu sagen: "Ungerechtigkeit ist das Gegenteil von Gerechtigkeit." Denn ist es nicht ungerecht, wenn wir unsere Vorstellungen von Gerechtigkeit verletzt sehen? Es ist genau diese Sicht, die von den Arbeiten der soziologischen Gerechtigkeitsforschung nahegelegt wird und die den Ausgangspunkt für Abschnitt 2.1 darstellt. In Punkt 2.1.1 werde ich zunächst eine Auswahl soziologisch-empirischer Studien aus dem Kontext des *International Social Justice Project* (ISJP) vorstellen, die exemplarisch für einen solchen Zugang zu Phänomenen der Ungerechtigkeit stehen. Besonderes Augenmerk werde ich auf die Annahmen legen, die einem solchen Verständnis von Ungerechtigkeit – teilweise implizit – zugrunde liegen und die sich insbesondere in den Versuchen ihrer empirischen Erfassung widerspiegeln. Im Anschluss an die Diskussion einiger Schwierigkeiten bei der Interpretation so gewonnener Daten, werde ich mich in Punkt 2.1.2 mit einer von Alfredo Märker vorgeschlagenen alternativen Herangehensweise kritisch auseinandersetzen. Der Versuch, der Ungerechtigkeit als einem eigenständigen – und nicht nur von der Gerechtigkeit abgeleitetem – Phänomen auf die Spur zu kommen, wird von ihm aufgrund einer unzureichenden methodischen Operationalisierung jedoch vorschnell fallen gelassen. Die Frage, ob Ungerechtigkeit allein auf die Verletzung von Gerechtigkeitsidealen zurückgeht, werde ich schließlich in Punkt 2.1.3 mit einer Diskussion verschiedener Arbeiten aus der sozialpsychologischen Forschung abschließen. In diesen Studien zeigt sich, dass die Abweichung von Gerechtigkeitsvorstellungen häufig zwar eine notwendige, im alltäglichen Leben jedoch selten hinreichende Bedingung ist, um von Ungerechtigkeit sprechen zu können. Mit Goffmans Konzept des *korrektiven Austauschs* werde ich eine erste soziologische Interpretation vorstellen, die zu erklären vermag, warum nicht jeder Verstoß gegen unsere Auffassungen von Gerechtigkeit auch als ungerecht empfunden wird.

In Abschnitt 2.2 wird dann eine Reihe von Autoren im Vordergrund stehen, die für eine Konzeption von Ungerechtigkeit plädieren, in der diese gerade nicht allein in der Abweichung von normativen Gerechtigkeitsidealen aufgeht. Barrington Moore, Judith Shklar und Axel Honneth verbinden mit ihren Arbeiten den Anspruch, Ungerechtigkeit jenseits des Bezugspunktes der Gerechtigkeit zu verstehen und als eigenständiges Phänomen zu erfassen. Gleichwohl können die in Punkt 2.2.1 vorgestellten Überlegungen der Autoren zur methodischen Herangehensweise auch auf jene Ungerechtigkeiten übertragen werden, die sich als Verletzung expliziter Gerechtigkeitsvorstellungen darstellen. In Punkt 2.2.2 wird das Augenmerk darauf liegen, zentrale Kennzeichen ihrer spezifischen Konzeption von Ungerechtigkeit herauszuarbeiten: zum einen den rein negativ bestimmten Charakter mancher Ungerechtigkeiten, die ohne eine ausdrückliche Vorstellung von einer gerechten

Gesellschaft auszukommen scheinen (2.2.2.1); zum anderen die Kennzeichnung von Ungerechtigkeiten als außergewöhnliche Ereignisse, die Akteure aus den gewohnten Routinen des Alltags herausreißen und von ihnen aufgrund der damit verbundenen affektiven Aufladung heftig empfunden werden (2.2.2.2). Doch ebenso wie aufgrund der Möglichkeiten eines "korrektiven Austauschs" nicht jede Verletzung normativer Gerechtigkeitsideale notwendig als ungerecht erscheint, wird sich in Punkt 2.2.3 zeigen, dass die von Scott und Lyman als *accounts* bezeichneten Mechanismen nicht jeden Zusammenbruch der Alltagswelt zwingend auch als ungerecht empfinden lassen.

In Abschnitt 2.3 werde ich eine Zusammenfassung beider Varianten von Ungerechtigkeit geben – zum einen jener, die in der Verletzung ausdrücklicher Gerechtigkeitsvorstellungen aufgeht; zum anderen jener, die sich als ein Ausbruch aus den selbstverständlichen Routinen der Alltagswelt darstellt. Dabei wird es nicht darum gehen, sich zwischen den beiden Formen zu entscheiden: Ich begreife sie vielmehr als komplementäre Variationen von Ungerechtigkeit, deren spezifische Arten des Zusammenspiels und der wechselseitigen Beeinflussung es noch zu konkretisieren gilt. Vor dem Hintergrund einer solchen Konzeptualisierung kann schließlich die Frage nach der Vorrangstellung von kognitiven oder affektiven Komponenten in Ungerechtigkeitserfahrungen aufgegriffen werden (Abschnitt 2.4). Jenseits der definitorischen Diskrepanzen hinsichtlich des Verständnisses von Kognitionen und Emotionen können auf Grundlage meiner theoretischen Überlegungen scheinbar widersprüchliche empirische Beobachtungen von Ungerechtigkeit als *kognitivem Urteil* oder Ungerechtigkeit als *affektiver Empfindung* in Einklang gebracht werden.

2.1 Ungerechtigkeit als Abwesenheit von Gerechtigkeit

2.1.1 Die soziologisch-empirische Gerechtigkeitsforschung des *International Social Justice Project*

In der soziologischen Gerechtigkeitsforschung, für die ich hier exemplarisch die Arbeiten der deutschen Forschungsgruppe des ISJP heranziehe,[1] geht es im Unterschied zu den vielfältigen philosophischen Versuchen eine normative Gerechtigkeitstheorie zu formulieren, um die Frage, was konkrete Akteure in ihrer alltäglichen Praxis und Wahrnehmung als gerecht empfinden.

---

1 Nähere Informationen zur Projektgeschichte, ausführliche Dokumentationen sowie Veröffentlichungslisten finden sich auf http://www.isjp.de (letzter Zugriff: 24.07.2007).

Im Mittelpunkt steht folglich nicht das Bemühen, jene Prinzipien oder Regeln zu benennen, die Menschen befolgen *sollten*, um in einer gerechten Gesellschaft zu leben; vielmehr ist die "Beschreibung und Erklärung der *tatsächlich* vorhandenen Vorstellungen zur sozialen Gerechtigkeit" Gegenstand des Interesses (Liebig und Lengfeld 2002: 8). Gleichwohl lassen sich zwischen philosophischer und soziologischer Tradition Kontinuitäten erkennen. So orientiert man sich in der soziologisch-empirischen Erfassung von Gerechtigkeitsvorstellungen an eben jenen normativen Gerechtigkeitsidealen, die in den philosophischen Theorien begründet werden. Oder anders formuliert: Die soziologische Gerechtigkeitsforschung sieht ihre Aufgabe unter anderem in der Klärung der Frage, ob die in der Gerechtigkeitsphilosophie formulierten normativen Prinzipien auch empirisch vorgefunden werden können und in welchem Ausmaß sie tatsächlich Zustimmung erhalten.[2] Die aus der philosophischen Tradition übernommene Fokussierung auf *Gerechtigkeit* lenkt nun auch das Augenmerk der soziologisch-empirischen Forschung auf eine möglichst differenzierte Formulierung und Erfassung von Gerechtigkeitsvorstellungen. Eine darüber hinausgehende theoretische Reflexion über *Ungerechtigkeit* wird hingegen nicht vorgenommen. Dies schlägt sich wiederum in der Art der Erhebung empirisch vorfindbarer Ungerechtigkeiten nieder. Ich werde im Folgenden nun kurz auf die im ISJP unterschiedenen Gerechtigkeitskonzeptionen eingehen, um daran anschließend das davon abgeleitete Verständnis von Ungerechtigkeit zu beleuchten.

In den zahlreichen Arbeiten wird zwischen zwei Formen von Gerechtigkeitsurteilen differenziert: Die eine bezieht sich auf die "Bewertung von Verteilungsergebnissen", das heißt auf die Einschätzung, "ob eine Person oder man selbst das bekommt, was einem gerechterweise zusteht." (Liebig 2002: 82) Diese Aussagen können so verschiedene Dinge wie "Einkommen, Anerkennung, Hilfeleistungen, Schulnoten, Steuerbeträge oder auch das Strafmaß für begangenes Unrecht" zum Inhalt haben (ebd.) und werden als "*ergebnisbezogene* Gerechtigkeitsurteile" bezeichnet (Liebig und Wegener 1999: 268). Die andere Form richtet sich auf die "Bewertung von Verteilungsregeln", das heißt auf die "Zustimmung zu oder die Ablehnung von unterschiedlichen Prinzipien der Gerechtigkeit" (Liebig 2002: 82). Die Verteilungsprinzipien können sich an der Leistung, der Bedürftigkeit oder der

---

2 Einen Überblick zur empirischen – nicht nur soziologischen – Gerechtigkeitsforschung gibt Schmidt (2000b, v.a. Kap. 3). Zu den soziologischen Arbeiten merkt er ausgesprochen kritisch an: "Man wird mehr oder weniger korrekt darüber informiert, 'was die Leute denken' und woran das liegen könnte, wobei das zu den Ursachen Vorgetragene eingestandenermaßen oft schon sehr spekulativ ist." (ebd.: 66) Er scheint prinzipiell Zweifel am "Erkenntnisgewinn" und "Erklärungswert" dieser Ansätze zu hegen und mahnt an, sich grundsätzlich noch einmal der Frage zu stellen: "Was heißt es, sich soziologisch mit der Gerechtigkeit zu befassen, was folgt daraus und was nicht?" (ebd.: 15)

Gruppenzugehörigkeit von Akteuren bemessen oder grundsätzlich die Gleichheit von Personen und folglich auch eine gleiche Güter- und Lastenverteilung zwischen ihnen einfordern. Aussagen über diese Regeln werden als "*ordnungsbezogene* Gerechtigkeitsurteile" verstanden (Liebig und Wegener 1999: 267).[3] Neben diesen materialen Verteilungsprinzipien kann zudem die Bewertung von Verfahren, wie zum Beispiel die Auswahl oder Zuteilung nach Zufallsprozeduren oder die Möglichkeit einer diskursiven Konsensfindung, Gegenstand eines ordnungsbezogenen Gerechtigkeitsurteils sein (Liebig und Schlothfeld 2002: 192).

Obgleich nun der Fokus des Interesses auf den Gerechtigkeitsvorstellungen von Akteuren liegt, wird Ungerechtigkeit auch in dieser Forschungstradition nicht völlig ausgeblendet. Insbesondere wenn es um die Handlungsrelevanz von Gerechtigkeit geht, wird auf die Erfahrung von Ungerechtigkeit verwiesen (Liebig und Wegener 1999; Liebig 2002; Lengfeld, Liebig und Märker 2002). Gerade wenn also nicht mehr nur eine Untersuchung von Gerechtigkeitsvorstellungen um ihrer selbst willen angestrebt wird, sondern der Anspruch damit verbunden wird, die Bedeutung von "Gerechtigkeit als ein zentrales Motiv unseres sozialen Handelns" nachzuweisen (Liebig und Lengfeld 2002: 8), wird auch der Ungerechtigkeit ein gewisser Platz eingeräumt. Doch wie tritt Ungerechtigkeit vor dem Hintergrund so verstandener Gerechtigkeitsurteile in Erscheinung? Ein Blick auf einige beispielhaft ausgewählte Operationalisierungen kann darüber Aufschluss geben.

Liebig (2002: 90f.) ermittelt ergebnisbezogene Gerechtigkeitsurteile zur Einkommensbesteuerung, indem er den Befragten zunächst verschiedene sozialstrukturelle Merkmale, das monatliche Einkommen sowie Steuersatz und -betrag von fiktiven Personen vorlegt, und sie anschließend einschätzen lässt, ob dieser Steuersatz als gerecht angesehen wird. Gerechtigkeit und Ungerechtigkeit werden mit Hilfe eines Kontinuums erfasst, dessen Mittelpunkt "0" eine gerechte Besteuerung darstellen soll, die Extrempole "-100" und "+100" hingegen eine "ungerechterweise viel zu niedrig[e]" beziehungsweise zu hohe Besteuerung (ebd.). Die Abbildung von gerechten und ungerechten Steuersätzen auf einer Dimension lässt nun gar keine andere Möglichkeit zu, als ungerechte Zustände allein als die Abweichung von einem als gerecht vorgestellten Verteilungsergebnis zu verstehen. Einer solchen Operationalisierung liegt folglich die Annahme zugrunde, dass die Befragten eine

3 Diese ordnungsbezogenen Gerechtigkeitsurteile wurden von Wegener und Liebig (1993) unter Verwendung der Grid-Group Theorie von Mary Douglas als "Gerechtigkeitsideologien" systematisiert. Individualismus, Askriptivismus, Egalitarismus und Fatalismus werden dabei als vier "Weltsichten" interpretiert, die neben einem Verteilungsprinzip zudem spezifische Vorstellungen über die Ursache sowie die Verantwortung für die Abhilfe von Ungleichheiten enthalten (vgl. auch Liebig und Schlothfeld 2002; Liebig 2004). In Punkt 3.2.3 werde ich auf eine dieser "Weltsichten" zurückkommen.

von der in ihren Augen gerechten Besteuerung abweichende Praxis stets auch als ungerecht wahrnehmen. Hingegen würde eine Besteuerung, die den eigenen Gerechtigkeitsvorstellungen folgt, als Ausdruck von Ungleichheiten (oder Gleichheiten) erscheinen, die als legitim angesehen werden. Darüber hinaus geht eine solche Herangehensweise von der Vermutung aus, dass die Befragten die Erhebung von Steuern in ihrem alltäglichen Leben überhaupt als eine Frage der (Un-)Gerechtigkeit wahrnehmen[4] und zudem klare Vorstellungen davon besitzen, was eine gerechte und was eine ungerechte Besteuerung ist (vgl. dazu den Unterpunkt 2.2.2.1).

Eine andere Variante zur Ermittlung ergebnisbezogener Gerechtigkeitsurteile über die "Einkommensverteilung in der Gesellschaft" wird von Lengfeld, Liebig und Märker (2002) verwendet. Dabei wurden die Befragten zunächst gebeten, das *tatsächliche* monatliche Einkommen eines Vorstandsvorsitzenden eines großen Unternehmens und eines ungelernten Arbeiters zu schätzen. Anschließend "sollten sie das aus ihrer Sicht jeweils *gerechte* Einkommen für beide Berufe nennen." (ebd.: 254; eigene Hervorhebung) Die Diskrepanzen zwischen den geschätzten tatsächlichen und den gerechten Werten wurden als "Ausdruck der wahrgenommenen Ungerechtigkeit der gesellschaftlichen Einkommensverteilung" interpretiert (ebd.). Obgleich Gerechtigkeit und Ungerechtigkeit hier nicht auf einer Skala abgebildet werden, sondern Ungerechtigkeit lediglich indirekt über die Differenz zwischen als gerecht angesehenen und tatsächlichen Einkommen ermittelt wird, liegt dieser Operationalisierung doch dasselbe Verständnis zugrunde wie der zuvor zitierten Studie von Liebig (2002). Auch hier wird unterstellt, dass allein die Abweichung von einer als gerecht beurteilten Verteilung ausreicht, um das Ergebnis als ungerecht einzuschätzen.[5] Zudem wird eine Annahme offensichtlich, die ebenfalls schon der Untersuchung von Liebig zugrunde lag, nur hier etwas deutlicher hervortritt: Es wird davon ausgegangen, dass die Einkommen der fiktiven Personen – des Vorstandsvorsitzenden und des ungelernten Arbeiters – für die Befragten von Bedeutung sind und folglich zum

4 Angesichts der regelmäßigen öffentlichen Debatten um vollzogene oder geplante Steuererhöhungen und -senkungen scheint dies zwar eine durchaus plausible Annahme zu sein, ich vermute jedoch, dass die Relevanz dieses Themas je nach Lebenslage stark variiert und folglich keineswegs von allen Bevölkerungsgruppen gleichermaßen als wichtig eingeschätzt wird. Die von Mikula in Bezug auf sozialpsychologische Untersuchungen formulierte Mahnung, "to be more careful in designing the experimental settings so as to ensure that they are meaningful and relevant to the subjects under investigation" (1987: 79), kann in derselben Weise auf soziologische Studien übertragen werden (vgl. dazu auch die Ausführungen in Abschnitt 2.4).

5 In Bezug auf das eigene Einkommen wird diese Konzeption von (Un-)Gerechtigkeitsurteilen von Jasso (1999) verwendet.

Gegenstand ihrer Gerechtigkeitsvorstellungen und ihrer darauf basierenden Urteile werden.[6]

Zur Erfassung ordnungsbezogener Gerechtigkeitsbewertungen wird von Liebig und Schlothfeld (2002) die folgende Operationalisierung verwendet. Sie ermitteln Urteile zu bedarfs- und leistungsbezogenen Verteilungsregeln, indem sie die Befragten auf einer vierstufigen Skala einschätzen lassen, ob sie die Vergabe von Operationsplätzen, Wohnungen oder der Staatsbürgerschaft nach dem Kriterium "der Größe der Familie oder dem Nutzen für die Gesellschaft" für "sehr ungerecht" oder "sehr gerecht" halten. Gleichermaßen werden auch die Einstellungen zu zwei verschiedenen Modi der Verfahrensgerechtigkeit – Lotterie und selbständige Einigung der Beteiligten – erhoben (ebd.: 206, 210). Ebenso wie den Versuchen zur Erfassung ergebnisbezogener Gerechtigkeitsurteile liegt auch dieser Operationalisierung ordnungsbezogener Einschätzungen eine eindimensionale Konzeption des Verhältnisses von Gerechtigkeit und Ungerechtigkeit zugrunde. Ihr zufolge kann die Verteilung von Gütern nach einem bestimmten Prinzip oder Verfahren *entweder* als gerecht *oder* als ungerecht angesehen werden; die Abweichung von einem als gerecht angesehenen Verteilungskriterium oder Verfahren wird auch hier zwangsläufig als ungerecht empfundene Praxis unterstellt. Darüber hinaus wird wiederum angenommen, dass die angesprochenen Themenfelder Bereiche darstellen, die von Akteuren unter Gerechtigkeitsaspekten beurteilt werden.

Eine weitere Variante zur Ermittlung ordnungsbezogener Gerechtigkeitsurteile wird von Liebig und Wegener (1999) genutzt. Die Befragten "hatten zunächst (auf einer fünfstufigen Ratingskala) anzugeben, welche Bedeutung individuelle Leistung für das Einkommen aus ihrer Sicht gerechterweise haben *sollte*. Danach sollten sie auf dieselbe Weise angeben, welche Bedeutung dieses Kriterium ihrer Meinung nach in Deutschland *tatsächlich* hat." (ebd.: 279) Der aus beiden Angaben resultierende Quotient ergibt einen Wert von "1", wenn tatsächliche und gewünschte Bedeutung übereinstimmen. Wahrgenommene Ungerechtigkeit wird dementsprechend über einen von "1"

6 In Abschnitt 3.2 werde ich eine Reihe von Autoren vorstellen, die darauf hinweisen, dass Akteure nicht jede beliebige Person in ihre Gerechtigkeitsüberlegungen einbeziehen. Vielmehr scheinen die Urteile von Gerechtigkeit und Ungerechtigkeit häufig mit nur einem beschränkten Personenkreis verbunden zu werden. Bereits die relativen Deprivationstheorien hatten betont, dass die eigene Situation erst vor dem Hintergrund des Vergleichs mit einer als bedeutsam angesehenen Bezugsgruppe eingeschätzt wird (vgl. Runciman 1966). Über diese Erkenntnis hinausgehend wird in Abschnitt 3.2 die Überlegung entfaltet, dass jene Personen, die sich außerhalb gewisser Grenzen befinden, auch insofern irrelevant bleiben, als ihre Lebenslage überhaupt keinen moralischen Bewertungen unterzogen wird, sich die Frage nach der möglichen Gerechtigkeit oder Ungerechtigkeit ihres Daseins also gar nicht erst stellt. Dies hat unter anderem Implikationen für die potentiell zulässigen eigenen oder die Handlungen anderer Akteure gegenüber diesen Personen.

abweichenden Quotienten abgebildet. Auch dieser Operationalisierung liegt folglich die Überlegung zugrunde, dass die Diskrepanz zu einem als gerecht wahrgenommenen Verteilungsprinzip notwendig auch als ungerecht erlebt wird – Gerechtigkeit und Ungerechtigkeit demzufolge die entgegengesetzten Zustände ein und derselben Dimension anzeigen würden.

Zusammenfassend kann an dieser Stelle festgehalten werden, dass in Anlehnung an die normativ-philosophische Tradition auch in der soziologischen Forschung Gerechtigkeit und Ungerechtigkeit als die zwei Seiten einer Medaille behandelt werden. Ebenso wie es ihr begrifflicher Zusammenhang nahelegt, scheinen sie die zwei Pole ein und derselben Dimension abzubilden. Mit den Worten von Alfredo Märker bedeutet Ungerechtigkeit dann "nichts weiter als die negative Definition von Gerechtigkeit. Ungerechtigkeit meint insofern schlicht einen Zustand der abwesenden Gerechtigkeit." (2002: 266) Vor diesem Hintergrund scheint die Fokussierung auf positive Ausformulierungen und Begründungen von Gerechtigkeit überzeugend, da Ungerechtigkeit "mehr oder weniger als Nebenprodukt einer positiven Gerechtigkeitsdefinition betrachtet werden" kann (ebd.: 267). Wie anhand der zitierten Studien beispielhaft gezeigt wurde, spiegelt sich diese Perspektive auch in den Operationalisierungsversuchen wider: Insofern die von den Akteuren wahrgenommene Ungerechtigkeit ermittelt wird, erfasst man sie "mit demselben Instrumentarium" (ebd.: 274), das heißt man begreift sie als bloße Umkehr oder Abwesenheit von Gerechtigkeit. Somit unterstellt diese Perspektive nicht nur, dass Personen über klare Gerechtigkeitsbilder verfügen und diese auch zu artikulieren imstande sind (vgl. dazu den Unterpunkt 2.2.2.1), sondern auch, dass soziale Situationen *entweder* als gerecht *oder* als ungerecht eingeschätzt werden können – darüber hinausgehende Variationen in der Wahrnehmung und Einschätzung sozialer Verhältnisse scheint es nicht zu geben.

Anhand einer Untersuchung von Liebig und Wegener (1999) möchte ich im Folgenden kurz deutlich machen, welche Schwierigkeiten ein solches Verständnis von Ungerechtigkeit für die Interpretation so gewonnener Daten mit sich bringt. Die Autoren gehen in ihrem Beitrag der Frage nach, ob Ungerechtigkeitserfahrungen überhaupt verhaltensrelevante Wirkungen zeigen und ob diesbezüglich Unterschiede zwischen Ost- und Westdeutschland vorliegen (ebd.: 265). Beide Fragen können nach Ansicht von Liebig und Wegener bejaht werden: Sowohl in den neuen als auch in den alten Bundesländern habe das Erleben ergebnisbezogener Ungerechtigkeiten (hinsichtlich des eigenen Einkommens) sowie ordnungsbezogener Ungerechtigkeiten (hinsichtlich leistungsbezogener Verteilungsverfahren) einen Einfluss auf die Teilnahme an legalen und/oder illegalen Protestaktionen. Doch während die Erfahrung ordnungsbezogener Ungerechtigkeiten in beiden Landesteilen das Protestpotential zu erhöhen scheint, zeitigen die ergebnisbezogenen Ungerechtigkeitsurteile eine jeweils spezifische Wirkung. Während sie in den alten

Bundesländern einen positiven Einfluss auf das Teilnahmeverhalten haben, wirken sie in den neuen Bundesländern offenbar als Hemmnis. Erlebnisse von Ungerechtigkeit in Bezug auf das eigene Einkommen führen in Ostdeutschland aber nicht nur zu einem Verzicht auf die Teilnahme an Protestaktionen, sondern darüber hinaus zu einer verstärkten Neigung zur Wahlverweigerung. Ein solcher Zusammenhang zwischen ergebnisbezogener Ungerechtigkeitserfahrung und Wahlverweigerung konnte in Westdeutschland nicht festgestellt werden. Ordnungsbezogene Ungerechtigkeitsurteile hatten wiederum sowohl in den neuen als auch in den alten Bundesländern keinen signifikanten Einfluss auf das Teilnahmeverhalten an Wahlen (ebd.: 281f.).

Insgesamt zeigt sich folglich ein ausgesprochen heterogenes Bild, demzufolge das Erleben von Ungerechtigkeit in Bezug auf spezifische Verhaltensweisen entweder eine förderliche, eine hemmende oder eben auch gar keine Wirkung entfalten kann. Liebig und Wegener weisen selber darauf hin, dass auf erfahrene Ungerechtigkeiten mindestens drei verschiedene Reaktionsweisen folgen können: "(1) die aktive Veränderung, (2) Rückzug und Vermeidung, (3) das kognitive Umdeuten einer bestehenden Ungerechtigkeit" (ebd.: 270). Man könnte nun versuchen, diesen jeweils spezifischen Umgang mit Ungerechtigkeit durch zusätzliche Faktoren zu erklären – eine Strategie die beispielsweise in verschiedenen Ansätzen der sozialen Bewegungsforschung verfolgt wird (vgl. Punkt 3.1.3). Meines Erachtens kann darüber hinaus eine Herangehensweise fruchtbar sein, die sich den Ungerechtigkeitserfahrungen selbst zuwendet und die Frage stellt, welche der für sie konstitutiven Merkmale die Reaktion bereits in eine bestimmte Richtung zu lenken vermögen. Aufgrund der von Liebig und Wegener verwendeten Operationalisierung, die jede Abweichung von einem als gerecht empfundenen Ergebnis oder einem als gerecht eingeschätzten Verteilungskriterium als ungerecht ansieht, ist diesen Merkmalen oder Eigenschaften jedoch nicht auf die Spur zu kommen. Aus ihrer Perspektive scheinen alle Ungerechtigkeitserfahrungen dieselbe Qualität zu besitzen, sodass unterschiedliche Reaktionen auf der Verhaltensebene nur durch zusätzliche Einflussfaktoren erklärt werden können.

In ihrer Interpretation der Ergebnisse sprechen sie einen dieser Faktoren an, wenn sie schreiben, dass "Ungerechtigkeitsgefühle nur dann für das politische Verhalten folgenreich sind, wenn sie sich auf Lebensbereiche beziehen, für die *dem politischen System* überhaupt *ein Einfluss zugeschrieben* wird." (ebd.: 269; eigene Hervorhebung) In den neuen Bundesländern werde nun die eigene Einkommenssituation in starkem Maße als das Produkt politischer Entscheidungen wahrgenommen. Diesen Nexus hätten die politischen Akteure selbst hergestellt, als sie im Zuge des Vereinigungsprozesses die Verbesserung der materiellen Lebensbedingungen als eines ihrer wichtigsten Ziele herausstellten. Mit der Enttäuschung dieses Versprechens würden die

Betroffenen nun mit einer "Verweigerung dem neuen politischen System gegenüber reagieren." (ebd.: 289) Die Autoren vermuten also, dass mit dem Ungerechtigkeitsurteil eine ganz spezifische *Verantwortungszuschreibung* einhergehen muss, damit überhaupt ein Einfluss auf politisches Handeln beobachtet werden kann: Das politische System und seine Akteure müssen als verantwortlich für die Einkommensverteilung angesehen werden, sodass ein darauf bezogenes Ungerechtigkeitsempfinden auch politisch relevante Handlungsfolgen nach sich zieht. Dies wirft allerdings die Frage auf, wieso in den neuen Ländern ungeachtet dieser vorgenommenen Zuschreibung mit Rückzug in Form von Wahlverweigerung und Protestverzicht reagiert wird. Könnte aufgrund der Verantwortungszuschreibung nicht vielmehr erwartet werden, dass die politischen Akteure in Wahlen und Protestaktionen gerade in die Verantwortung genommen werden? Liebig und Wegener verweisen an dieser Stelle darauf, dass es sich bei der Verweigerung von politischer Beteiligung zugleich um ein Verhaltensmuster handelt, "das für die DDR-Gesellschaft weithin charakteristisch war" (ebd.). Doch ehe man mit dem Verweis auf die DDR-Traditionen einen weiteren Einflussfaktor bemüht, kann es meines Erachtens aufschlussreich sein, sich der spezifischen Qualität der vorgenommenen Verantwortungszuschreibung selbst zuzuwenden: Könnte nicht sie bereits die Weichen stellen und die Richtung für das darauf folgende Verhalten vorgeben? In Abschnitt 3.1 werde ich diesen Gedanken ausarbeiten und Verantwortungszuschreibungen weniger als zusätzlichen Einflussfaktor darstellen, sondern vielmehr als ein konstitutives Merkmal von Ungerechtigkeitserfahrungen begründen. Ein solches Verständnis rückt die Wahrnehmung von Ungerechtigkeit selbst in den Vordergrund des Interesses und ermöglicht es, der Frage nachzugehen, welche der ihr eigenen Qualitäten handlungsmotivierende Folgen in Form von Protest oder Wahlbeteiligung nach sich ziehen können und wann sie umgekehrt eher Resignation und Rückzug wahrscheinlich werden lassen.

Gleichermaßen bleiben in der Studie von Liebig und Wegener Fragen hinsichtlich der Wirkung ordnungsbezogener Ungerechtigkeitswahrnehmungen offen. Wie bereits erwähnt, zeigte sich hier ein für Ost- und Westdeutschland identisches Muster: "Wenn die Befragten der Meinung sind, dass individuelle Leistung ein zu großes Gewicht bei der Festlegung von Einkommen hat, dann haben sie in der Vergangenheit an mindestens einer legalen oder illegalen Protestaktion teilgenommen." (ebd.: 287) Dieses Ergebnis legt die Vermutung nahe, dass ordnungsbezogene Ungerechtigkeiten, die aus einer überzogenen Anwendung des Leistungskriteriums resultieren, in den Gestaltungsbereich politisch verantwortlicher Akteure geschoben werden, die mit entsprechenden Protestaktionen in die Verantwortung genommen werden sollen. Auch mit diesem Ungerechtigkeitsurteil scheint also eine spezifische Form der Verantwortungszuschreibung einherzugehen, was Liebig und Wegener folgendermaßen zum Ausdruck bringen: "Wird in wohlfahrtsstaatlich organisierten Gesellschaften nach Meinung der Betroffenen dem Leistungsprinzip eine zu große Rolle bei der Güterverteilung beigemessen, so wird sich dies auch auf der Ebene politischer Einstellungen und Verhaltensweisen äußern. Es bestehen dann Erwartungen an das politische System, regulierend einzugreifen." (ebd.: 279) Allerdings stellt sich die Frage, wieso die Wahlentscheidung nicht gleichermaßen von dieser Ungerechtigkeitswahrnehmung beeinflusst wird. Denn in beiden Regionen Deutschlands konnte kein Einfluss der ordnungsbezogenen Ungerechtigkeitsurteile auf die Entscheidung darüber, ob man zur Wahl geht oder nicht, festgestellt werden. Doch wieso fördert ein auf das Leistungskriterium bezogenes Ungerechtigkeitserleben zwar die Beteiligung an Protestaktionen, bleibt in Bezug auf die Wahlentscheidung jedoch wirkungslos? Letzteres resultiert nach Liebig und Wegener aus einer kognitiven Umdeutung bestehender Ungerechtigkeiten. Dabei werde die zunächst als ungerecht erlebte Situation "neu bewertet oder 'mit anderen Augen' gesehen, sodass das ursprüngliche Unrecht nicht mehr als solches wahrgenommen wird." (ebd.: 271) Die Konsequenz dieser Uminterpretation bestehe nun darin, dass die "Wahrnehmung von Ungerechtigkeit [...] in diesem Fall keine Wirkungen auf der Ebene der Politik" zeige (ebd.: 273). Obwohl auch diese Deutung von Liebig und Wegener durchaus plausibel ist,[7] so schließt sich doch die Frage an, welche Elemente eines Ungerechtigkeitsurteils im Zuge des Interpretationsprozesses eine Veränderung erfahren. Ein genaueres Wissen um diese Komponenten könnte schließlich die Frage erhellen, welche sozialen Mechanismen einer solchen Umdeutung Vorschub leisten. Auch hier bedarf es folglich eines differenzierten Verständnisses von Ungerechtigkeit, das in ihr mehr sieht als nur die Abwesenheit von Gerechtigkeit.

2.1.2 Ein alternativer Vorschlag

Mit Alfredo Märker hat einer der Autoren aus dem Kontext des ISJP selbst die Frage aufgeworfen, ob die von den verschiedenen normativen Theorien formulierten abstrakten Gerechtigkeitsideale überhaupt für das politische Handeln von Akteuren bedeutsam sein können. Denn wenn diese Prinzipien bereits auf theoretischer Ebene umstritten und in ihrer "Abstraktion und Idealisierung" sehr weit von der sozialen Praxis entfernt sind, sei es zumindest fraglich, ob sie zur Beurteilung konkreter gesellschaftlicher Verhältnisse

7 Sie lässt sich anhand des empirischen Materials der Autoren jedoch nicht belegen, da Befragte, die eine solche Uminterpretation vornehmen, eigentlich kein Urteil mehr fällen dürften, das Ungerechtigkeit zum Ausdruck bringt. Diese Personen könnten dann wiederum nicht mehr von jenen unterschieden werden, die von vornherein eine Einschätzung gegeben hätten, derzufolge die Situation als gerecht angesehen wird.

herangezogen werden und verhaltensrelevante Wirkungen zeigen.[8] Unter Berufung auf Autoren wie Barrington Moore, Judith Shklar und Axel Honneth stellt Märker nun die Frage, ob es nicht vielmehr "konkrete Erfahrungen von Ungerechtigkeit" seien, die das politische Handeln antreiben (Märker 2002: 265-273). Die genannten Autoren haben in ihren Arbeiten jeweils versucht einen Standpunkt zu begründen, der Ungerechtigkeit als ein eigenständiges Phänomen begreift, dem Qualitäten und Merkmale zukommen, die der Gerechtigkeit fehlen und die es somit zu einem bedeutsamen Handlungsmotiv werden lassen. Ihre Argumentation werde ich in Abschnitt 2.2 ausführlich vorstellen; hier soll es vorerst genügen, sich der von Märker vorgenommenen Operationalisierung zuzuwenden.

Er bat die Befragten, zunächst auf einer fünfstufigen Skala anzugeben, wie häufig ihnen persönlich aufgrund verschiedener Merkmale (Religion, Geschlecht, soziale Herkunft, Alter, politische Überzeugungen) Ungerechtigkeit wiederfahren ist.[9] Aus diesen Angaben bildete er einen "Ungerechtigkeitsindex", der "das Ausmaß der erlebten Diskriminierung eines Befragten in unterschiedlichen Lebensbereichen" abbilden soll. In einem nächsten Schritt prüfte er, welche Effekte dieser Ungerechtigkeitsindex im Vergleich zu den ebenfalls erhobenen "Gerechtigkeitsideologien" (Fatalismus, Askriptivismus, Etatismus und Individualismus) auf die abhängigen Variablen Wahlentscheidung (Nichtwahl versus Wahl) und Wahlverhalten (liberale versus konservative Parteienskala) aufweist (ebd.: 276f., 285). Seine Analyse lässt ihn die Schlussfolgerung ziehen, "dass Wahrnehmung von Ungerechtigkeit für konventionelle politische Partizipation – wie dem Wahlverhalten – definitiv keine wichtige Rolle spielt." (ebd.: 282) Vielmehr "scheinen Vorstellungen über einen Zustand perfekter Gerechtigkeit bedeutender zu sein [...]. Gerechtigkeitsvorstellungen sind demnach eine empirisch wirksamere Form der Moralität als eine diffuse Wahrnehmung von Ungerechtigkeit. Gerade in politischen Prozessen ist es offenbar durchaus entscheidend, dass Menschen

---

8 So gibt auch Wegener zu Bedenken, dass "alles darauf hinzudeuten [scheint], dass die Einstellungs-Verhaltens-Korrelation im Gerechtigkeitsbereich eher niedrig ist [...]; dass wir bestimmte Gerechtigkeitsprinzipien für richtig halten, in einem konkreten Fall aber ein spontanes Belohnungsverhalten zeigen oder für gut befinden, das diesen Prinzipien in keiner Weise entspricht." (1995: 255) In Punkt 2.4.2 werde ich in Anlehnung an eine Kritik des Sozialpsychologen Melvin J. Lerner (2003) allerdings den Gedanken ausarbeiten, dass die von Wegener konstatierte niedrige "Einstellungs-Verhaltens-Korrelation" bereits im Erhebungsinstrumentarium angelegt ist und weniger der Ausdruck einer geringen Handlungsrelevanz von Gerechtigkeitsvorstellungen sein muss.

9 Märker fügt hier einschränkend hinzu, "damit freilich nur einen Teil der Ungerechtigkeiten ab[zubilden], die eine Person im Verlauf ihres Lebens wahrnehmen kann" (2002: 276f.). Dem kann des Weiteren hinzugefügt werden, dass Ungerechtigkeitserfahrungen sich nicht nur auf die eigene Person beziehen können, sondern auch die Situation anderer als ungerecht empfunden werden kann.

eine Vorstellung von idealer Gerechtigkeit besitzen." (ebd.: 284) Es wären folglich gerade positive Vorstellungen von sozialer Gerechtigkeit, die politisches Handeln motivieren, die Erfahrung von sozialer Ungerechtigkeit sei hingegen weitgehend irrelevant.

Auch wenn Märker seine Ergebnisse ausdrücklich auf konventionelle Formen der politischen Beteiligung beschränkt wissen möchte,[10] scheint seine Schlussfolgerung doch voreilig zu sein. Die von ihm angesprochene "diffuse Wahrnehmung von Ungerechtigkeit" ist zumindest teilweise seinem Erhebungsinstrument geschuldet, das mit einer fünfstufigen Skala kaum den Anspruch erfüllen kann, die theoretischen Reflexionen von Moore oder Shklar einzufangen. Es werden nicht nur die Bedingungen ausgeblendet, unter denen Akteure überhaupt von Ungerechtigkeiten sprechen; auch all jene Elemente, die das Ungerechtigkeitsempfinden zu einer bedeutsamen Erfahrung und potentiell handlungs(de)motivierenden Kraft werden lassen können, finden keine Berücksichtigung. Damit kann an Märker jener Vorwurf weitergegeben werden, der von Mikula bereits in den 80er Jahren an die sozialpsychologische Ungerechtigkeitsforschung gerichtet wurde. Er beklagte, "that existing conceptualizations might be too simple to depict appropriately the complex nature of experiences of injustice. For instance, the multiplicity of emotional responses" (Mikula 1987: 79). Solange man keine Untersuchungsdesigns konzipieren könne, die den Ungerechtigkeitserfahrungen der Akteure gerecht werden, müssen nach Mikula auch jegliche Aussagen über ihre möglichen handlungsrelevanten Wirkungen ungenau bleiben (ebd.; vgl. auch Abschnitt 2.4). Darüber hinaus läuft der von Märker gebildete Ungerechtigkeitsindex Gefahr, die zumindest potentiell denkbaren Effekte wechselseitig zu neutralisieren und somit gar nicht erst abbilden zu können.[11]

---

10 So vermutet er – ebenso wie es die Ergebnisse der oben erwähnten Studie von Liebig und Wegener (1999) hinsichtlich der Erfahrung ordnungsbezogener Ungerechtigkeiten nahelegen –, "dass sich erlebte Ungerechtigkeiten eher auf unkonventionelle Verhaltensweisen auswirken" (ebd.: 283).

11 So könnte die in Bezug auf ein spezifisches Merkmal (z.B. die soziale Herkunft) empfundene Ungerechtigkeit die Entscheidung nach sich ziehen, zur Wahl zu gehen und eine bestimmte Wahlentscheidung zu treffen. Diesem Verhalten könnte die Überlegung zugrunde liegen, dass Parteien als politische Akteure entweder als Verursacher dieser Ungerechtigkeit angesehen werden und/oder ihnen die Verantwortung für ihre Abhilfe zugeschrieben wird. Hingegen könnte die Ungerechtigkeit in Bezug auf ein anderes Merkmal (z.B. das Geschlecht) im Verantwortungsbereich anderer Akteure gesehen werden – beispielsweise dem Arbeitgeber, wenn die Ungerechtigkeit am Arbeitsplatz erlebt wurde. Für das von Märker berücksichtigte politische Verhalten wäre diese Ungerechtigkeit irrelevant, wenn nicht politischen Akteuren auch die Verantwortung für die Abhilfe dieser Ungerechtigkeit zugeschrieben wird. Aufgrund der Indexbildung würden sich diese Effekte jedoch aufheben, das heißt im Aggregat könnten die je spezifischen Wirkungen von Ungerechtigkeit nicht mehr abgebildet werden. Darüber hinaus können Ungerechtigkeiten nicht nur im Bereich (konventionellen oder unkonventionellen) politischen Handelns wirksam sein. So

Ungeachtet dieser Kritikpunkte kommt Märker das Verdienst zu, die in der soziologisch-empirischen Gerechtigkeitsforschung vorherrschende Gleichsetzung von Ungerechtigkeit als bloß abwesender Gerechtigkeit kritisch hinterfragt zu haben. Um jedoch die in der Wahrnehmung der Akteure bedeutsamen Ungerechtigkeitserfahrungen auch empirisch erfassen zu können, muss ihnen zuvor auf theoretischer Ebene eine intensivere Beschäftigung zuteil werden. Einen fruchtbaren Ansatzpunkt stellen dafür die Überlegungen von Barrington Moore, Judith Shklar und Axel Honneth dar. Mit ihrer Herangehensweise lenken sie die Aufmerksamkeit unter anderem auf die Frage, welche alternativen Einschätzungen es jenseits der Beurteilung einer Situation als entweder gerecht oder ungerecht noch geben kann. Dies eröffnet die Möglichkeit, sich aus den "Fängen" der Gerechtigkeit als selbstverständlichem Gegenpol der Ungerechtigkeit zu lösen, um schließlich letztere als ein eigenständiges Phänomen begreifen zu können. Wenn es auf diese Weise gelingt, Aufschluss über die der Ungerechtigkeit spezifischen Qualitäten und konstitutiven Merkmale zu erlangen, kann wiederum die Frage nach ihren handlungs(de)motivierenden Wirkungen nochmals neu gestellt werden. Die soziologische Gerechtigkeitsforschung und ihre Fokussierung auf empirische Gerechtigkeitsurteile soll damit keineswegs grundsätzlich verworfen werden. Jedoch zeigen die im nächsten Kapitel vorgestellten Studien, dass eine Verletzung normativer Gerechtigkeitsideale nicht zwangsläufig die Einschätzung nach sich zieht, dies sei ungerecht. Eine alternative theoretische Perspektive scheint somit geboten.

2.1.3 Gegenbeispiele aus der Sozialpsychologie und eine soziologische Erklärung

Die folgenden Studien stellen insofern eine Besonderheit innerhalb der sozialwissenschaftlichen Forschung dar, als sie aufgrund ihres spezifischen Untersuchungsdesigns mehr Licht auf den Zusammenhang zwischen der Zustimmung zu bestimmten Gerechtigkeitsidealen, deren Verletzung sowie der darauf folgenden Bewertung werfen können. An ihnen lässt sich beispielhaft illustrieren, dass eine Konzeption von Ungerechtigkeit, die diese ausschließlich im Sinne einer Abweichung von normativen Gerechtigkeits-

---

weisen sozialpsychologische Studien darauf hin, "[that i]n organizational contexts, for example, retaliation against unjust procedures commonly results in diminished levels of helpfulness, courtesy, and sportsmanship [...]. Reductions in levels of work performance are also common" (Miller 2001: 543). Letzteres soll allerdings nicht als Vorwurf an Märker verstanden werden, da er sich nicht für die handlungsmotivierenden Folgen von Ungerechtigkeit per se interessiert, sondern sich ausdrücklich auf ihre Einflüsse auf politisches Handeln beschränkt.

vorstellungen versteht, zu kurz greift.[12] Im Anschluss an diese Studien werde ich das Konzept des *korrektiven Austauschs* von Erving Goffman einführen, das eine erste Erklärung zu liefern vermag, warum Akteure angesichts einer Verletzung der von ihnen geteilten Gerechtigkeitsüberzeugungen keineswegs immer die Schlussfolgerung ziehen, das Geschehen sei ungerecht.

In ihrer Studie über die Arbeits- und Lebenssituation von Frauen in den USA Anfang der 80er Jahre konstatiert Crosby zunächst, dass die berufstätigen Frauen ungeachtet der gleichen Voraussetzungen in Bezug auf eine Reihe von Faktoren (wie z.B. "NORC job prestige score", "years of education and training", "levels of motivation", "number of hours per week") signifikant weniger verdienten als die berufstätigen Männer (1982: 45-50).[13] Aufgrund dieser unterschiedlichen Ausgangslagen war die Autorin überrascht festzustellen, dass dieselben Frauen dennoch ein ebenso hohes Maß an Zufriedenheit mit ihrer Bezahlung zum Ausdruck brachten wie die Männer. "All in all, women feel as positive about their level of pay as do men." (ebd.: 65f.) Ihre Bewertung der unterschiedlichen Entlohnung ließ offensichtlich in nichts darauf schließen, dass sie sich ungerecht behandelt fühlten. Dies kann nun allerdings nicht darauf zurückgeführt werden, dass Vorstellungen von Chancengleichheit und leistungsgerechter Bezahlung für diese Frauen keine Rolle gespielt hätten. Denn während sie ihre persönliche Arbeitssituation als durchaus positiv einschätzten, äußerten sie zugleich ein hohes Maß an Unzufrie-

---

12 Besonders erhellend sind in diesem Zusammenhang die beiden Arbeiten von Faye Crosby. Ich hätte für diesen Abschnitt gerne noch weitere Untersuchungen herangezogen, doch scheint die Annahme, dass Ungerechtigkeit das bloße Gegenteil von Gerechtigkeit darstellt, eben genau jene Forschungsfragen zu verhindern, die hier von Interesse sind. Denn ob Ungerechtigkeit stets in einer Verletzung normativer Gerechtigkeitsideale aufgeht, kann schließlich erst dann zu einem Forschungsproblem werden, wenn die zugrundeliegende Annahme hinterfragt wird.

13 Während diese Form der Ungleichbehandlung in den USA zwischenzeitlich kaum mehr zu beobachten ist, weisen Untersuchungen zur Lage in der Bundesrepublik darauf hin, dass sie allenfalls marginal abgenommen hat. So stellen Hinz und Gartner für die alten Bundesländer im Zeitraum von 1993 bis 2001 für vollzeitbeschäftigte Erwerbstätige fest: "Wenn Frauen und Männer mit gleicher Humankapitalausstattung im gleichen Beruf und Betrieb arbeiten, verdienen Frauen immer noch deutlich weniger als Männer." (2005: 23) Ihre Berechnungen zeigen: "Wenn wir Ausbildung und Berufserfahrung in den Job-Zellen konstant halten, beträgt der Lohnunterschied etwa 12 Prozent." (ebd.: 3) Für die Kohorte der 1971 geborenen westdeutschen Männer und Frauen und deren Lohnunterschiede im Alter von 27 Jahren kommen Aisenbrey und Brückner zu einem ähnlichen Ergebnis. Sie stellen zunächst fest, "[that] for the youngest cohort, the entire gender wage gap is due to within-occupation wage differences." (2006: 7) Diese ungleiche Entlohnung kann wiederum nicht auf unterschiedliche "Ausstattungsmerkmale" der Männer und Frauen oder unterschiedliche Betriebsmerkmale zurückgeführt werden: "We find that gender differences in human capital, labor supply, and firm characteristics contribute little or nothing to the within-occupation gender gap of young West Germans." (ebd.) Ich werde auf beide Studien und ihre jeweils spezifische *Bewertung* dieser Ergebnisse am Ende des Kapitels zurückkommen.

denheit und Erbitterung über die Arbeitssituation von Frauen im Allgemeinen (ebd.: 80-84). Sie waren "more distressed about sex discrimination than are employed men or housewives." (ebd.: 93) Während sie also auf der Aggregatebene in Bezug auf die gesamte Gruppe der erwerbstätigen Frauen Verstöße gegen ihre Auffassung von Leistungsgerechtigkeit und einer gleichberechtigten Behandlung von Männern und Frauen wahrnahmen, versagte die Anwendung dieser normativen Prinzipien in Bezug auf die eigene Arbeitssituation. "The working women in our study are aware of and upset about the extent of discrimination that faces most women on the job. Yet they appear quite naive about the discrimination that they themselves must overcome." (1982: 162) Obwohl man folglich davon ausgehen kann, dass diesen Frauen Chancengleichheit und Leistungsgerechtigkeit nicht gleichgültig waren, erlebten sie ihre eigene Behandlung nicht als diskriminierend.[14]

In einer weiteren Studie konnten Crosby und andere (1986) zeigen, dass die Anwendung der Prinzipien von Chancengleichheit und Leistungsgerechtigkeit nicht nur in Bezug auf die Einschätzung der eigenen Situation außer Kraft gesetzt werden kann, sondern auch dann, wenn es um die Beurteilung der Situation anderer Frauen geht. Im Kontext dieser Untersuchung wurden die Befragten gebeten, die Einstellungspraxis von Unternehmen auf der Basis von verschiedenen Informationen über die BewerberInnen zu beurteilen. Doch auch wenn das Material so dargeboten wurde, dass eindeutige Fälle von Diskriminierung leicht identifiziert werden konnten, wurde diese Ungleichbehandlung nicht als ungerecht angesehen. Die Autoren vermuten, "[that] unless the standard for evaluation is strict and rigid (e.g., promotion goes to the one who can type *n* number of words per minute), idiosyncrasies leave room for explanations about why someone did or did not receive a certain outcome. In other words, when one compares the outcome of an individual woman and an individual man, one can usually find a 'good reason' why the man receives the better outcome." (ebd.: 269) Die Abweichungen von den eigenen Gerechtigkeitsvorstellungen konnten so in jedem Einzelfall als gerechtfertigte Ausnahme interpretiert werden.

Gleiches scheint auch für die Anwendung von Gerechtigkeitsprinzipien in anderen Bereichen zu gelten: So stellen Staerklé und Clémence fest, dass

---

14 Ähnlich stellte sich die Situation in einer von Turner und Killian zitierten Studie über die Wahrnehmungen von Frauen dar, die Opfer von männlichen Gewalttaten wurden. Obwohl diese Frauen der Ansicht waren, dass Männer Frauen nicht schlagen sollten, fanden sie Gründe, die die eigene Situation erklärten und die Misshandlung als gerechtfertigte Ausnahme erscheinen ließen. So wiesen sie darauf hin, dass der Mann sich aufgrund von Alkohol oder Krankheit nicht unter Kontrolle gehabt hätte oder sie aufgrund eigener Provokationen selbst schuld daran gewesen seien ("I shouldn't have nagged him like I did.") (Ferraro und Johnson 1983 in Turner und Killian 1987: 264). Auf diese Art der Erklärungen werde ich im Kontext der Ausführungen zu Goffmans Konzept des *korrektiven Austauschs* gleich zurückkommen.

Menschenrechte zwar auf einer breiten Basis Unterstützung finden, konkrete Verletzungen aber wesentlich seltener verurteilt werden. Sie vermuten: "[t]heir rather abstract and general formulation gives rise to conflicting interpretations of the limits of application" (2004: 389). Auch in diesen Fällen könnten Akteure "good reasons" finden, die die Abweichung vom eigenen Gerechtigkeitsideal erklären und dessen Verletzung nicht zwangsläufig als ungerecht erscheinen lassen. In all diesen Studien zeigt sich folglich, dass Akteure zwar über mehr oder weniger klare Gerechtigkeitsbilder verfügen können, sie deren Missachtung aber keineswegs notwendig auch als ungerecht wahrnehmen. Auf Grundlage der Überlegungen von Goffman kann zu diesem Phänomen eine erste Antwort formuliert werden.

Begreift man Gerechtigkeitsvorstellungen als eine spezifische Gruppe sozialer Normen im Sinne Goffmans, so gilt auch für sie, dass sie sich auf die Erwartungen eines Akteurs beziehen, was andere Personen oder er selbst tun sollten (1982: 140). Goffman weist nun darauf hin, dass "[s]oziale Normen [...] fast immer in allgemeinen Begriffen formuliert [werden], weil das jeweilige Ereignis, auf das sie angewendet werden, bloß ein Beispiel für eine Klasse von Ereignissen ist, für die die Regel gilt." (ebd.) Daraus leiten sich in einer konkreten Situation zwei Schwierigkeiten ab: Zum einen betrifft dies die Entscheidung, ob die Ereignisse der Situation tatsächlich auch zur Klasse der entsprechenden Norm gehören, das heißt ob die Norm überhaupt Anwendung finden kann. Zum anderen stellt sich die Frage, wie sich ihre "allgemeinen Begriffe" konkretisieren lassen, das heißt wie die soziale Norm in ihrer zunächst abstrakten Fassung situationsspezifisch übersetzt werden kann. Wendet man die Perspektive, so lässt sich aus diesen Überlegungen Goffmans der Schluss ziehen, dass Akteure angesichts einer Erwartungsenttäuschung keineswegs umstandslos folgern, es würde auch eine Regelverletzung vorliegen, die moralisch, sozial oder rechtlich sanktioniert werden müsste. Vielmehr versuchen sie die Situation genauer zu beleuchten, das heißt sie müssen häufig "nicht aufgedeckte Sachverhalte rekonstruier[en ...], bevor [sie ...] wissen [können ...], was eigentlich geschehen ist." (ebd.: 153) Im Zuge dieser Interpretationsleistungen können sie zu der Einsicht gelangen, dass die soziale Norm dem Ereignis nur fälschlicherweise zugrunde gelegt wurde oder dass ihre situationsspezifische Ausgestaltung fehlerhaft war. So können zum Beispiel Eltern der Ansicht sein, ihr Kind wäre in der Schule bei der Bewertung einer Mathematikaufgabe ungerecht behandelt worden, da es zur Lösung der Aufgabe weniger Zeit zur Verfügung hatte als ein Klassenkamerad. Die Situation kann sich jedoch anders darstellen, wenn sie erfahren, dass das andere Kind an einer Leseschwäche leidet und ihm deswegen für die Lektüre der Sachaufgabe mehr Zeit eingeräumt wurde. Insofern die Eltern in einem solchen Fall die soziale Norm der Leistungsgerechtigkeit außer Kraft gesetzt wissen möchten, um beispielsweise der Chancengleichheit Rechnung zu tragen, würde das Resultat nicht länger als ungerecht erscheinen. In einer anderen Situation könnten sie es als ungerecht ansehen, wenn ihr Kind in einem Geschichtsaufsatz schlechter bewertet wurde als ein Mitschüler, obwohl sich die Inhalte der beiden Arbeiten gleichen. Erfahren sie jedoch, dass auch Rechtschreibung und Grammatik in die Bewertung einflossen – also eine andere Konkretisierung der allgemeinen Norm der Leistungsgerechtigkeit zugrunde gelegt wurde – könnten nun auch sie der Ansicht sein, die Notendifferenz sei ungeachtet der anfänglichen Erwartungsenttäuschung durchaus gerechtfertigt.

Nach Goffman unterziehen sich Akteure den Mühen solcher Interpretationsleistungen vor allem deshalb, da die Verletzung einer Regel oder Norm sowie eine Duldung ihrer Übertretung zugleich eine Aussage darüber ist, in welchem Verhältnis ein Akteur selbst zu ihr steht (ebd.: 142f.). Diesem Gedanken kann die Vermutung hinzugefügt werden, dass die Einstellung zu einer potentiellen Normabweichung zudem die Art und die Qualität sozialer Beziehungen zum Ausdruck bringt. Sollte also tatsächlich eine Regelverletzung vorliegen, so würde dies gleichermaßen auch eine Störung der sozialen Beziehung darstellen (vgl. die Abschnitte 2.4 und 3.2). In seinem Aufsatz über den *korrektiven Austausch* systematisiert Goffman nun die vielfältigen Mechanismen, auf die Personen in der Kommunikation von Angesicht zu Angesicht zurückgreifen, um sich ihre Erwartungsenttäuschungen verständlich zu machen. Im Fall der "Erklärungen" resultiert ihre Suche nach Gründen – sowohl in den Kontextbedingungen als auch in den Motiven der beteiligten Akteure – häufig in der Schlussfolgerung, dass letztlich gar keine Regelverletzung vorgelegen hat; dies trifft auf die eben geschilderten Schulbeispiele zu. "Entschuldigungen" hingegen finden dann Anwendung, wenn in den Augen der Akteure ein Normbruch stattgefunden hat, dieser aber als einmalige Ausnahme gebilligt werden kann. Dies könnte sich zum Beispiel darauf beziehen, dass die Eltern dem Lehrer nahelegen, das nächste mal seine Bewertungskriterien im Vorfeld klarer zum Ausdruck zu bringen, sie aufgrund eines grundsätzlichen Einverständnisses mit seinen Kriterien aber dessen aktuelles Versäumnis entschuldigen. "Ersuchen" wiederum werden schon im Vorfeld einer potentiell abweichenden Handlung zum Ausdruck gebracht und verleihen ihr einen anderen Stellenwert, indem sich die Beteiligten darauf verständigen können, die Norm vorübergehend außer Kraft zu setzen (ebd.: 157-165). Dies wäre beispielsweise der Fall, wenn die Eltern darum bitten, ihr Kind aufgrund einer geplanten Urlaubsreise für den letzten Schultag zu befreien. Bei den Ersuchen handelt es sich folglich um eine Art vorweggenommener Entschuldigungen – mit dem Unterschied, dass die Person, der die potentielle Sanktionsmacht obliegt, bereits im Vorfeld um ihr Einverständnis gebeten wird.

Infolge all dieser korrektiven Tätigkeiten wird demzufolge Situationen eine andere Bedeutung zugeschrieben, mit dem Ergebnis, dass "das, was als offensiv angesehen werden könnte, in etwas [...] verwandel[t wird], das als akzeptierbar angesehen werden kann." (ebd.: 156) Dies bedeutet zugleich, dass im Anschluss an einen *korrektiven Austausch* die beteiligten Personen wieder davon ausgehen können, dass ihre sozialen Beziehungen intakt sind. Da auch Gerechtigkeitsvorstellungen als eine spezifische Form von sozialen Normen interpretiert werden können, ist die Annahme plausibel, dass Akteure im Fall ihrer Missachtung gleichermaßen versuchen, der Situation einen Sinn zu verleihen, indem sie nach Ursachen und Gründen suchen. Und wenn diese Suche zu den von Goffman als "Erklärungen" bezeichneten Interpretationen führt, können sie zu dem Urteil gelangen, dass entgegen dem zunächst vorliegenden Eindruck doch keine Ungerechtigkeit vorliegt.[15] Grundsätzlich könnte dies zum einen daraus resultieren, dass sie die zunächst vorgenommene Anwendung eines Gerechtigkeitsprinzips auf die konkrete Situation verwerfen. Ähnlich wie in den geschilderten Schulbeispielen könnte beispielsweise die Vorstellung nach einer leistungsgerechten Bezahlung durch die Feststellung außer Kraft gesetzt werden, dass die schlechter gestellte Person überhaupt keinen Anspruch auf den Lohn hatte, da sie aufgrund einer anderen Staatsbürgerschaft gar nicht im Besitz einer Arbeitserlaubnis war. Nicht die erbrachte Leistung, sondern vielmehr das Kriterium der Zugehörigkeit würde in diesem Fall als das relevante Gerechtigkeitsprinzip angesehen werden. Zum anderen kann sich eine anfängliche Vermutung von Ungerechtigkeit auch dann zerstreuen, wenn Akteure im Nachdenken über die konkrete Ausgestaltung oder Umsetzung eines Gerechtigkeitsprinzips den Bewertungsmaßstab ihrer Einschätzung verändern – sei es nun, indem sie auf zusätzliche, über Zugehörigkeit, Bedürftigkeit oder Leistung entscheidende Merkmale zurückgreifen oder indem sie vormals berücksichtigte Kriterien nun als irrelevant ausschließen. Stets könnte sich auch ihr Urteil ändern, ob eine Ungerechtigkeit vorliegt oder nicht.

Letzteres möchte ich am Beispiel der Leistungsgerechtigkeit und unter Rückgriff auf die in Fußnote 13 zitierten Studien etwas ausführlicher illustrieren, thematisieren sie doch einen Kernbereich der soziologischen Ungleichheitsforschung: die ungleiche Bezahlung von Männern und Frauen. Während die Darstellung von Aisenbrey und Brückner den Eindruck vermittelt, die Autorinnen würden das Resultat ihrer Untersuchung als Zeichen

---

15 Aus dieser Perspektive stellt der Vorschlag von Staerklé und Clémence keine überzeugende Lösung dar, dass allgemein formulierte Normen – wie zum Beispiel Menschenrechte – in konkreten Situationen durch "contextual norms of justice" abgelöst würden, auf deren Basis Akteure schließlich über Ungerechtigkeit oder Gerechtigkeit entscheiden könnten (2004: 391). Mit Goffman lässt sich argumentieren, dass *jede* soziale Norm für mehr als nur eine Situation ausgelegt ist und sich folglich auch für jede soziale Norm die Frage stellt, ob sie im konkreten Einzelfall überhaupt Anwendung finden kann und in welcher spezifischen Form dies geschehen sollte. Auf die Studie von Staerklé und Clémence werde ich in Punkt 3.2.1 zurückkommen.

einer nicht gerechtfertigten und folglich ungerechten Behandlung ansehen,[16] scheinen sich Hinz und Gartner angesichts ähnlicher Ergebnisse unsicher, ob diese als Ausdruck einer diskriminierenden Praxis bewertet werden können. Die Autoren weisen zunächst auf die verschiedenen Schwierigkeiten hin, in ihrer Studie die "produktivitätsrelevanten Faktoren" zum Vergleich von Leistungen genau abbilden zu können. So konnten die "tatsächlich geleisteten Arbeitsstunden" sowie die "tatsächlichen Berufserfahrung[en]" aufgrund fehlender Informationen nur geschätzt werden. Da aber "Männer weitaus häufiger und in größerem Ausmaß Überstunden machen" und "Frauen öfter als Männer ihre berufliche Karriere unterbrechen", könnte bei einer Berücksichtigung der "tatsächlichen" Werte "der Lohnabstand zwischen Männern und Frauen geringer ausfallen." (2005: 27) Darüber hinaus seien "hierarchische Abstufungen innerhalb der Berufskategorien nicht beobachtbar", sodass "ein Teil des verbliebenen Lohnunterschieds [...] auf die vertikale Segregation innerhalb der Berufsgruppen zurückzuführen sein [dürfte]." (ebd.: 28)

Was in dieser Argumentation zunächst als ein bloß datentechnisches Problem dargestellt wird – "Die Genauigkeit der Messung von produktivitätsrelevanten Qualifikationen [...] ist das Hauptproblem." (ebd.: 31) – vermag zugleich eben jene Begründungen zu liefern, mit deren Hilfe die beobachteten Lohnunterschiede als gerechtfertigt *weg*erklärt werden können. Wenn Frauen weniger Überstunden machen, aufgrund häufiger Erwerbsunterbrechungen eine geringere Berufserfahrung aufweisen und innerhalb der Berufsgruppen niedrigere Positionen einnehmen, dann scheint auch die von ihnen erbrachte Leistung keineswegs der von Männern zu gleichen, sodass die ungleiche Entlohnung letztlich doch gerechtfertigt und keineswegs ungerecht wäre. Die Daten hätten folglich nur den Anschein vermittelt, als sei hier Gleiches mit Gleichem verglichen worden. Der anfängliche Eindruck einer Verletzung des Leistungsprinzips und somit einer potentiell vorliegenden Ungerechtigkeit in Form einer diskriminierenden Entlohnungspraxis könnte sich auf Basis dieser Erklärungen in Nichts auflösen. Neben den bereits genannten Variablen können zur Leistungsmessung auch noch weitere als "produktivitätsrelevant" erachtete Faktoren herangezogen werden, zum Beispiel Einsatzbereitschaft, Karriereorientierung oder Unternehmensbindung. Diese Faktoren können einerseits wiederum als situations- oder bereichsspezifische Konkretisierungen von "Leistung" verstanden werden, andererseits können sie Bestandteil eben jener Begründungen werden, die als "Erklärungen" im Sinne Goffmans die Missachtung eines normativen (Ge-

16 "[W]ithin-occupation gender inequality is generated by *differential evaluation* of women and men's human capital and other characteristics." (Aisenbrey und Brückner 2006: 7; eigene Hervorhebung) Gleiche Leistungen – in Form zum Beispiel des Humankapitals – werden ungleich bewertet und somit unterschiedlich entlohnt.

rechtigkeits-)Prinzips als nur scheinbar aufdecken und somit den Eindruck von Ungerechtigkeit zerstreuen.[17]

Die von Heinz und Gartner exemplarisch vorgestellte Argumentation in Bezug auf die "Erklärung" von Lohnunterschieden lässt meines Erachtens die Annahme plausibel erscheinen, dass die von Goffman vorgestellten Mechanismen des korrektiven Austauschs nicht nur in *face-to-face* Situationen Anwendung finden können. Vielmehr scheinen sie auch dann genutzt zu werden, wenn Akteure – und damit sind auch Wissenschaftler gemeint – mit potentiellen Ungerechtigkeiten konfrontiert werden, die nicht von Personen im unmittelbaren situativen Kontext ausgehen und/oder andere Personen als sie selbst betreffen. Die hier interessierende Frage besteht dann darin, welche Elemente der aus den normativen Gerechtigkeitsvorstellungen abgeleiteten, aber zunächst nur vermuteten Ungerechtigkeiten durch "Erklärungen" angesprochen werden – oder anders formuliert: aufgrund welcher Mechanismen eine korrektive Tätigkeit ein potentielles Ungerechtigkeitsurteil zu zerstreuen vermag. Die Grundlage zur Beantwortung dieser Frage wird in den Abschnitten 3.1 und 3.2 gelegt werden. Zunächst möchte ich jedoch die Herangehensweise einer Reihe von Autoren vorstellen, die sich der Ungerechtigkeit aus einer grundlegend anderen Perspektive genähert haben. Ihnen gemeinsam ist die Annahme, dass Ungerechtigkeit keineswegs nur die Verletzung normativer Gerechtigkeitsvorstellungen bedeutet, sondern sie darüber hinaus als eigenständiges Phänomen konzipiert werden kann, das des Gegenpols der Gerechtigkeit nicht in jedem seiner Erscheinungsformen bedarf.

17 Ein sehr interessantes Forschungsprojekt zu den vielfältigen Facetten des Leistungsprinzips und der Leistungsgerechtigkeit hat eine Arbeitsgruppe um Sighard Neckel durchgeführt (vgl. zum Beispiel Neckel u.a. 2004, 2005). Wie mannigfaltig allein im Bereich der Arbeitswelt die Vorstellungen von "Leistung" sein können, zeigt das folgende Zitat: "So nimmt der Leistungsbegriff zwar eine überaus prominente Rolle in den aktuellen Debatten ein – gleichzeitig wird immer unklarer, was unter 'Leistung' eigentlich zu verstehen ist. Begriffe wie 'Teamfähigkeit', 'emotionale Intelligenz', 'Kreativität' und 'Selbstverantwortung' zeigen an, dass sich die Leistungsanforderungen an die Beschäftigten heute wandeln und sich vom Fachwissen auf Persönlichkeitseigenschaften erweitern." (Neckel u.a. 2005: 368; vgl. auch Fußnote 70 in dieser Arbeit) Werden diese Persönlichkeitseigenschaften als Kompetenzen begriffen, die ihrerseits für den Vergleich und die Bewertung von "Leistungen" als relevant angesehen werden, so hat dies wiederum Auswirkungen auf die Vorstellungen von Chancengleichheit und die Bewertung unterschiedlicher Erfolge in der Arbeitswelt, wie Johannes Berger (2008) sehr eindrücklich zeigt.

2.2 Die Ansätze von Barrington Moore, Judith Shklar und Axel Honneth

In diesem und den folgenden Kapiteln werde ich mit Barrington Moore, Judith Shklar und Axel Honneth der Frage nachgehen, was Ungerechtigkeit jenseits einer Missachtung von Gerechtigkeitsidealen bedeuten kann. Während sich die aus der politischen Philosophie stammende Judith Shklar in ihrem Buch *Über Ungerechtigkeit* kritisch an den verschiedenen Modellen normativer Gerechtigkeitsphilosophien abarbeitet und zur Untermauerung ihrer Argumentation vor allem auf Erkenntnisse aus der sozialpsychologischen Forschung zurückgreift, legt der Historiker Barrington Moore mit seinem Buch *Ungerechtigkeit. Die sozialen Ursachen von Unterordnung und Widerstand* eine eigene, ausgesprochen materialreiche Studie vor. Der empirische Fokus seiner Untersuchung reicht von den revolutionären Ereignissen 1848/1849 im Deutschen Bund, über die revolutionären Phasen vor und nach dem Ersten Weltkrieg bis hin zu den Russischen Revolutionen Anfang des zwanzigsten Jahrhunderts. Der Soziologe Axel Honneth wiederum knüpft in seinem Aufsatz über *Moralbewußtsein und soziale Klassenherrschaft* ausdrücklich an Moore an, mit dem Ziel, den theoretischen und empirischen Blick zu erweitern, um sich somit aus den Fängen einer nur an der Gerechtigkeit orientierten Analyse von Ungerechtigkeit zu lösen. Gleichwohl können einige der Überlegungen von Moore, Shklar und Honneth auch auf jene Ungerechtigkeiten übertragen werden, die in der Verletzung eines expliziten Gerechtigkeitsideals aufgehen. Dies gilt insbesondere für die im nächsten Punkt vorgestellten Betrachtungen, die sich unter anderem den Schwierigkeiten und Hindernissen einer an Phänomenen der Ungerechtigkeit interessierten Forschung widmen. Daran anschließend werde ich in Punkt 2.2.2 der Frage nachgehen, worin die Besonderheit der von den Autoren in den Blick genommenen anderen Formen von Ungerechtigkeit liegt.[18]

2.2.1 Theoretische und methodische Überlegungen zur Herangehensweise an Ungerechtigkeit

Möchte man etwas über Ungerechtigkeit lernen, so zeigt die Arbeit von Moore zunächst, dass es sinnvoll ist, sich keineswegs nur jenen Akteuren

---

18 Obgleich es hier noch den Anschein haben mag, als ob ich den Arbeiten von Moore, Shklar und Honneth dieselbe Aufmerksamkeit zukommen ließe, werden doch vor allem die Überlegungen Moores den "roten Faden" vorgeben. Diese werden durch die Ausführungen Shklars und mit einem geringeren Gewicht durch die von Honneth ergänzt. (vgl. auch Fußnote 39).

zuzuwenden, die ihren Empfindungen durch offenkundige Protesthandlungen Ausdruck verleihen. So ist seine Studie nicht nur von der Frage geleitet, warum Menschen "überaus zornig werden und mit Leidenschaft und Gewalt ihre Situation zu verändern suchen", sondern gleichberechtigt daneben steht sein Erkenntnisinteresse daran, "warum Menschen sich so oft damit abfinden, Opfer ihrer gesellschaftlichen Verhältnisse zu sein" (1987: 9).[19] In den Mittelpunkt seines Interesses rückt Moore folglich nicht nur die sichtbaren erfolgreichen oder weniger erfolgreichen Handlungen von Menschen, sondern er plädiert dafür, auch jene Situationen und Verhältnisse in den Blick zu nehmen, auf die sie (scheinbar) tatenlos reagieren. Eine Analyse dessen, "was zu versuchen sie nicht einmal interessiert waren" (ebd.: 13), kann seines Erachtens nicht nur spannend sein, sondern gleichermaßen auch aufschlussreich in Bezug auf die potentiell zugrundeliegenden Ungerechtigkeitserfahrungen. Zu dem ihm vorliegenden empirischen Material über die Arbeiter im Ruhrgebiet vor 1914 schreibt er: "[Es] kann uns eine Menge über die historischen und sozialen Bedingungen sagen, unter denen dieses Unrechtsgefühl an die Oberfläche tritt und effiziente politische Formen annimmt, und – was vielleicht noch spannender ist – über Bedingungen, unter denen diese Erscheinungen ausbleiben." (ebd.: 308)

Die Berücksichtigung all jener Akteure, die gerade nicht durch offenkundige Protesthandlungen auffallen, begründet Moore mit seiner Beobachtung, dass selbst in sozialen Umbruchphasen meist nur ein kleiner Kreis von Personen mit Formen aktiver Auflehnung in Erscheinung tritt. So merkt er über die Revolution von 1848 in Deutschland an: "Wichtig hervorzuheben ist vor allem, dass die Zahl der Beteiligten äußerst gering blieb" (ebd.: 224). Während "[n]ur eine sehr kleine Minderheit [...] eine aktive Rolle [spielte]", verhielt sich die "überwältigende Mehrheit" scheinbar inaktiv. "Soweit man dies heute sagen kann, verharrten sie angespannt in ihrer Situation, versuchten sich in ihr tägliches Leben zu ergeben und erwarteten das Ergebnis." (ebd.: 217f.) Über ihre Motive weiß man jedoch nur wenig, das heißt es ist kaum bekannt, aus welcher inneren Einstellung heraus sie sich dem Protest verweigerten, ob sie ihn vielleicht als sinnlos ansahen, seine konkreten Ausdrucksformen missbilligten oder ihn grundsätzlich ablehnten. Gemeinsam ist ihnen zunächst nur, dass sie den Geschehnissen selbst zu Zeiten großer sozialer Spannungen mehr oder weniger tatenlos gegenüberstanden. Ähnlich gestaltete sich die Situation kurz vor 1914. Während Moore als gemeinsames Ziel der Arbeiterschaft das nach "menschlicher Behandlung" ausmacht (vgl. Punkt 2.2.2), so stellt er doch zugleich fest: "Wenn wir fragen, was deutsche

19 Ähnlich auch der Sozialpsychologe Ronald L. Cohen: "Why do victims of injustice seem so rarely to challenge, rebel against, or press for systematic change in the factors responsible for their condition?" (1986: 65)

Arbeiter für die Verwirklichung dieses Ziels getan haben, so lautet die schlichte Antwort der Statistiken, dass ungefähr die Hälfte überhaupt nichts unternahm und eine große Mehrheit der übrigen nicht mehr, als einer Organisation Beiträge zu zahlen." (ebd.: 294)

Diese Beobachtung wird von anderen Autoren in Bezug auf weitere historische Ereignisse bestätigt; Lichbach spricht von der sogenannten "5 percent rule", die besagt, dass sich in etwa 5 Prozent der von einem Problem oder Missstand betroffenen Personen an irgendeiner Form des kollektiven Protests beteiligen (1996: 9; 1998: 17f.). Seine Belege beziehen sich auf so unterschiedliche Konflikt- und Aktionstypen wie "neighborhood organizations, community conflicts, urban rebellions, student revolts, trade unions, guerilla wars, and rural populist movements." (1998: 18) Darüber hinaus sieht er die Regel in verschiedenen amerikanischen, russischen, algerischen und kubanischen Revolutionen bestätigt, sodass er die Schlussfolgerung zieht: "protests lack protesters, rebellions lack rebels, and revolutions lack revolutionaries." (ebd.) Diesen Umstand konstatiert auch Debra Javeline in ihrer Studie über die Lohnkrise in vielen Unternehmen Russlands in den 90er Jahren des zwanzigsten Jahrhunderts: "The most generous estimates of strikers and protesters in the country have still represented only 1 or 2 percent of all Russian workers [... O]nly in 1997 did the number of strikers in Russia finally reach a high of 887,500, still less than 4,5 percent of the roughly twenty million Russians who were owed wages." (2003a: 37) Nach Javeline müsste der Anteil der aktiv Engagierten noch niedriger angesetzt werden, da neben verschiedenen methodischen Unsauberkeiten in der Zählung der Protestteilnehmer nicht berücksichtigt wurde, dass eine wesentlich größere Bevölkerungsgruppe als nur die Arbeiter selbst durch die Lohnrückstände in ihrer Lebenssituation beeinträchtigt wurde – neben den Ehegatten, auch die Kinder und Eltern sowie andere von den Zahlungen abhängige Verwandte (ebd.: 38ff.). Somit erhöht sich nicht nur der Pool der Betroffenen, sondern gleichermaßen sinkt auch der Anteil jener, die sich in Form kollektiver Protesthandlungen gegen die Zurückhaltung der Lohnzahlungen auflehnten.

Vor dem Hintergrund dieser Ergebnisse hat der ausdrückliche Hinweis von Moore seine Berechtigung, dass weniger Rebellion und Protest die typischen Reaktionsweisen auf prekäre soziale Verhältnisse zu sein scheinen, sondern vielmehr Anpassung, Unterordnung und stillschweigende Hinnahme, aber auch Akzeptanz und Anerkennung der bestehenden Ordnung. Die Masse derer, die sich anscheinend unbeteiligt in die gegebenen Verhältnisse einfügt, kann folglich ausgesprochen heterogen in Bezug auf die zugrundeliegenden Motivlagen sein. In der sozialwissenschaftlichen Forschung – insbesondere jener zu den sozialen Bewegungen (vgl. Punkt 3.1.3) – besteht jedoch die Neigung, sich gerade den Akteuren zu widmen, die durch ein dauerhaftes und möglichst an einen institutionellen Organisationskontext gebundenes Engagement gekennzeichnet sind. So fallen häufig zunächst die Personen durch das Aufmerksamkeitsraster, die sich allenfalls mit sporadischen Handlungen an den Aktionen beteiligen. Dass gerade ihre Teilnahme jedoch einen Einfluss auf den Erfolg oder Misserfolg einer Protest- oder Revolutionsbewegung haben kann, veranschaulicht Pamela E. Oliver anhand der *Black Movement* in den 50er und 60er Jahren in den USA: "[T]here was much more to the Black Movement than the actions of organizations. People who were not members of movement organizations often participated in mass events such as boycotts, marches, rallies, demonstrations, and sit-ins." (1989: 2f.) Diese von ihr den sogenannten "transitory teams" zugehörigen Personen können für den Entwicklungsverlauf, den eine Bewegung und ihre Organisation(en) nehmen, von entscheidender Bedeutung sein. So lag es nach Oliver unter anderem an den vorübergehend und spontan mobilisierten Teilnehmern, "[that t]he pace of action accelerated and exploded." (ebd.: 3) Umgekehrt kann ihr Fernbleiben die weitere Entwicklung einer Bewegung hemmen und ihren langfristigen Erfolg gefährden. Aufgrund dessen plädiert Oliver dafür, diesem Personenkreis größere Aufmerksamkeit zukommen zu lassen. Doch auch fast 20 Jahre nach dem Erscheinen ihres Aufsatzes scheint sich die Situation – zumindest im deutschsprachigen Raum – nicht wesentlich verändert zu haben, denn so hält Axel Philipps fest: "Letztendlich wissen wir nur wenig über die unorganisierten Protestteilnehmer [...], da Protestanalysen zumeist Organisationen und Initiativen zum Gegenstand haben." (2005: 104)

Wenn Moore nun schreibt, dass er "die Geschichte der organisierten politischen und ökonomischen Bewegungen außer acht lassen" und sich statt dessen "auf das Leben und die Gefühle normaler Arbeiter konzentrieren" wird (1987: 171), so meint er damit allerdings nicht nur eine Ausweitung der Perspektive auf die nur vorübergehend oder sporadisch engagierten Personen. Vielmehr regt er dazu an, den Blick auch für jene Ausdrucksformen von Ungerechtigkeit zu öffnen, die jenseits kollektiver Protestaktionen liegen. Dahinter steht die Überlegung, dass sich die spezifischen handlungsrelevanten Wirkungen der Ungerechtigkeitserfahrungen erst dann abschätzen und analysieren lassen, wenn man auch ihre potentiell vielfältigen Reaktionsweisen berücksichtigt. Axel Honneth weist in diesem Zusammenhang darauf hin, dass eine enge Kopplung zwischen dem einer Theorie inhärenten Verständnis von (Un-)Gerechtigkeit und den von ihr erwarteten Reaktionsweisen auf ungerechte Verhältnisse besteht. So würde beispielsweise Jürgen Habermas mit seinem Fokus auf eine prozedurale Diskursethik "eine Reihe von sozialen Handlungen, denen auf den ersten Blick jede normativ-praktische Intention und Richtung zu fehlen scheinen" (Honneth 2000: 118), vernachlässigen müssen, gerade weil sie Ausdruck eines Ungerechtigkeitsempfindens sind, das nicht dem Habermasschen Gerechtigkeitskonzept entspricht (vgl. Punkt 2.2.2). Um der Gefahr zu entgehen, das Handlungspotential von Ungerechtigkeit systematisch zu unterschätzen, sieht folglich auch Honneth die Notwendigkeit, andere ihrer Ausprägungen in Betracht zu ziehen. Ein Beispiel für solch eine alternative Ausdrucksform liefert Moore mit der Beobachtung, dass die als ungerecht empfundenen gesellschaftlichen Verhältnisse um 1848 nicht nur zu revolutionären Aktionen oder "einer Reihe von Versuchen, sich zu organisieren und historisch neue Organisationsformen für ökonomische und politische Ziele zu schaffen" führten, sondern auch größere Emigrationsströme nach sich zogen (Moore 1987: 219). Berücksichtigt man solche und andere Erscheinungsformen, kann wiederum die Frage angeschlossen werden, wieso Ungerechtigkeitserfahrungen bei den einen zu Reaktionsweisen führten, die sich als kollektiver Protest direkt gegen die zugrundeliegenden Verhältnisse richteten, bei den anderen jedoch eine Handlungsalternative beförderten, die einem Rückzug aus eben diesen Verhältnissen gleichkam, aber vermutlich nicht mit fatalistischer Resignation – einer weiteren Reaktionsform – gleichgesetzt werden kann.[20]

Das Ziel der von Moore vorgeschlagenen Herangehensweise besteht letztlich darin, die Gruppe derer, die sich – zumindest scheinbar – inaktiv verhalten, präziser differenzieren zu können. Es wäre zwar vorschnell, den unbeteiligten Akteuren per se zu unterstellen, auch sie würden die Verhältnisse als ungerecht empfinden; doch ebenso voreilig wäre es, man würde ihre Passivität mit einer Akzeptanz sozialer Ungleichheit gleichsetzen. Das "Fehlen offenen Widerstandes [bedeutet] nicht, dass die Ungleichheit [...] enthusiastisch oder auch nur willentlich hingenommen würde." (ebd.: 67f.) Bereits Liebig und Wegener hatten darauf hingewiesen, dass auf Ungerechtigkeitserfahrungen nicht nur Protest, sondern auch Resignation und Uminterpretation folgen können (1999: 270). Jedoch konnte in ihrer Untersuchung weder geklärt werden, warum bei einigen Personen diese Ungerechtigkeitswahrnehmungen den Protesthandlungen Vorschub leisteten, sie bei anderen hingegen in Hoffnungslosigkeit und Entmutigung resultierten; noch konnten sie die Akteure, die ein anfängliches Ungerechtigkeitsurteil fällten, dieses jedoch *weg*erklärten, von denjenigen unterscheiden, die von vornherein die (Un-)Gleichheiten als legitim einschätzten. Eine differenzierte Betrachtung dieser verschiedenen Personenkreise ist jedoch notwendig, um den handlungsmotivierenden und -hemmenden Wirkungen von Ungerechtigkeitserfahrungen auf die Spur zu kommen.

Neben der Schwierigkeit, sich von den eigenen Erwartungen in Bezug auf die möglichen Ausdrucksformen von und Reaktionsweisen auf Ungerechtig-

---

20 Roth berichtet in einer kleinen, eher qualitativ ausgerichteten Studie (n=76) über die Wahrnehmung der Entlohnungspraktiken von Wall Street-Unternehmen, dass immerhin 29 Prozent der Angestellten ihre Bezahlung als ungerecht einschätzten. Knapp drei Viertel reagierten darauf mit einem Wechsel des Arbeitgebers oder einem Rückzug aus dem Wertpapierhandel (2006: 126, 131).

keit zu lösen,[21] spricht Moore noch ein weiteres Hindernis für eine auf Phänomene der Ungerechtigkeit fokussierte empirische Forschung an. Sein Quellenmaterial scheint insofern eine Ausnahme darzustellen, als über die Personen, die einfach in den sie umgebenden Verhältnissen weiterleben und nichts an ihrer Situation ändern, wesentlich schwieriger Aufzeichnungen zu finden sind als über die kollektiv Engagierten. "Diejenigen, die ihr Schicksal geduldig ertragen, finden nicht den Weg in die Geschichtsbücher" (1987: 315). So hatte Moore in seinen eigenen Analysen Probleme, Aufzeichnungen über die Eisen- und Stahlarbeiter im Ruhrgebiet vor 1914 zu finden, die sich im Gegensatz zu den Bergarbeitern "als recht fügsam" erwiesen. Dazu bemerkt er: "Hierin liegt ein Grund, warum in den Quellen so wenig über sie zu finden ist. Die sichtbarsten Spuren, die die Unterschichten in den historischen Berichten hinterlassen haben, resultieren aus den Problemen, die sie den Herrschenden bereitet haben." (ebd.: 347) Da aber kollektive Protesthandlungen sehr offensichtlich zutage treten und somit vergleichsweise einfach beobachtet und dokumentiert werden können, sind sie nicht nur zum Fokus der Aufmerksamkeit in der Geschichtsschreibung, sondern auch in der Soziologie geworden. Schwieriger ist es bereits, möchte man etwas über die Motivlage und Einschätzungen derer erfahren, die sich beispielsweise in Form von Emigration den sozialen Verhältnissen entziehen. Eine empirische Annäherung an jene schließlich, die sich resigniert mit ihrer Situation abfinden oder aufgrund von Uminterpretationen die bestehenden (Un-)Gleichheiten letztlich doch als gerechtfertigt ansehen, stellt sicherlich eine besondere Herausforderung dar. Um Aufschluss über ihre ungerechtigkeitsbezogenen Einschätzungen zu erlangen, scheint mir forschungsstrategisch eine Konzentration auf die Gruppe der sporadisch Engagierten besonders vielversprechend zu sein. Wenn diese Personen nach vorübergehenden Aktivitäten ihre Handlungen einstellen, sich die Problemlage jedoch nicht geändert hat, könnte der Frage nachgegangen werden, ob ihr Rückzug einer veränderten Deutung und Bewertung der Situation (Uminterpretation) geschuldet ist oder doch einer Resignation gleichkommt, in der die Verhältnisse weiterhin als ungerecht erscheinen. Diese Einschätzung könnte sich nun gewiss auch aus einer Verletzung jener Gerechtigkeitsideale speisen, die in Punkt 2.1.1 vorgestellt wurden. Wie aber könnten Bewertungen ausfallen, die jenseits solcher Gerechtigkeitsvorstellungen liegen und nicht allein in einem Verstoß gegen sie aufgehen? Diese Frage wird Gegenstand der folgenden Ausführungen sein.

21 Vergleiche dazu auch Koopmans' Vermutung bezüglich des sich verändernden Aktionsrepertoires von sozialen Bewegungen: weg von Massendemonstrationen und -kundgebungen hin zur Nutzung neuer Kommunikationsmedien (2000: 30).

2.2.2 Ungerechtigkeit als alltagsweltliche Wahrnehmungskategorie

2.2.2.1 Die begrenzten Vorstellungen von einer gerechten Gesellschaft

Die Annahme von potentiell vielfältigen, aus der Erfahrung sozialer Ungleichheit resultierenden Bewertungen und Motivlagen macht es nach Moore notwendig, sich den Vorstellungen der Menschen selbst zu widmen. Und so sieht er seine Aufgabe denn auch darin zu ergründen, wie Menschen ihre "zeitgenössischen Probleme wirklich empfand[en]", mit welchen "Kategorien und Vorstellungen [...] sie ihre Situation beurteilten" (ebd.: 12). Somit rückt er jene Wahrnehmungsmuster in den Vordergrund, die für Menschen in der Einschätzung ihrer Situation selbst von Bedeutung sind. "Wir müssen nach Möglichkeit herausfinden, wie sie ihr eigenes Leben sahen, was sie als Glück oder Unglück erlebten, was als Recht oder Unrecht und wie sie sich diese Dinge erklärten." (ebd.: 241) In diesem Zusammenhang weist Moore auf eine weitere Hürde hin, die sich dem an der Ungerechtigkeit interessierten Forscher im Zuge seiner Untersuchung in den Weg stellen kann. Moore begreift Ungerechtigkeit beziehungsweise "das Gefühl, dass Unrecht geschieht" als Ausdruck einer "moralischen Empörung" (ebd.: 10). Damit möchte er allerdings nicht unterstellen, dass Menschen angesichts einer ungerechten Situation stets auch selbst einen expliziten Bezug zu Moral und Gerechtigkeit herstellen und in ihren Äußerungen verbalisieren. Dies sei vielmehr die Neigung von "Intellektuellen, die versuchen, die Welt zu erklären, zu beurteilen und zu verändern" (ebd.: 9). Es sei jedoch ein Irrtum, diese in einem bestimmten Kontext entwickelten Gerechtigkeitsbilder – sei dies nun ein wissenschaftlicher oder auch politisch-praktischer – mit den ihnen entsprechenden normativen und wertbezogenen Begrifflichkeiten auch in den Situationsbeschreibungen anderer Akteure (Nicht-Wissenschaftler, Nicht-Politiker, Nicht-Aktivisten) zu erwarten. Denn begegnet man diesen Formulierungen nicht, so führe dies zu dem Fehlschluss, dass die beschriebenen Verhältnisse und Situationen für die Menschen eben auch keine moralische Bedeutung hätten. Für Moore leitet sich daraus die Aufgabe ab, sich von den vorgeprägten Gerechtigkeitsbildern zu lösen und die Augen für andere, potentiell moralisch bedeutsame Überzeugungen und deren sprachliche Stile zu öffnen.

Während sich Moores Kritik noch recht unscharf an "die Intellektuellen" richtet, bezieht Honneth in dem bereits erwähnten Aufsatz deutlich Stellung gegen die von Habermas formulierte Konzeption einer prozeduralen Diskursethik, insofern einzig in dieser "die empirische Kraft eines moralischen Bewußtseins" erkannt wird (2000: 111). Denn die prozedurale Diskursethik "präjudiziert eine Lösung, in der die empirischen Träger gesellschaftlich innovativer Moralprinzipien unter dem Gesichtspunkt des ethischen Grades ihrer Bewußtseinsformen und Gerechtigkeitsvorstellungen identifiziert werden." (ebd.: 113) Verweisen Akteure jedoch nicht auf solche "ausformulierten, normativ begründeten Gerechtigkeitsvorstellungen" (ebd.: 114), "die aus der fiktiven Perspektive eines erfahrungsneutralen Beobachters Prinzipien gerechter Gesellschaftsordnungen entwerfen" (ebd.: 115), so fehle es ihnen – folgt man der Argumentation von Habermas – an moralischen beziehungsweise gerechtigkeitsbezogenen Leitvorstellungen. Diese Schlussfolgerung muss freilich als vorschnell erscheinen, wenn man wie Honneth auch andere "empirisch wirkende Formen von Moralität" (ebd.: 112) vermutet, die jedoch durch das Raster expliziter Gerechtigkeitsprinzipien fallen und mit deren Kategorien gar nicht erst erfasst werden können. So formuliert Honneth die Vermutung, "dass Habermas all die moralischen Handlungspotentiale, die zwar nicht die Stufe elaborierter Werturteile erreicht haben, sich jedoch in kulturell verschlüsselten Aktionen kollektiven Protests oder auch nur stumm bleibender 'sittlicher Mißbilligung' (M. Weber) verkörpern, implizit ignorieren muss" (ebd.: 113f.).

Judith Shklar wiederum weitet in ihren Überlegungen "Über Ungerechtigkeit" die Kritik auf alle Gerechtigkeitsmodelle philosophischer und sozialwissenschaftlicher Herkunft aus. All diese Ansätze gingen davon aus, "dass Ungerechtigkeit nichts anderes als fehlende Gerechtigkeit ist" (Shklar 1992: 31), es folglich "die Gerechtigkeit selbst [sei], von der aller Sinn für Ungerechtigkeit seinen Ausgang nimmt." (ebd.: 144) Auf Grundlage dieser Annahme müssen diese Konzepte folglich auch unterstellen, dass den im Alltag fortwährend geschehenden Ungerechtigkeiten (ebd.: 37) eben diese Gerechtigkeitsbilder zugrunde liegen würden. Diesen Gedanken weist Shklar jedoch mit Verweis auf die kognitiven Beschränkungen des Menschen zurück. Ihres Erachtens sind die normativen Modelle von Gerechtigkeit zwar "nicht falsch", jedoch "praktisch nutzlos und trügerisch, weil uns psychologische und intellektuelle Eigenschaften zugeschrieben werden, die wir nun einmal nicht besitzen." (ebd.: 49)[22] Auch nach Shklar kann man folglich nicht damit rechnen, dass Menschen ihre Ungerechtigkeitserfahrungen stets unter Bezug auf ausformulierte Gerechtigkeitsideale und die ihnen entsprechenden Begrifflichkeiten zum Ausdruck bringen. Ebenso wie Moore und Honneth plädiert auch sie dafür, die Vorstellungen normativer Gerechtigkeitsmodelle hinter sich zu lassen, um somit andere empirisch wirkende Formen von Moralität entdecken zu können.

Das empirische Material von Moore gibt nun einen ersten Eindruck davon, was diese andere Ungerechtigkeit sein und wie sie zum Ausdruck kommen könnte. Anhand der von ihm untersuchten verschiedenen revolutionären Phasen in Deutschland lässt sich zunächst zeigen, dass die kollektiven Proteste keineswegs immer mit dem Wunsch nach einer Revolution, im Sinne

---

22 Vergleiche dazu auch Fußnote 24 sowie die Darstellung der Argumentation von Collins' in Anlehnung an Garfinkel im folgenden Unterpunkt 2.2.2.2 und in Fußnote 30.

einer vollständigen Umgestaltung der gesellschaftlichen Ordnung, verbunden waren. Vielmehr stellt er unter anderem für die Situation von 1848 fest: "Die in Arbeiterversammlungen zusammengetragenen Forderungen [...] reflektierten selbst zu Zeiten großer politischer Spannungen das vollständige Einverständnis mit der vorherrschenden gesellschaftlichen Ordnung." (ebd.: 231) Das Ansinnen der Arbeiterschaft bestand also kaum in einer fundamentalen Neustrukturierung sozialer Verhältnisse auf Grundlage völlig anderer Verteilungsprinzipien. Ebenso gestaltete sich die Situation vor dem Ersten Weltkrieg: So "gipfelte die Forderung nach menschlicher Behandlung in der Forderung nach Anerkennung in der existierenden Gesellschaftsordnung, [...] aber gewiß nicht ihres revolutionären Umsturzes." (ebd.: 304) Den Arbeitern von 1848 und 1914 ging es also vor allem um einen ihnen zugebilligten und geachteten Platz in der bestehenden Gesellschaft und keineswegs um die Schaffung einer völlig neuen: "Das Ziel von sich artikulierenden Handwerkern wie Fabrikarbeitern war die Anerkennung innerhalb der gesellschaftlichen Ordnung." (ebd.: 232)[23] Diese Beobachtungen lassen Moore nun von den "Grenzen ihrer Vorstellungskraft von einem glücklichen Leben" sprechen (1987: 284). In den Zukunftsvorstellungen der Arbeiter standen vor allem private Belange wie "Hoffnungen auf die Befriedigung von einfachen materiellen Wünschen" im Vordergrund (ebd.: 286). Auffassungen über eine grundsätzlich andere Gesellschaft kamen allenfalls als "Hoffnung auf den eventuellen Sieg einer unbestimmten Größe namens Sozialismus" zum Ausdruck (ebd.: 293), sie blieben also weitgehend unscharf und wenig konkret.

Dies ist nach Moore nun keineswegs eine nur für die damalige Situation in Deutschland gültige Beobachtung. Vielmehr laufe Ungerechtigkeit und das damit verbundene Ansinnen "etwas Neues [zu] wollen, [...] im allgemeinen auf [... die] Wahrnehmung der alten Ordnung hinaus, abzüglich der unangenehmen und unterdrückenden Merkmale, die sie beeinträchtigen." (ebd.: 465) Die sich aus Ungerechtigkeitserfahrungen speisenden Forderungen sind häufig also *negativ* bestimmt und kaum aus positiven Vorstellungen über eine andere, gerechte Gesellschaft abgeleitet. Wenn Moore über die deutschen Arbeiter in den Aufständen von 1919 schreibt, dass die von ihnen angestrebte "Veränderung [...] vor allem negativ ausgedrückt" wurde, die "Arbeiter [... also] weit eher [wußten], was sie *nicht* wollten als was sie *wollten*" (ebd.: 630; Hervorhebung im Original), so lässt sich die Vermutung anschließen, dass sie zwar nicht wussten, wie eine gerechte Gesellschaft auszusehen habe, sie aber dennoch in der Lage waren zu benennen, was sie als ungerecht emp-

---

23 Zu einer ähnlichen Einschätzung kommt auch Hans Freyer. Über das deutsche Proletariat im ausgehenden neunzehnten Jahrhundert schreibt er: Es "kämpfte nicht [...] gegen die industrielle Gesellschaft als System, sondern für ihre Erneuerung von innen her, also auf ihrem Boden." (1931: 30f.) Die Arbeiter "wollen herein. Sie wollen sich einordnen. Ihre Forderungen gehen nicht auf Umsturz, sondern auf Anerkennung ihres Rechts" (ebd.: 31).

fanden. Es war ihnen folglich auch ohne eine explizite Vorstellung von Gerechtigkeit möglich, Ungerechtigkeit wahrzunehmen und zum Ausdruck zu bringen.

In derselben Weise beschreibt auch Honneth die von ihm vermuteten empirisch wirksamen Formen von Moralität, für die er den Begriff des "Unrechtsbewußtseins" wählt. Darunter versteht Honneth "*reaktive[ ]* Gerechtigkeitsforderungen", die als "situationsgebundene[ ] *Verurteilungen* sozialer Tatbestände" zutage treten (2000: 115; eigene Hervorhebung). Es handelt sich um "*negative[ ]* Wertungen" (ebd.), die vor allem eine Bekundung dessen darstellen, was Menschen *nicht* wollen. Das von Moore und Honneth fokussierte Ungerechtigkeitsempfinden speist sich folglich aus der Ablehnung von bestimmten sozialen Zuständen, ohne explizit andersartige gerechte Verhältnisse benennen zu müssen oder überhaupt benennen zu können. Dies deckt sich mit der Vermutung von Shklar, dass Menschen kaum in der Lage sind, sich "die Wirklichkeit einer gerechten Ordnung vorzustellen." (1992: 44)[24] Und dies müssen sie auch gar nicht, wenn man Ungerechtigkeit als ein "unabhängige[s], eigenständige[s] Phänomen" begreift (ebd.: 32), das seinen Ausgang eben nicht erst vor dem Hintergrund einer als gerecht vorgestellten Gesellschaft und expliziten Gerechtigkeitsidealen nehmen kann.

Diese Überlegungen können durch die Beobachtungen einer kleinen, aber außergewöhnlichen Studie über die Teilnehmer an "Hartz IV"-Demonstrationen bestätigt werden (vgl. Philipps 2005). Außergewöhnlich ist diese Untersuchung insofern, als "insbesondere jene Gruppe von unorganisierten und spontanen Teilnehmern Beachtung [erfährt], die bei der Untersuchung von politisch aktiven und organisierten Demonstranten sonst kaum berücksichtigt wird." (ebd.: 93) Philipps unterzog ihre visuellen Protestmaterialien und die auf ihnen vermittelten Textbotschaften einer Analyse. Er stellt fest, dass auf den Plakaten, Bannern und Fahnen "[i]n vielen Fällen [...] nur Ablehnung zum Ausdruck gebracht [wird], ohne zugleich Alternativen aufzuzeigen." Mit dem wohl bekanntesten Ausspruch "Weg mit Hartz IV!" kommt diese negierende Haltung deutlich zum Ausdruck (ebd.: 98). Der thematische Bezug zu übergeordneten Themen wie "z.B. Gott, soziale Gerechtigkeit, Antikapitalismus" wurde hingegen nur von Personen vorgenommen, die im Namen einer Partei, Organisation oder Initiative an den Veranstaltungen teilnahmen. Alle anderen beschränkten sich überwiegend auf die sogenannten "Hartz IV-Reformen" und die Forderung nach ihrer Rücknahme. "Bei den unorganisierten Protestteilnehmern sind allgemeine, über 'Hartz IV' hinausweisende Themen äußerst selten." (ebd.: 95) Auch heutzutage lässt sich folglich das von Moore

24 Im Einklang damit liefert die psychologische Forschung die folgende Beobachtung: "Cognitive research has found that, even when asked to imagine an idealized world, people generally do not stray far from what they already know." Offensichtlich ist ihre kognitive Fähigkeit beschränkt "to envision radically different worlds" (Martin 1986: 331f.).

bereits für die Mitte des neunzehnten und Anfang des zwanzigsten Jahrhunderts gezeichnete Bild wiederfinden: Diesem zufolge kann Ungerechtigkeit nicht nur als das Resultat einer Verletzung von ausformulierten Gerechtigkeitsidealen in Erscheinung treten, vielmehr ist sie auch dann möglich, wenn klare Vorstellungen davon fehlen, was denn eine gerechte Gesellschaft ausmache beziehungsweise was Gerechtigkeit überhaupt sei.[25] Ungerechtigkeit geht in dieser Form vor allem in der Ablehnung bestehender Verhältnisse auf; sie ist also im Wesentlichen negativ bestimmt, ohne dass es des Gegenpols positiver Gerechtigkeitsvorstellungen bedürfte. Gleichwohl stellt sich auch aus dieser Perspektive die Frage, was der der Ungerechtigkeit diametral gegenüberliegende Zustand ist, das heißt: Wie werden soziale Verhältnisse wahrgenommen, wenn sie nicht ungerecht sind, zugleich aber auch nicht als gerecht beurteilt werden? Diese Frage werde ich im folgenden Unterpunkt 2.2.2.2 wieder aufnehmen.

Abschließen möchte ich die Überlegungen dieses Kapitels jedoch mit einer Abgrenzung, die sich gegen eine von Moore und Honneth formulierte Annahme richtet. Beide verorten die negativ bestimmten Ungerechtigkeitserfahrungen vor allem in sozialstrukturell benachteiligten Schichten. So spricht Moore von den "kleine[n] Leute[n]" (1987: 465) und Honneth von "sozial unterdrückte[n] Gruppen" (2000: 115). Hingegen seien "Vorstellungen einer neuen gesellschaftlichen Ordnung", das heißt positive Bilder einer künftigen gerechten Gesellschaft, die sich nicht allein in der Ablehnung bestehender Verhältnisse erschöpfen, hauptsächlich "unter andersdenkenden Intellektuellen" (Moore 1987: 629), in "bürgerlichen Expertenkulturen", "politischen Avantgarden" und "kulturell qualifizierten Schichten" (Honneth 2000: 114) entstanden und deswegen vornehmlich in diesen Kreisen anzutreffen. Doch auch wenn die empirische Beobachtung die letztgenannte Annahme bestätigen sollte, so ist doch die Schlussfolgerung unzulässig, die aus der bloßen Ablehnung heraus resultierenden Ungerechtigkeitserfahrungen gleichermaßen auf nur eine bestimmte gesellschaftliche Schicht zu beschränken. Ich gehe vielmehr von der Vermutung aus, dass potentiell alle Akteure – unabhängig von ihrer sozialstrukturellen Positionierung – Situationen erleben und Verhältnisse wahrnehmen, die in ihnen solche negativ bestimmten Ungerechtigkeitsempfindungen auslösen können. Diese Annahme lässt sich theoretisch damit begründen, dass diese Ungerechtigkeitserfahrungen – im Einklang mit Moore und Honneth – als ein Zusammenbruch der Alltagsroutine und der gewohnten Lebenswelt beschrieben werden können. Diese Alltagswelt ist jedoch kein Alleinstellungsmerkmal nur spezifischer gesellschaftli-

---

25 Diese Überlegung findet sich auch bei Montada, wenn er darauf hinweist, dass Menschen sich angesichts unfairer Verfahren durchaus ungerecht behandelt fühlen können, obwohl es ihnen an einer klaren Idee davon fehlt, was Verfahrensgerechtigkeit ist beziehungsweise wie aus ihrer Perspektive die Standards fairer Verfahren aussehen sollten (1998: 91).

cher Gruppen, sondern notwendige Voraussetzung für das Dasein aller Menschen – ein Gedanke, der im Folgenden vertieft werden soll.

2.2.2.2 Ungerechtigkeit als Zusammenbruch der Alltagswelt

In den abschließenden Bemerkungen des letzten Punktes klang bereits an, dass weder Moore, noch Shklar oder Honneth beabsichtigen, das Konzept der ausformulierten Gerechtigkeitsvorstellungen sowie die aus ihrer Verletzung resultierenden Ungerechtigkeitsurteile gänzlich durch das Konzept der rein negativ bestimmten Ungerechtigkeitserfahrungen ersetzen zu wollen. Ihr Anliegen besteht vielmehr darin, neben den elaborierten Gerechtigkeitsbildern von "Intellektuellen" und "Experten" sowie den ihnen entsprechenden Ungerechtigkeitsurteilen auch den in einer Ablehnung bestehender Zustände sich erschöpfenden Ungerechtigkeitserfahrungen der "kleinen Leute" in Theoriebildung und empirischer Analyse gerecht zu werden. Während nun die Annahme, dass explizite Gerechtigkeitsideale vor allem eine Sache der besser gebildeten Schichten seien, empirisch geprüft werden kann, lassen sich gegen den Umkehrschluss von Moore und Honneth, negativ bestimmte Ungerechtigkeiten seien insbesondere in den bildungsfernen Schichten anzutreffen, theoretische Argumente anführen. Dafür werde ich zunächst die Ausführungen von Moore weiter vorstellen, denen zufolge eine als bloße Ablehnung verstandene Ungerechtigkeit als ein Zusammenbruch gewohnter Alltagsroutinen interpretiert werden kann. Darauf aufbauend werde ich meine eigene Vermutung begründen und zeigen, dass die beiden Formen von Ungerechtigkeit – die Verletzung von Gerechtigkeitsidealen einerseits, die Ablehnung sozialer Verhältnisse andererseits – als komplementäre Wahrnehmungsmuster beschrieben werden können, die gleichermaßen auch im Erfahrungshorizont der "Intellektuellen" ihren Platz haben.[26] Aus dieser Perspektive lässt sich dann die Frage anschließen, in welchem Verhältnis beide Varianten von Ungerechtigkeit stehen und wie wechselseitige Formen der Beeinflussung aussehen könnten (vgl. die Abschnitte 2.3 und 2.4).

Nach Moore sind "soziale Regeln und ihre Verletzung entscheidende Komponenten bei moralischer Empörung und der Entstehung des Gefühls, dass Unrecht geschieht." (1987: 21) Im Unterschied zu den in Punkt 2.1.1 vorgestellten Gerechtigkeitsbildern bleiben die von Moore angesprochenen normativen Regeln jedoch in der gewohnten Routine des Alltags meist unausgesprochen und werden häufig – wenn überhaupt – erst dann zum Ge-

---

26 Nur weil die negativ bestimmten Ungerechtigkeiten weniger *sophisticated* erscheinen mögen und somit kaum den Selbstbeschreibungen von "Intellektuellen" gerecht werden, sollte man nicht vorschnell die Schlussfolgerung ziehen, sie würden nicht auch in ihren Handlungsmotivationen eine Rolle spielen.

genstand der Betrachtung, insofern sie durchbrochen werden. Es ist nun gerade dieser Zusammenbruch der normalen Alltagswelt, der nach Moore als Ungerechtigkeit erlebt werden kann. Ihre Störung erzeugt nicht nur Irritation und Verwirrung, sondern unter bestimmten Bedingungen auch das Empfinden, dass eine Ungerechtigkeit vorliegt. Anhand eines Vergleichs der Situation der deutschen Bergarbeiter mit jener der Arbeiter aus der Eisen- und Stahlindustrie kann diese Interpretation veranschaulicht werden. Die deutschen Bergarbeiter konnten in der zweiten Hälfte des neunzehnten Jahrhunderts bereits auf eine lange Tradition mit gemeinsamen sozialen Regeln zurückblicken. Sie besaßen nicht nur selbstverständliche Routinen des wechselseitigen Umgangs, sondern ihre eingelebten Praktiken prägten auch ihre unausgesprochenen Erwartungen in Bezug auf ihre Behandlung durch andere Gruppen. Die ersten Unruhen in ihren Reihen entstanden nach Moore, weil "die Mißstände als ungerecht im Sinne einer Verletzung traditioneller Rechte und des Status' empfunden" wurden (ebd.: 327). "Anders als bei den Arbeitern in den Eisen- und Stahlwerken, wo eine neue Technologie und neue Sozialbeziehungen [...] aus dem Boden schossen, trugen die Bergleute ihre Vergangenheit mit in das neue Zeitalter. Dies scheint ein grundlegender Unterschied zwischen beiden Arbeitertypen zu sein: Aus der Vergangenheit hatten die Arbeiter Lebensansprüche, mit denen die Gegenwart verurteilt werden konnte." (ebd.: 321f.) Im Unterschied dazu bestanden in der noch jungen Branche der Eisen- und Stahlindustrie keine solchen Traditionen. Nicht, dass es sich hier um einen ungeregelten Bereich gehandelt hätte, doch die sich etablierenden Regeln waren neu und mussten sich nicht gegen eine bereits gemeinsam gelebte und selbstverständliche Praxis durchsetzen. "Die Eisen- und Stahlarbeiter waren sozusagen eine historische Erfindung aus dem Nichts, ohne Bräuche, kollektive Erfahrungen oder Reminiszenzen." (ebd.: 366) Gekoppelt mit den unscharfen Vorstellungen über eine potentiell andere Gesellschaft, wurden die Verhältnisse von ihnen entweder gar nicht als ungerecht empfunden und wenn doch, so wurden diese Erfahrungen, aufgrund der unterschiedlichen Herkunftsmilieus der Metallarbeiter, eher als individuelles Schicksal erlebt. Es fehlte ihnen an "gemeinsame[n] Standards, mit denen sie ihre Situation beurteilen konnten" (ebd.: 365). Auch die Aufstände im Zuge der reformistischen Revolution von 1918 bis 1920 in Deutschland gehen nach Moore im Wesentlichen auf einen "vollkommenen Bruch in den gewohnten Alltagsroutinen" infolge des Krieges und seinen Nachwirkungen zurück (ebd.: 369). Und gleichermaßen beschreibt er die Verhältnisse im Vorfeld der russischen Revolution von 1917, die durch eine ausgeprägte Versorgungskrise gekennzeichnet waren, als eine außergewöhnliche, aus den geregelten – wenngleich unausgesprochenen – Bahnen der bisherigen Praxis abweichende Situation: "Die gewohnten Alltagsroutinen, die eine Gesellschaft in normalen Zeiten zusammenhalten, zerbrachen an den schweren Mißständen, unter denen die Verbraucher zu leiden hatten." (ebd.: 482) Aus all diesen Beobachtungen leitet Moore die Schlussfolgerung ab, dass die Störung eben dieser vertrauten Alltagswelt, nebst ihren selbstverständlichen und deswegen kaum thematisierten Regeln und Praktiken, unter bestimmten Umständen in Ungerechtigkeitserfahrungen resultieren kann. Oder mit anderen Worten: "Was Menschen aufbringt, ist mithin die *Veränderung* der gesellschaftlichen Prinzipien, an die sie gewöhnt waren" (ebd.: 600; eigene Hervorhebung).

Diese Interpretation kann auch auf die bereits erwähnte Studie von Philipps übertragen werden. Der Protest der sogenannten "Hartz IV"-Demonstrationen speiste sich insbesondere bei den unorganisierten Teilnehmern aus der wahrgenommenen Verletzung von gewohnten Prinzipien, die erst aufgrund ihrer Missachtung durch die neuen Regelungen in den Fokus der Aufmerksamkeit rücken konnten – und selbst dann blieben sie häufig vage und unscharf. "Aus Sicht der Protestierenden verletzen Stellenabbau, Arbeitslosigkeit und Reformen soziale Standards, die historisch aus verschiedenen Quellen [...] abgeleitet werden." (Philipps 2005: 101) Was die Teilnehmer empörte, war eine mit den Reformen einhergehende neue Behandlung, die von der bisherigen Praxis abwich. Ohne dass sie letztere bereits im Vorfeld der Veränderungen zum bewussten Gegenstand ihrer Aufmerksamkeit gemacht hätten und ohne dass sie genau hätten angeben können, wie deren Regeln aussahen, richteten sich doch die meisten ihrer Forderungen auf eine Rückkehr zu eben diesen bislang vertrauten Verfahrensweisen. "Anlass zum Protest war für einen Großteil der Anti-'Hartz IV'-Teilnehmer nicht eine sozial gerechtere Welt oder eine Sozialutopie, sondern die Wiederherstellung des Status quo." (ebd.: 98)

Solange dieser Status quo ungestört aufrechterhalten wird, liegt der Gedanke an außergewöhnliche Aktivitäten wie Protestaktionen und Demonstrationen den meisten Akteuren recht fern. Vielmehr sind sie damit beschäftigt, in den bestehenden Verhältnisse zurechtzukommen und ihren Alltagsgeschäften nachzugehen. "Most people spend most of their time going about their daily business. They do not think whether to march in a demonstration, or petition city hall, or riot." (Oliver 1989: 11) Um diesen Zustand der Normalität zu durchbrechen, bedarf es, wie Oliver schreibt, eines "major event" (ebd.) oder auch einer Kette von Ereignissen, durch die Menschen aus ihren alltäglichen Praktiken gerissen werden (vgl. die Ausführungen weiter unten im Text). Begreift man Ungerechtigkeit nun mit Moore als eine der möglichen Folgen auf einen solchen Zusammenbruch der gewohnten Alltagsroutinen, so lassen die Überlegungen von Goffman, der ethnomethodologische Zugang von Garfinkel sowie der wissenssoziologische Ansatz von Berger und Luckmann die Annahme plausibel erscheinen, dass nicht nur Personen mit einer spezifischen sozialstrukturellen Positionierung derartige Erfahrungen machen können. Denn all diese Autoren beschreiben den selbstverständlichen Charakter des Alltags und seiner Routinen als ein Kennzeichen, das für die Wirklichkeit einer jeden Person Geltung beanspruchen kann. Somit eröffnet sich potentiell auch für jeden Menschen die Möglichkeit, den Zusammenbruch der für ihn vertrauten Praktiken als Ungerechtigkeit zu empfinden. Diesen Gedanken möchte ich im Folgenden weiter erläutern.

Für Goffman stellen die sogenannten *frames*, also Rahmen, das wichtigste Element der Alltagswelt dar. In jeder Situation geben sie dem Akteur Antworten auf die Frage "Was geht hier eigentlich vor?" (1996: 16). Der Rückgriff auf verschiedene primäre beziehungsweise grundlegende Rahmen ermöglicht es ihm, der Situation eine bestimmte Bedeutung zu verleihen, das heißt sie befähigen ihn, einen "sonst sinnlose[n] Aspekt der Szene zu etwas Sinnvollem" werden zu lassen (ebd.: 31). Die primären Rahmen ermöglichen "die Lokalisierung, Wahrnehmung, Identifikation und Benennung einer anscheinend unbeschränkten Anzahl konkreter Vorkommnisse, die im Sinne des Rahmens definiert sind." (ebd.) *Frames* sind also Schemata oder Deutungsmuster, die eine bestimmte Situationsdefinition nahelegen und somit "das Verstehen von Ereignissen" ermöglichen (ebd.: 18, 37). Auf ihrer Grundlage wissen Akteure, was passiert und was von ihnen oder anderen erwartet wird. Mit ihrer Hilfe finden sich Akteure folglich nicht nur in der Wirklichkeit zurecht, vielmehr erschaffen sie diese durch ihre stetige Anwendung immer wieder neu.

Besondere Beachtung verdient nun die Beobachtung von Goffman, dass dieser Prozess in alltäglichen Situationen stillschweigend vonstatten geht. "[W]enn normale Gewißheit besteht", wird weder die Frage "Was geht hier eigentlich vor?" noch die darauf folgende Antwort ausdrücklich formuliert (ebd.: 16, 31). Wenn alles reibungslos verläuft, schenken die Akteure der Situationsdefinition keine besondere Aufmerksamkeit. Die Rahmen und ihre Bestandteile müssen folglich auch keineswegs als expliziter Wissensbestand vorliegen, um Anwendung finden zu können. Dem einzelnen Akteur sind "die Organisationseigenschaften des Rahmens im allgemeinen *nicht bewußt*, und wenn man ihn fragt, kann er ihn auch nicht annähernd vollständig beschreiben, doch das hindert nicht, dass er ihn mühelos und vollständig anwendet." (ebd.: 31; eigene Hervorhebung) Das Wissen um die Rahmen bleibt vielmehr unausgedrückt, ihre Anwendung läuft unbemerkt vonstatten. Diese Darstellung entspricht der von Berger und Luckmann vorgenommenen Charakterisierung des Wissens in der Alltagswelt. Als eines seiner wichtigsten Kennzeichen heben die Autoren dessen selbstverständliche Qualität hervor (1997: 24). "Der Mann auf der Straße kümmert sich normalerweise nicht darum, was wirklich für ihn ist und was er weiß [...]. Er ist seiner 'Wirklichkeit' und seines 'Wissens' gewiß." (ebd.: 2) Dieses Alltags- oder Jedermannswissen kann er "in der normalen, selbstverständlich gewissen Routine des Alltags" einfach anwenden (ebd.: 26). Er greift auf die ihm zur Verfügung stehenden Schemata beziehungsweise Rahmen zurück, gerade weil sie ihm selbstverständlich sind. Harold Garfinkel bezeichnet diesen Fundus des Alltagswissens als das, "what anyone knows"[27]. Und ebenso wie die anderen Autoren hebt auch Garfinkel seine unausgesprochene Qualität hervor. Es handelt sich um unbemerkt bleibende Hintergrunderwartungen, die als gegeben angenommen werden (1996: 37) und dennoch – oder vielmehr: gerade deswegen – die Orientierung in Alltagssituationen anleiten können. Dies gelingt ihnen vor allem dadurch, dass sie den bewussten Aufwand für die Deutung einer Situation gering halten (vgl. Collins 1994: 275f., 279).

An diese Überlegungen lässt sich nun die Annahme von Randall Collins anschließen, dass die stillschweigenden Rahmen und ihre impliziten Wissensbestände nicht deshalb in den Alltagsroutinen angewendet und dadurch immer wieder bestätigt und reproduziert werden, weil man bewusst an sie glauben und ihnen ausdrückliche Zustimmung angedeihen lassen würde, sondern vielmehr weil man es schlicht unterlässt, sie in Frage zu stellen (ebd.).[28] Aus dieser Perspektive verlieren Werte und Normen ihren Charakter als bewusste und handlungsleitende Elemente im Alltagsleben: "[S]uch 'norms' are simply observer's constructs. It is a common, but erroneous, sleight-of-hand then to assume that the actors also know and orient their behavior to these 'rules'." (Collins 1981: 991, Fußnote 3) Dies bedeutet zugleich, dass die Neigung, sich in den bestehenden sozialen Verhältnissen einzurichten, keineswegs nur als Ausdruck der bewussten Anerkennung eines bestimmten Gerechtigkeitsideals gedeutet werden kann. Stattdessen scheint eine Vielzahl von Situationen vermutlich gar nicht erst mit einer Bedeutung versehen zu werden, die ausdrücklich etwas über ihre Gerechtigkeit oder Ungerechtigkeit aussagt. Die Verhältnisse werden als so normal und selbstverständlich hingenommen, dass man einfach davon absieht, sich überhaupt Gedanken darüber zu machen, ob sie nun gerecht sind oder nicht. Gleichwohl heißt dies nicht, dass der Alltagswelt keine moralische Qualität innewohnen würde. Collins interpretiert sie vielmehr als ein heiliges Objekt im Sinne Durkheims (1990: 30; vgl. Terpe 1999: 27f.), das heißt die Alltagswelt selbst ist der Ausdruck eben jener moralischen Ordnung, von der aus alle spezifischen Beurteilungen und Stellungnahmen überhaupt erst ihren Ausgang nehmen. Allerdings erfordert dies nicht, dass Akteure sich über die Strukturprinzipien dieser Ordnung im Klaren sein müssten oder sich stets über deren konkrete Ausformungen vergewissern würden. Sie sind in der Lage auf Basis dieser moralischen Ordnung zu handeln, ohne auch nur annähernd deren Grundlagen ausdrücklich benennen zu können. Diese sind ihnen so vertraut,

---

27 "'What Anyone Knows,' i.e., a preestablished corpus of socially warranted knowledge." (Garfinkel 1996: 56)

28 Ein Nebeneffekt dieses Rückgriffs auf selbstverständliche Praktiken besteht darin, dass Akteure die Willkürlichkeit der erst durch sie erzeugten sozialen Ordnung nicht erkennen müssen (Collins 1994: 272, 275f., 279).

dass sie im normalen Fluss des Alltags unausgesprochen im Hintergrund bleiben und nicht thematisiert werden müssen.[29]

Dies deckt sich mit den Beobachtungen von Gamson und anderen (1982), in deren Studie die Frage im Mittelpunkt stand, unter welchen Bedingungen Akteure die Anweisungen einer Autorität als ungerecht empfinden und beginnen, sich ihnen zu widersetzen. Auch sie stellen zunächst fest, dass sich die meisten Alltagssituationen dem Einzelnen als etwas völlig Vertrautes darstellen: Dieser primäre Rahmen beziehungsweise "primary frame" ist "noncontroversial and not an issue" (ebd.: 15). Übertragen auf ihre Fragestellung heißt das: "In ordinary encounters with authority, compliance is not an issue, since participants are quite comfortable acting as they are expected to and have no reason for not complying." (ebd.: 14) Wenn alles reibungslos und wie gewohnt abläuft, werden die Aufforderungen von Autoritäten selbstredend hingenommen und es stellt sich gar nicht erst die Frage, ob diese gerecht oder ungerecht sein könnten. Dieser Zustand wird nach Gamson und anderen durch einen sogenannten "legitimating frame" sichergestellt (ebd.: 122), den sie als eine spezifische Ausprägung des "primary frame" interpretieren. Er kann Aussagen darüber enthalten, wer wem in welchen Situationen Anweisungen erteilen darf, in welcher Art und Weise dies zu geschehen hat und wie man ihnen nachkommen sollte. Aber ebenso wie im "primary frame" treten auch die Merkmale und Kennzeichen des "legitimating frame" im Kontext alltäglicher Situationen kaum in den Fokus der bewussten Aufmerksamkeit: "We don't suggest [...], that the people complying with his [the authoritie's] request are consciously thinking in such terms. [... T]he frame has a taken-for-granted-quality. [...] If the authority is acting in a normal, unexceptionable manner, then, the underlying legitimating frame is taken for granted." (ebd.: 122) Vor dem Hintergrund der Erkenntnisse von Garfinkel ist es auch gar nicht möglich, sich stets alle Elemente eines *frames* ausdrücklich vor Augen zu führen. Allein eine Spezifizierung der Aussage "wer wem Anweisungen erteilen kann", würde wiederum auf so viele andere Aspekte verweisen, dass ein Akteur angesichts ihrer bewussten Beachtung und Verarbeitung schlicht überfordert wäre.[30] Im Normalfall bleiben die

---

29 Auf die Strukturprinzipien moralischer Ordnungen werde ich in Abschnitt 3 im Zusammenhang mit der Frage nach den *Dimensionen von Ungerechtigkeit* zurückkommen.

30 Bereits die Frage, woran man die weisungsbefugte Person denn erkennt (z.B. Kleidung, Titel, institutionelle Anbindung, Auftreten) würde ins Unendliche führen, wollte man sie endgültig beantworten. Garfinkel machte in seinen Experimenten nicht zuletzt deutlich, dass es unmöglich ist, solche Konkretisierungen bis ins kleinste Detail vornehmen zu wollen. Er beschreibt dieses Phänomen mit den Konzepten der Indexikalität und Reflexivität (vgl. Garfinkel 1996: 10; Heritage 1984: 106-110, 142-150; Collins 1981: 990; 1988: 276f.). Für Collins besteht eine der wichtigsten Erkenntnisse der Forschungen Garfinkels darin, gezeigt zu haben, dass Menschen begrenzte kognitive Fähigkeiten haben und sie schon deshalb gar nicht in der Lage wären, die vielfältigen und in ihren kontextspezifischen Bedeutungen va-

Erwartungen von Personen eher unspezifisch, das heißt sie nehmen die an sie gerichteten Anweisungen als selbstverständlich hin, ohne explizit die Frage nach deren (un-)gerechtigkeitsrelevanten Implikationen aufzuwerfen. Die Formulierung "legitimating" verweist demzufolge weniger auf einen bewussten Legitimitätsglauben, als vielmehr auf die moralische Qualität auch dieser selbstverständlichsten Erwartungen. Ihr moralischer Charakter bleibt jedoch solange unbemerkt, wie die Geschehnisse ihren gewohnten Gang nehmen.

Wie bereits weiter oben erwähnt wurde, gibt es nun eine Gruppe von Situationen und Ereignissen, die den Einzelnen aus dieser vertrauten Alltagswelt herausreißen können: Berger und Luckmann sprechen in diesem Zusammenhang von "Schwierigkeiten" und "Problemen", die sich nicht in die "Routinewirklichkeit der Alltagswelt" integrieren lassen (1997: 2, 27), Goffman weist darauf hin, dass bestimmte Situationen "Verwirrung und Zweifel" erzeugen (1996: 16). Die Experimente von Garfinkel können schließlich als bewusster Versuch verstanden werden, die alltäglichen sozialen Gepflogenheiten zu provozieren und damit die bislang reibungslose Normalität zu durchbrechen (vgl. 1996: 42-49). In diesen Momenten entstehen Irritationen darüber, was in der Situation passiert. Einzelne Elemente der bislang selbstverständlichen Wahrnehmungsschemata können – mehr oder weniger – zum Gegenstand der Betrachtung werden und folglich auch hinterfragt, bestätigt oder korrigiert werden. Somit kann aus der Störung ein neuer Interpretationsrahmen hervorgehen, der die Verhältnisse in einem anderen Licht erscheinen lässt. Jedes dieser ungewöhnlichen Ereignisse birgt allerdings die Gefahr in sich, die moralischen Befindlichkeiten der Akteure anzusprechen (Collins 1990: 29f.). Denn eine Abkehr von den unausgesprochenen Hintergrunderwartungen kann zugleich eine Bedrohung der ihnen zugrundeliegenden moralischen Ordnung bedeuten.

Es ist genau dieser Prozess, den Gamson und andere in ihrer Studie genauer beleuchtet haben. Ähnlich wie in den Experimenten von Garfinkel versuchten die Autoren, die anfänglichen Irritationen absichtlich zu erzeugen. Den sie interessierenden neuen Blick auf die Situation bezeichnen sie als "injustice frame". Er besteht im Kontext ihrer Untersuchung aus einer "interpretation of what is happening that supports the conclusion that an authority system is violating the shared moral principles of the participants." (1982: 123) Diese moralischen Prinzipien verstehen sie wiederum nicht als ausformulierte Wissensbestände, die in Form von expliziten Gerechtigkeitsidealen vorliegen würden. Sie stellen vielmehr einen integralen Bestandteil der Alltagswelt dar und müssen im Zuge der Irritationen auch keineswegs explizit

---

riierenden Elemente einer Situation stets mitzubedenken (1994: 275f., 279; 2004: 104, 144).

thematisiert und benannt werden. Vielmehr scheint der Zusammenbruch der Normalität in eine zunächst vor allem emotional vermittelte Wahrnehmung zu münden, die den Akteur mehr fühlen als wissen lässt, dass etwas "falsch" oder "nicht richtig" ist, ohne dieses Ungerechtigkeitsempfinden vor sich selbst oder anderen klar artikulieren zu können. "A full-fledged injustice frame may not be immediately clear." (1982: 153) Es sind nach Gamson und anderen aber gerade diese Empfindungen, die den Akteur dazu veranlassen, der Situation eine größere Aufmerksamkeit zukommen zu lassen, als er dies im Normalfall getan hätte. "[S]uch feelings may precede a coherent interpretation of what is happening and guide the search for meaning" (ebd.: 123). Doch selbst dieser Zustand kann, so die Vermutung der Autoren, handlungsmotivierende Wirkungen entfalten: Die Eindeutigkeit der Empfindung, dass etwas "falsch" ist, scheint sich dem Akteur so unmittelbar aufzudrängen, dass es keiner weiteren Begründungen für das eigene Handeln bedarf. So lehnte sich eine der Untersuchungsgruppen von Gamson und anderen entschieden gegen die Anweisungen der Autoritätsperson auf, "but still made no public articulation of the injustice frame." (ebd.: 132)[31] Je länger die Bedrohungen und Störungen der Normalität aber anhalten, desto stärker kann sich auch der "injustice frame" in den Vordergrund drängen und umso deutlicher werden Akteure zum Ausdruck bringen können, was genau sie als ungerecht empfinden oder was den Auslöser für diese Gefühle darstellt.[32] Der als selbstverständlich angenommene Charakter der Alltagswelt, ihre unausgesprochenen Hintergrunderwartungen sowie ihre nicht ausdrücklich formulierten moralischen Prinzipien führen jedoch dazu, dass Akteure im Zustand des Zusammenbruchs der alltäglichen Routine weit eher in der Lage sind anzugeben, was *nicht* stimmt – oder spezifischer: was *un*gerecht ist –, als dass sie zugleich oder im Vorfeld immer schon hätten wissen müssen, was richtig oder gerecht wäre. Dies entspricht der im vorherigen Kapitel in Anlehnung an Moore, Shklar und Honneth vorgenommenen Kennzeichnung von Unge-

---

31 Eine Studie von Oliner und Oliner über Personen, die während der Zeit des Nationalsozialismus verfolgten Juden geholfen haben, berichtet von einem ähnlichen Handlungsablauf. Sie beschreiben den Drang danach, etwas zu tun, geradezu als einen inneren Zwang, der weitere Reflexionen – zumindest vorübergehend – hinfällig macht: "This sense of internal compulsion was characteristically so strong that most rescuers reported rarely reflecting before acting. Asking how long it took them to make their first helping decision, more than 70 percent indicated 'minutes'. Asked if they consulted with anyone prior to making the decision, 80 percent responded 'no one'." (1988: 168f.) Auf diese Studie werde ich in Punkt 3.2.1 noch mehrfach zurückkommen.

32 In Abschnitt 2.4 werde ich das Verhältnis von emotionalen und kognitiven Prozessen in Ungerechtigkeitserfahrungen eingehender beleuchten. Die spezifischen, damit einhergehenden Gefühle selbst werden Gegenstand von Punkt 3.1.4 sein: Denn nicht in jeder ihrer Ausprägungen entfalten sie die hier angesprochene handlungsmotivierende Wirkung; vielmehr können sie Abwehrhandlungen auch in einem starken Maße blockieren.

rechtigkeit als einer rein negativen Erfahrung, die sich in der Ablehnung bestimmter sozialer Verhältnisse oder situativer Gegebenheiten erschöpft, ohne dass sie dazu des Gegenpols positiver Gerechtigkeitsbilder bedürfte.[33]

An dieser Stelle lässt sich nun allerdings die Frage anschließen, welche Elemente der Situation durch einen solchen "injustice frame" besondere Beachtung finden. Was haben Situationen jenseits ihrer spezifischen Inhalte gemeinsam, wenn sie durch einen "injustice frame" wahrgenommen werden und somit als ein dezidiert moralisches Problem erscheinen? Oder mit anderen Worten: Welche Aspekte der alltäglichen Erwartungen werden durch die ungewöhnlichen Geschehnisse berührt, dass die Grundlagen der moralischen Ordnung bedroht zu sein scheinen? Diese Frage wird Gegenstand von Abschnitt 3 sein. Zuvor muss jedoch darauf eingegangen werden, dass keineswegs jede Störung der Alltagswelt in einen *injustice frame* und folglich die Erfahrung von Ungerechtigkeit mündet. Vielmehr legen die Beobachtungen von Gamson und anderen nahe, dass auch ein anderer Entwicklungsverlauf möglich ist, den ich im nun folgenden Punkt kurz beleuchten möchte.

2.2.3 *Accounts* als Normalisierungstechniken

Nicht alle ungewöhnlichen, in die normale Alltagswelt einbrechenden Ereignisse sind so gravierend, dass sie unmittelbar auch nach einem neuen Interpretationsrahmen verlangen. Oder wie Gamson und andere in Bezug auf die Auseinandersetzung mit Autoritäten schreiben: "Not all quarrels with authorities call the legitimating frame into question." (1982: 123) Häufig resultieren die Störungen zunächst nur in dem Verdacht, dass etwas "nicht stimmt" oder "merkwürdig" ist, ohne dass die Akteure zu benennen vermögen, woran sich dieser Eindruck festmachen ließe. Sie verbleiben vielmehr im Zustand einer vagen Ahnung und leichten Irritation. Folgt der weitere Ablauf dann wieder den gewohnten Bahnen, kann sich der anfängliche Zweifel einfach zerstreuen. Bleibt die Verunsicherung jedoch bestehen, warten Akteure vielfach erst auf künftige Situationen, die ein klärendes Licht auf das Geschehen werfen könnten, ehe sie eine neue Sicht auf die Dinge anlegen (vgl. Collins

---

33 Im Einklang damit wird auch in der sozialpsychologischen Forschung konstatiert, dass Akteure keineswegs immer genau angeben können, was genau sie als gerecht ansehen. So heißt es in Bezug auf Verfahrensgerechtigkeit in direkten Beziehungen: "Because of the difficulty in defining what constitutes procedural justice, many researchers have concluded that people in relationships do not operate under explicit agreements of entitlement but under something more informal and implicit." (Miller 2001: 532) Gleichwohl können dieselben Akteure einen klaren Eindruck davon haben, wenn eine Ungerechtigkeit geschieht: "[B]ut they know when a sense of rightness has been violated [...] or when someone has 'crossed the line'". (ebd.) Vergleiche zu diesem Bild der "Grenzüberschreitung" insbesondere Abschnitt 3.2.

1981: 990f.; 1988: 282). Ausgelöst durch die hervorgerufene Verwirrung können nun durchaus einzelne Aspekte der Situation in den bewussten Fokus der Aufmerksamkeit rücken; im Kontext der Untersuchung von Gamson und anderen sprechen die Autoren beispielsweise von "something questionable in what the authority is doing" (1982: 125). Aber nicht nur *was* sie tut, sondern auch *wie* sie es tut, könnte als ungewöhnlich erscheinen und Objekt einer genaueren Betrachtung werden. Darüber hinaus könnten die mit ihr verbundenen Kennzeichen der institutionellen Einbindung (wie z.B. Kleidung, Ausweise, Schriftstücke), oder der räumliche Kontext, in dem das Ereignis stattfindet, ein Ausmaß an Beachtung finden, das ihnen normalerweise nicht entgegengebracht wird. Selten wird aber der gesamte Rahmen mit all seinen Komponenten durch solche Unstimmigkeiten ausdrücklich angesprochen. Es können zwar auch mehrere seiner Teile zum Gegenstand der Betrachtung werden, meist bezieht sich die Aufmerksamkeit aber "only on a limited aspect" (ebd.: 126), da zu viele Elemente auf einmal gar nicht bewusst erfasst werden könnten.

Doch selbst wenn die Abweichung von der Normalität und alltäglichen Praxis schließlich offensichtlich ist und eindeutig benannt werden kann, führt dies nicht zwangsläufig zu einer neuen Situationsdefinition. Vielmehr "macht die Alltagswelt zunächst Anstrengungen, den problematischen Teil in das, was unproblematisch ist, hereinzuholen." (Berger und Luckmann 1997: 27) Denn wie auch Goffman feststellt, "sträuben sich die Menschen erheblich gegen eine Veränderung ihres Systems von Rahmen." (1996: 39) Werden sie sich also bestimmter Auffälligkeiten bewusst, versuchen sie diesen zunächst durch Erläuterungen einen Sinn zu verleihen und sie in den ursprünglichen Rahmen zu integrieren. In Bezug auf die Irritationen im Kontext der Untersuchung von Gamson und anderen schreiben die Autoren zum Beispiel, "[that] one might believe that agents of some authority system are clumsy and incompetent in performing their designated tasks" (1982: 123). Ihr ungewöhnliches Auftreten könnte somit als eigenwillige Marotte oder als Ausdruck ihrer Inkompetenz abgetan werden, ohne dass die Geschehnisse aus einer völlig neuen Perspektive wahrgenommen und zum Objekt einer moralischen Verurteilung werden müssten. Ebenso könnten auch Auffälligkeiten in Bezug auf die materiellen Elemente einer Situation ausgeglichen werden. So ist die Vermutung naheliegend, dass beispielsweise jene Personen, die in dem bekannten Milgram-Experiment in der Versuchsanordnung teilnahmen, die in Kellerräumen mit sichtbaren Heizungsrohren und einfachem Zementfußboden durchgeführt wurde (1992: 73), sich selbst verschiedene Gründe für dieses Umfeld gaben – wenn sie es denn als ungewöhnlich empfanden –, sei es nun, dass sie den Ort als expliziten Bestandteil der Untersuchung interpretierten oder ihn als Ausdruck einer mangelnden finanziellen Ausstattung des Projekts ansahen. Wie auch immer diese Begründungen im Einzelfall aussehen mögen, sie können dazu führen, die Unstimmigkeiten in einer Situation in die Wirklichkeit der Alltagswelt zurückzuführen. So können die Geschehnisse ihre ursprüngliche Bedeutung behalten und die Frage nach ihrer potentiell moralischen Dimension gar nicht erst weiter vertiefen lassen.

Scott und Lyman bezeichnen diese Normalisierungsstrategien als *accounts*. Sie kommen immer dann zur Anwendung, wenn "such taken-for-granted phenomena are called into question" (1968: 47). Umgekehrt sind sie nicht notwendig, "when people engage in routine, common-sense behavior" (ebd.). Sie sind den in Punkt 2.1.3 auf Grundlage der Überlegungen Goffmans bereits angesprochenen Versuchen des *korrektiven Austauschs* durchaus ähnlich, meines Erachtens betonen Scott und Lyman in Anlehnung an Garfinkel jedoch etwas stärker den unausgesprochenen und stillschweigenden Charakter der Hintergrunderwartungen, die verletzt werden. Der *account* wiederum vermag den ungewöhnlichen Teil der Geschehnisse in die Normalität zurückführen, ohne dass man sich über deren normative Beschaffenheit und Regeln genauere Klarheit verschaffen muss: "it turns a meaningless world back into a meaningful one and restores the sense of normalcy." (Collins 1988: 282f.) Und zu diesem Normalitätsempfinden gehört in entscheidendem Maße eben auch, dem moralischen Gehalt des Status quo nicht weiter auf den Grund gehen zu müssen. Goffman hingegen sah das Problem eher darin, ob und in welcher spezifischen Ausgestaltung allgemein formulierte soziale Normen in einer konkreten Situation Geltung beanspruchen können. Die Mechanismen des *korrektiven Austauschs*, die infolge einer potentiellen Abweichung von diesen Normen zur Anwendung kommen, können also gerade dazu führen, dass die zugrundeliegenden normativen Regelungen klarer in Erscheinung treten. Zwar dient auch der *account* dazu, den irritierenden Elementen einer Situation retrospektiv einen Sinn zu verleihen, doch ohne die Akteure notwendig auch zu veranlassen "[to] follow a chain of thought [...] back to its premises." (Collins 1981: 991) Dies bedeutet allerdings nicht, dass der *account* keine normativen Inhalte transportieren würde; allein seine Fähigkeit, eine bestimmte Normalität wieder herzustellen, weist darauf hin, dass er zugleich auch ihre impliziten moralischen Gehalte bestätigt, ohne allerdings eine ausdrückliche Auseinandersetzung mit ihnen anzuregen. Gleichwohl ist nicht jeder *account* erfolgreich in dem Sinne, dass er imstande wäre, die ungewöhnlichen Ereignisse in den Zustand des Alltäglichen zu integrieren. Der *account* kann scheitern und somit eine weitere Auseinandersetzung mit der Situation erzwingen. Welche ihrer Elemente dabei besondere Beachtung erfahren, sodass sich in der Folge ein Ungerechtigkeitsempfinden einstellt, wird Thema von Abschnitt 3 sein. In einer vorläufigen Zusammenfassung möchte ich vorab jedoch zentrale Merkmale der beiden hier besprochenen Formen von Ungerechtigkeit Revue passieren lassen und eine erste Vermutung über ihr wechselseitiges Verhältnis formulieren. Diese wird im darauf folgenden Abschnitt 2.4 weiter begründet werden.

2.3 Zusammenfassung: Zwei komplementäre Formen von Ungerechtigkeit

In Kapitel 2 stand die Frage im Vordergrund, was Ungerechtigkeit ist beziehungsweise wie sie theoretisch konzeptualisiert werden kann. Ich begann zunächst mit einer Darstellung soziologischer Ansätze aus dem Kontext des ISJP, die aufgrund ihrer Anlehnung an die Tradition der philosophischen Gerechtigkeitstheorien auch den Fokus der empirischen Erfassung und Analyse auf Zustände der Gerechtigkeit legen. Ungerechtigkeit tritt in dieser Perspektive als die Verletzung ausdrücklicher Gerechtigkeitsvorstellungen und -ideale in Erscheinung. Es wird folglich davon ausgegangen, dass das Urteil, etwas sei ungerecht, sich erst vor dem Hintergrund von als gerecht vorgestellten Verhältnissen und als gerecht eingeschätzten Prinzipien ausbildet – mithin Ungerechtigkeit also des Gegenpols der Gerechtigkeit bedarf. Hingegen versucht die von Moore, Shklar und Honneth vorgeschlagene Sichtweise, Ungerechtigkeit als ein eigenständiges Phänomen zu begreifen. An die Stelle gerechter Verteilungen treten bei ihnen die Normalität der Alltagswelt und die unhinterfragten Gegebenheiten des Status quo. Doch obwohl Menschen sich über deren normative Gehalte keineswegs im Klaren sein müssen, können sie auf einen Zusammenbruch des Vertrauten mit moralischer Empörung reagieren. Ungerechtigkeit geht aus diesem Blickwinkel folglich in der Ablehnung situativer Geschehnisse und sozialer Verhältnisse auf, insofern diese als Bedrohung oder Zerstörung von Normalität erfahren werden.

Obgleich diese beiden theoretischen Konzeptionen unterschiedlicher nicht sein können, handelt es sich meines Erachtens doch keineswegs um sich wechselseitig ausschließende Perspektiven. Vielmehr können beide Sichtweisen sinnvoll miteinander verknüpft werden, sodass sich dem facettenreichen Erscheinungsbild empirischer Phänomene von Ungerechtigkeit besser gerecht werden lässt, als dies jede Herangehensweise für sich alleine zu leisten imstande wäre. Denn wie jeder theoretischen Brille wohnt auch diesen beiden Konzeptionen die Notwendigkeit der Selektion, somit jedoch auch die Neigung inne, die Phänomene und Erkenntnisse der jeweils anderen Sichtweise auszuklammern. So geht der Ansatz von Moore, Honneth und Shklar mit seiner Kritik an sozialwissenschaftlichen Gerechtigkeitstheorien zu schnell über die Beobachtung der soziologischen Gerechtigkeitsforschung hinweg, dass Akteure durchaus über Vorstellungen von Gerechtigkeit verfügen können und ihnen verschiedene Gerechtigkeitsprinzipien nicht fremd sind. Angesichts der vielfältigen, im öffentlichen oder privaten Bereich geführten Diskussionen um beispielsweise eine leistungsgerechte Bezahlung oder Benotung, einen gleichberechtigten Zugang zu beruflichen Positionen oder Bildungsinstitutionen erscheint dies auch wenig erstaunlich – wenngleich es doch in ihrer situationsspezifischen Anwendung immer auch zu Unsicherheiten kommen kann. Möchte man diese Gerechtigkeitsvorstellungen ernst nehmen, muss allerdings auch berücksichtigt werden, dass ihre Verletzung nicht immer das Urteil nach sich zieht, eine Ungerechtigkeit würde vorliegen. Diesem Umstand sollte auch das methodische Instrumentarium Rechnung tragen, da man ansonsten Gefahr läuft, Ergebnisse über die vermeintlich (fehlenden) handlungsrelevanten Wirkungen solcher Ungerechtigkeitserfahrungen zu erzielen, die jedoch eher der Art der Operationalisierung als den Ungerechtigkeitsurteilen selbst geschuldet sind. Darüber hinaus blendet die soziologische Gerechtigkeitsforschung die Beobachtung aus, dass Menschen mitunter nur angeben können, was sie stört oder was sie nicht wollen, ohne dass sie zuvor den Status quo als ausdrücklich gerecht erlebt hätten oder dessen implizite normative Gehalte benennen könnten. Damit sind zwei Sachverhalte angesprochen: Zum einen vernachlässigt dieser Forschungszweig sowohl in seiner theoretischen Konzeptualisierung als auch in dessen methodischer Umsetzung den Umstand, dass Akteure keineswegs alle Situationen, Verhältnisse oder Lebensbereiche per se aus einer dezidiert normativen Perspektive wahrnehmen und einer daraus folgenden Bewertung unterziehen. Zum anderen sind sie gleichwohl in der Lage, Ungerechtigkeiten zu erfahren und zum Ausdruck zu bringen. Diese Äußerungen können ebenso empirisch wirksame Formen von Moralität darstellen wie jene, die sich erst vor dem Horizont ausformulierter Gerechtigkeitsideale einstellen. Neben dem Hinweis von Moore, Shklar und Honneth, dass die Ausdrucksformen von Ungerechtigkeit ausgesprochen vielfältig sein können, schärfen sie darüber hinaus den Blick dafür, dass es die spezifische Qualität der Ungerechtigkeitserfahrungen selbst sein könnte, die als handlungsmotivierender oder -demotivierender Faktor in Erscheinung tritt. Um Aufschluss über den der Ungerechtigkeit eigenen Charakter zu erhalten, muss man sich allerdings stärker als bisher sowohl den kognitiven als auch den emotionalen Elementen dieser Erfahrungen zuwenden. Dies wird die Aufgabe des nächsten Abschnitts sein. Zuvor möchte ich allerdings noch darauf eingehen, was den beiden Formen von Ungerechtigkeit gemeinsam ist und wie sie miteinander in Beziehung gesetzt werden können.

In meinen Ausführungen habe ich an verschiedenen Stellen immer wieder darauf hingewiesen, dass weder jede Verletzung von Gerechtigkeitsidealen noch jeder Zusammenbruch des Status quo zwangsläufig auch Ungerechtigkeitserfahrungen nach sich ziehen muss. Mit den Mitteln des *korrektiven Austauschs* sowie der *accounts* stehen Akteuren eine Vielzahl von Rationalisierungsstrategien und Normalisierungstechniken zur Verfügung, die den Geschehnissen entweder eine zu den eigenen Gerechtigkeitsvorstellungen passende Bedeutung verleihen können oder die das Geschehen in die Normalität der Alltagswelt zu integrieren vermögen (vgl. den oberen Teil in Abbildung 1). Daraus lässt sich ein Hinweis darauf ableiten, worum es in Fragen der Ungerechtigkeit – neben den konkreten Ereignissen, die zu ihnen Anlass geben – immer auch geht. Akteure greifen auf die Mechanismen des *korrektiven Austauschs* und der *accounts* nicht um ihrer selbst willen zurück. Vielmehr betonen sowohl Goffman als auch Scott und Lyman, dass Menschen durch sie davon abgehalten werden, ihre *sozialen Beziehungen* in Frage stellen zu müssen. Denn jede Ungerechtigkeit erhält ihre jeweils spezifische Bedeutung erst vor dem Hintergrund des Verhältnisses zu anderen Akteuren. Dies mag als so selbstverständlich angesehen werden, dass es keiner ausdrücklichen Erwähnung bedarf – doch kann meines Erachtens gerade dieser Sachverhalt mit einer Fokussierung auf gerechte Verteilungsergebnisse oder -prinzipien schnell in Vergessenheit geraten. Selbst wenn eine Person nur für sich als Individuum Gerechtigkeit einfordert, so erzielt diese Forderung ihren Sinn doch erst daraus, wie sie sich in einem Netzwerk sozialer Beziehungen verortet. Beurteilt sie die bestehenden Verhältnisse ausgehend von den eigenen Gerechtigkeitsvorstellungen als ungerecht, so bedeutet dies zugleich, dass sie sich in diesem Beziehungsgefüge anders plaziert wissen möchte, als dies ihres Erachtens geschieht. Erlebt sie die Ungerechtigkeit hingegen vor dem Hintergrund eines als selbstverständlich angenommenen Status quo, sind es wiederum dessen Beziehungsstrukturen, die sie als bedroht ansieht. Mit Collins könnte man sagen, dass die Normalität der Alltagswelt ihre moralische Qualität gerade aus dieser Bindung an die Ebene der sozialen Beziehungen gewinnt. Nur entgeht dies solange der Aufmerksamkeit, wie die alltäglichen Praktiken ihren vertrauten Bahnen folgen und somit die bestehenden Beziehungsgeflechte bestätigen. Die Mittel des *korrektiven Austauschs* und der *accounts* eröffnen die Möglichkeit, selbst im Angesicht einer potentiellen Ungerechtigkeit das Netzwerk der bestehenden sozialen Beziehungen zu bekräftigen. Aufgrund dieser Fähigkeit bezeichnen Scott und Lyman die *accounts* als "crucial element in the social order since they prevent conflicts from arising" (ebd.: 46). Goffman drückt diesen Sachverhalt ähnlich aus, wenn er schreibt, dass die Mechanismen des *korrektiven Austauschs* dem sozialen Miteinander "eine beträchtliche Flexibilität" verleihen, da somit nicht jede Abweichung von sozialen Normen tatsächlich auch als ihre Verletzung behandelt und sanktioniert werden muss (1982: 155) und folglich soziale Beziehungen in ihrer bestehenden Form beibehalten werden können. Sind die "Erklärungen" des *korrektiven Austauschs* oder der *accounts* erfolgreich, erübrigen sich also auch weitere Ausgleichshandlungen.

Doch wie lassen sich die beiden Varianten von Ungerechtigkeit nun miteinander verknüpfen? Ich vermute, dass die Auseinandersetzung mit dem, was als Einbruch in die alltägliche Wirklichkeit erlebt wird, nicht nur eine Präzisierung dessen nach sich ziehen kann, was als ungerecht erscheint, sondern darüber hinaus imstande ist, zu einer Schärfung der eigenen Gerechtigkeitsvorstellungen anzuregen. Mein Anliegen in Unterpunkt 2.2.2.2 bestand nicht zuletzt darin, die Ungerechtigkeitserfahrungen infolge eines Zusammenbruchs der Alltagswelt nicht nur – wie vor allem von Moore und Honneth nahegelegt – den bildungsfernen Gesellschaftsschichten zuzuschreiben, sondern sie auch im Erfahrungshorizont jener "Intellektuellen" zu verorten, die sich selbst wohl eher mit gut begründeten Gerechtigkeitsidealen in Verbindung gebracht wissen wollen. Da aber selbstverständliche Erwartungen ihrer Alltagswelt ebenso zu eigen sind wie der Wirklichkeit anderer Menschen auch, ergibt sich für sie gleichermaßen die Möglichkeit, Ungerechtigkeit als eine Verletzung dieser unausgesprochenen Vorstellungen zu empfinden.

Abbildung 1: Zwei Formen von Ungerechtigkeit

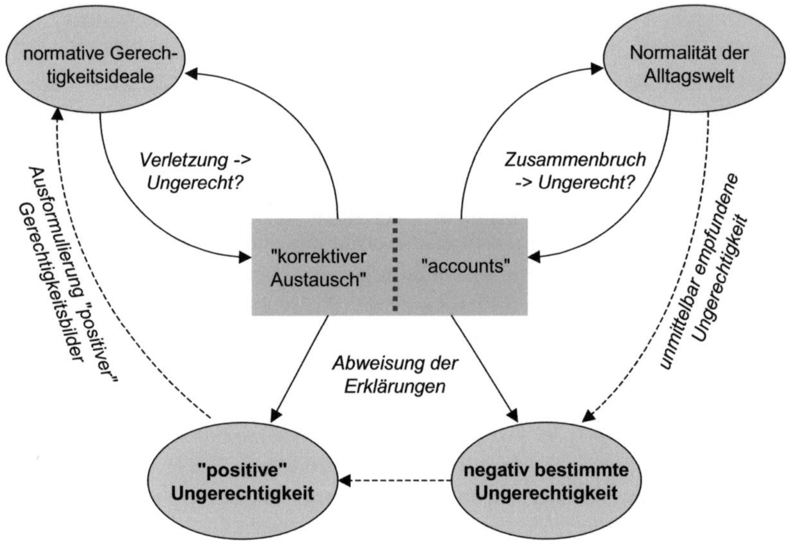

Aus dieser Perspektive gibt es keinen Grund für die Annahme, warum die Beschäftigung mit den eigenen Gerechtigkeitsidealen oder das Ringen um die Aushandlung moralischer Konflikte auch bei "Intellektuellen" nicht ebenso wahrscheinlich in Erfahrungen ihren Ausgang nehmen sollte, die sich zunächst nur in dem Eindruck erschöpfen, dass etwas "nicht richtig" ist, dass man etwas "nicht will" oder man einfach "gegen" etwas ist. Es sind meines Erachtens gerade diese Empfindungen, die in ihrer Eindeutigkeit immer wieder den Antrieb liefern können, sich mit positiven Gerechtigkeitsvorstellungen auseinanderzusetzen – seien dies nun die eigenen oder die anderer Akteure.[34]

34 So schreiben Ross und Miller über die Motivation des Sozialpsychologen Melvin J. Lerner, seine Forschungen jahrzehntelang dem "belief in a just world" zu widmen, mit den Worten:

Die Normalität der Alltagswirklichkeit ist folglich auch dann nicht irrelevant, wenn man die Auffassung der soziologischen Gerechtigkeitsforschung teilt, dass Akteure über explizite Gerechtigkeitsideale verfügen. Denn mit Goffman kann darauf hingewiesen werden, dass sie diese Vorstellungen nicht umstandslos auf jede Situation klar und deutlich anzuwenden suchen. Vielmehr bedarf es dazu ebenfalls erst "eines Aktes der Devianz oder eines Aktes der ausgeprägten Konformität" (1982: 140f.), das heißt Ereignisse, die als etwas Besonderes erscheinen und so den Fokus der Aufmerksamkeit auf die normativen Implikationen lenken. Befürwortet eine Person beispielsweise grundsätzlich die Ideen der Menschenrechte, der Chancengleichheit oder der Leistungsgerechtigkeit, so trägt sie diese keineswegs ausdrücklich als Bewertungsfolie an jedwede Situation heran – dies ist vermutlich nur dann der Fall, wenn sie bereits im Vorfeld mit Konflikten oder Spannungen rechnet. Doch vermag sie unter Rückgriff auf eben diese Ideale in Momenten der Irritation nicht nur in der Lage sein anzugeben, woran sich ihr Ungerechtigkeitsurteil festmacht, sondern darüber hinaus dieses auch zu begründen. Gleichwohl gewährleistet die Existenz allgemeiner oder abstrakt formulierter Gerechtigkeitsprinzipien in der Vorstellungswelt der Akteure keineswegs, dass diese unmittelbar auch Konsequenzen auf der Handlungsebene nach sich ziehen. Denn gerade in dem Versuch, weitere Begründungen für deren Anwendbarkeit zu geben, können sie sich immer wieder mit der Frage konfrontiert sehen, ob die entsprechende Norm auch "tatsächlich" auf die konkrete Situation übertragen werden kann und wenn ja, in welcher kontextspezifischen Ausprägung dies geschehen sollte. Die kognitiven Inhalte dieser Überlegungen werden Gegenstand der Punkte 3.1.2, 3.2.1 sowie 3.2.2 sein.

Nimmt das Ungerechtigkeitsempfinden hingegen vor dem Hintergrund eines selbstverständlichen Status quo seinen Ausgang, ohne dass Akteure dessen normative Grundlagen benennen könnten, so bedarf es bei gravierenden Erschütterungen der Alltagswelt meist keiner weiteren Begründung, *warum* die Geschehnisse als ungerecht eingeschätzt werden. Die Ungerechtigkeit scheint so evident, dass zusätzliche Argumente oder Beweise nicht erforderlich sind (vgl. den Pfeil ganz rechts in Abbildung 1).[35] Die Untersuchung von Gamson und anderen zeigte, dass diese Erfahrungen ausreichen können, um

---

"His work is fueled by his own abhorrence of injustice and compassion for the unfortunate." (2002: 3) Ähnlich schildert er selbst die Triebfeder seines Tuns mit den Worten: "My most recent and continuing concerns as both a citizen and a social psychologist arose from my awareness of the terrible systematically generated injustices in our society." (Lerner 2002: 29) Ich wüsste nicht, warum seine Arbeiten weniger wertvoll sein sollten, wenn die offensichtlich nicht versiegende Quelle von Lerners Ansporn in Ungerechtigkeitserfahrungen liegen würde, die zunächst ohne den Bezug zu ausformulierten Gerechtigkeitsidealen auskommen.

35 Dieser Prozess kann mit dem Modell der sogenannten *moral intuition* von Jonathan Haidt (2001), das in Punkt 2.4.2 vorgestellt wird, genauer beschrieben werden.

handlungsmotivierend zu wirken. In Punkt 3.1.4 wird sich allerdings zeigen, inwiefern diese Wirkung an spezifische, die Ungerechtigkeitserfahrung begleitende Emotionen gebunden ist und letztere in anderen Ausprägungen das Handeln ebenso auch blockieren können. Stellt sich der Einbruch des Außergewöhnlichen jedoch weniger einschneidend dar, sind häufig *accounts* zur Hand, die den Ereignissen einen Sinn geben und sie in die Normalität der Alltagswelt zurückführen. Allerdings können die eigenen oder von anderen Personen vorgetragenen *accounts* auch scheitern und zurückgewiesen werden. Dies zwingt wiederum zu einer weiteren Auseinandersetzung mit der Situation, in deren Verlauf nicht nur der von Gamson und anderen thematisierte *injustice frame* Gestalt annehmen kann. Denn werden die Normalisierungstechniken selbst zum Gegenstand des Konfliktes, so liegt der Gedanke nahe, dass auch ihre normativen Grundlagen deutlicher zutage treten. So merkt Bennett an, der sich mit *accounts* im politischen Bereich beschäftigt: "Accounts are often the key variables in conflict situations because they offer a normative basis on which the audience may judge the propriety or legitimacy of action." (1980: 794) Sind die *accounts* selbst umstritten und werden im Zuge der Auseinandersetzung ihre moralischen Konnotationen aufgedeckt, kann schließlich auf diesem Wege sukzessive auch die Ausformulierung von positiven – und wahrscheinlich zunächst kontextspezifischen – Gerechtigkeitsnormen befördert werden. Die Grenze zwischen den beiden Formen von Ungerechtigkeit ist in diesen Momenten vermutlich fließend. Ebenso können die *accounts* zunehmend den Charakter der Mechanismen des *korrektiven Austauschs* annehmen, insofern sie dazu dienen, die sich ausbildendenden positiven Gerechtigkeitsvorstellungen zu präzisieren (vgl. den mittleren und unteren Teil in Abbildung 1).[36] Normative Gerechtigkeitsideale können aus dieser Perspektive folglich als das Resultat einer auf Dauer gestellten Auseinandersetzung mit gefährdeten Alltagsgewissheiten und daraus resultierenden Ungerechtigkeitsempfindungen interpretiert werden. Je länger und intensiver die Auseinandersetzung anhält, desto eher können diese Normen vermutlich eine weitere Abstraktion und Begründung erfahren.

Zum Abschluss dieses Kapitels möchte ich auf einen Sachverhalt hinweisen, der bislang nur implizit mitschwang: Die hier vorgestellte Konzeption versteht unter Ungerechtigkeit weniger einen statischen Zustand, als vielmehr einen dynamischen Prozess, in dessen Verlauf sich die Einschätzung der Verhältnisse oder Geschehnisse auch wieder verändern kann. Ein und die-

36 Die Unterscheidung zwischen Formen des *korrektiven Austauschs* einerseits und der *accounts* andererseits begreife ich als eine analytische. Empirisch können dieselben Aussagen sowohl einen *korrektiven Austausch* als auch einen *account* darstellen, je nachdem ob sie eher die Wiederherstellung der Normalität oder die Bekräftigung von Gerechtigkeitsvorstellungen nach sich ziehen. In den folgenden Abschnitten werde ich beide Formen in einer gemeinsamen Klasse von Äußerungen zusammengefasst behandeln.

selbe, das heißt auf denselben Gegenstand bezogene Ungerechtigkeit kann folglich im subjektiven Empfinden unterschiedliche Qualitäten annehmen. Dieser Gedanke ist nicht neu; bereits Mikula hat darauf hingewiesen, "that the experience of injustice might be more appropriately conceptualized as a process rather than a state. Such a process should be conceived of as consisting of interrelated sequences or sub-processes of cognitions and emotions which mediate the final reactions to injustice." (1987: 93) Dieses Zusammenspiel von kognitiven und emotionalen Bestandteilen wird Gegenstand des folgenden Abschnitts sein.

2.4 Kognitionen und Emotionen in (Un-)Gerechtigkeitserfahrungen

Dem aufmerksamen Leser wird nicht entgangen sein, dass ich jene Ungerechtigkeiten, die ihren Ausgang in der Verletzung einer als selbstverständlich angesehenen Alltagswelt nehmen, des öfteren als *Empfindungen* qualifiziert habe. Dies war zunächst nur dem Umstand geschuldet, dass insbesondere Judith Shklar, und zuweilen auch Barrington Moore den emotionalen Charakter von Ungerechtigkeitserfahrungen betont haben. Bislang ist hingegen offen geblieben, inwiefern diese Kennzeichnung auch für die "positiven" Ungerechtigkeiten, die sich vor dem Hintergrund ausdrücklicher Gerechtigkeitsvorstellungen ergeben, gelten kann. Damit ist zugleich die Frage angesprochen, welcher Stellenwert Emotionen und Kognitionen in Ungerechtigkeitserlebnissen überhaupt zukommt. Dies betrifft nicht nur ihr jeweiliges Gewicht – also die Frage, ob Ungerechtigkeit eher ein Gefühl oder ein kognitives Urteil darstellt –, sondern darüber hinaus ihre Rolle als Ursache oder Wirkung in der Erzeugung von Ungerechtigkeitserfahrungen. In der psychologischen Forschung wird dieses Problem in einer breiter angelegten und bereits lange währenden Diskussion um die Vorrangstellung von Kognitionen oder Emotionen in Wahrnehmungsprozessen thematisiert. Diese Debatte dreht sich – etwas vereinfacht formuliert – um die Frage: Was ist zuerst da? Erzeugen bestimmte Formen von Kognitionen erst spezifische Gefühle und affektive Zustände oder sind es vielmehr die Emotionen, die für sie charakteristische Kognitionen nach sich ziehen? In Bezug auf Ungerechtigkeitserfahrungen lautet die Fragestellung folglich, ob erst die Deutung einer Situation als ungerecht bestimmte Emotionen nach sich zieht, oder ob diese bereits im Vorfeld am Wirken sind und das Urteil selbst prägen. Mit Recht weisen Planalp und Fitness darauf hin, dass ein Teil dieser Debatte definitorischen Diskrepanzen geschuldet ist, das heißt auf unterschiedliche Konzeptionen davon zurückgeht, was unter Emotionen und Kognitionen eigentlich verstanden wird (1999: 734). Aber auch jenseits dieser Streitigkeiten können meines Erachtens beide Perspektiven versöhnt werden, insofern man zwischen den zwei verschiedenen Arten von Ungerechtigkeitserfahrungen differenziert und den Analysefokus sowie die spezifischen Erhebungstechniken der ihnen entsprechenden theoretischen Zugänge in Rechnung stellt. Zunächst wird es jedoch darum gehen, unter Rückgriff auf die emotionssoziologische Forschung den unterschiedlichen Stellenwert von affektiven Regungen in der soziologischen Gerechtigkeitsforschung einerseits und den auf Ungerechtigkeit als eigenständigem Phänomen fokussierten Ansätzen andererseits zu beleuchten.

2.4.1 "Kalte" Gerechtigkeit, "heiße" Ungerechtigkeit?

In der soziologisch-empirischen Gerechtigkeitsforschung wird die Wahrnehmung von (Un-)Gerechtigkeiten im Wesentlichen als das Ergebnis eines bewussten Prozesses der Urteilsfindung dargestellt. Demzufolge gelangen Akteure unter Bezugnahme auf ihre ausdrücklichen Vorstellungen von gerechten Verteilungsprinzipien, Ergebnissen oder Verfahren zu einer Einschätzung der konkreten Situation. Ihre Gerechtigkeitsvorstellungen werden dabei als Bewertungsfolie herangezogen und liefern den Maßstab sowie die Gründe zur Beurteilung spezifischer Einzelfälle. Auf ihrer Grundlage könnten Akteure folglich darüber entscheiden, was sie als gerecht und was als ungerecht bewerten. Vereinzelt werden Ungerechtigkeitserfahrungen zwar auch als "Gefühle" beziehungsweise "Empfindungen" charakterisiert (vgl. Liebig und Wegener 1999: 264), eine systematische Aufmerksamkeit wird diesen affektiven Komponenten jedoch nicht zuteil. Somit wird der Eindruck vermittelt, dass Emotionen in der Wahrnehmung von Ungerechtigkeit allenfalls eine marginale Bedeutung zukommt. Mitunter hat es gar den Anschein, als ob (Un-)Gerechtigkeitsurteile und emotionale Regungen einander ausschließen würden. So differenziert Mau zwischen einem affektiv aufgeladenen Engagement in sozialen Nahbeziehungen und einem aus gerechtigkeitsbezogenen Erwägungen resultierenden Einsatz "für soziale und räumlich distanzierte Gruppen" (2002: 143). Für letzteres bedürfe es "einer freien und deliberativen Entscheidung, die sich auf Gründe beruft." (ebd.) Eine ähnliche Differenzierung ist auch in Teilen der sozialpsychologischen Forschung anzutreffen, so beispielsweise bei Batson und anderen, die zwischen einer mit Empathie verknüpften Form der Wahrnehmung von Ungerechtigkeit auf der einen Seite sowie einer affektuell neutralen Einschätzung derselben unterscheiden. Lediglich die letztgenannte, bloß konstatierende Feststellung einer ungerechten Behandlung möchten sie als genuin moralische Bewertung verstanden wissen (2007: 1281).[37] In diesen Konzeptionen von (Un-)Gerechtig-

---

37 In ihrer Untersuchung handelte es sich in beiden Versuchsanordnungen um die Einschätzung von Verteilungsergebnissen für Personen, die der Versuchsperson selbst fremd waren.

keitsurteilen spiegelt sich ein Verständnis von Kognition wieder, das mit Planalp und Fitness folgendermaßen charakterisiert werden kann: "[C]ognition involves the processing of information and the use of knowledge to understand and interpret the environment in informed ways." (1999: 732) Die Betonung liegt hier auf "informed" im Sinne von *wohlüberlegt* und *durchdacht*. Gerechtigkeitsbezogene Einschätzungen werden demzufolge als das Resultat eines bewussten Prozesses der Urteilsfindung konzipiert, in dem für Gefühle entweder nur wenig Platz zu sein scheint oder in dem sie grundsätzlich keinen Raum einnehmen sollten, wenn sie denn die Qualifizierung als "wahrhaft" moralische Urteile verdienen wollen.[38]

Im Unterschied dazu fällt in den ausschließlich der Ungerechtigkeit gewidmeten Ausführungen von Shklar und Moore auf, dass sie den spezifisch emotionalen Charakter dieser Erfahrungen mehrfach hervorheben.[39] Judith Shklar begründet gar ihre Fokussierung auf Ungerechtigkeit mit der Beobachtung, dass die mit ihr einhergehenden Emotionen weitaus stärker und somit auch handlungsbestimmender seien als die mit der Gerechtigkeit verbundenen Empfindungen. "Die gewöhnliche Reaktion auf Gerechtigkeit mag in einem verstärkten Sicherheitsgefühl bestehen" (1992: 169). Hingegen erzeuge die Erfahrung von Ungerechtigkeit in uns starke emotionale Reaktionen: "nämlich Frustration, Zorn und Furcht" (ebd.: 147). Ungerechtigkeit "vermag uns [...] in Schrecken zu versetzen, die Gerechtigkeit aber strahlt keine emotionale Anziehung aus." (ebd.: 167) Ebenso werden bei Moore

---

Unter der Bedingung "low-empathy" wurde die Versuchsperson aufgefordert "to take an objective perspective"; sie sollte sich in ihrem Urteil also nicht von der Situation des anderen beeinflussen lassen ("just remain objective and detached"). In der "high-empathy"-Bedingung sollte sie hingegen gerade versuchen, sich gefühlsmäßig in die andere Person und deren Lage hineinzuversetzen. Die Autoren interessierte vor allem, welches der beiden Urteile Ärger, als potentiell handlungsmotivierende Emotion, nach sich zieht. Lediglich in der mit "empathic feelings" aufgeladenen Einschätzung konnten sie diese Reaktionen beobachten. Auf Grundlage dieser Ergebnisse ziehen die Autoren denn auch die Möglichkeit in Betracht, dass es "moral outrage" im Sinne einer "wirklich" moralischen Empörung ("truly moral motivation"), die sich allein aus gerechtigkeitsbezogenen Überlegungen ableitet und der gefühlsmäßigen Bindung nicht bedarf, gar nicht gibt (Batson u.a. 2007: 1278-2183; vgl. auch die Anmerkungen in Fußnote 50).

38 Auf diese Verständnis von moralischen Urteilen werde ich im nächsten Punkt 2.4.2 zurückkommen.

39 Zwar merkt auch Honneth an, dass Personen im Zuge der Bewertung von Situationen "emotional [...] verstrickt" sind (2000: 115), doch hat er in dem hier verwendeten – und bereits 1981 erstmals publizierten Aufsatz – vor allem die den Akteuren bewussten kognitiven Elemente von Ungerechtigkeitserfahrungen im Blick; der bei ihm zentrale Begriff des "Unrechts*bewußtseins*" legt dies bereits nahe. Wie im letzten Kapitel ausgeführt wurde, sind diese Elemente "negativen" Inhalts, bringen also Ablehnung, Missfallen und Widerwillen zum Ausdruck, ohne dass diese Äußerungen zusätzlich begründet werden müssten. Die mit diesen Erfahrungen verbundenen Gefühle thematisiert Honneth stärker in seinem späteren Werk *Kampf um Anerkennung* (1994), das ich hier jedoch nicht weiter berücksichtigt habe.

verschiedene, die Ungerechtigkeit begleitende Gefühle erwähnt; er spricht von Ärger (1987: 625), Wut (ebd.: 21, 321), Zorn (ebd.: 36, 254, 321) und Furcht (ebd.: 49, 51), im Zusammenhang mit dauerhaften Ungerechtigkeitserfahrungen auch von Resignation (ebd.: 267) und Apathie (ebd.: 347). Während die Autoren mit der Ungerechtigkeit also einen Facettenreichtum an Gefühlen und affektiven Nuancen verbinden, erscheinen im Vergleich dazu die der Gerechtigkeit anhaftenden emotionalen Regungen als einseitig und wenig intensiv. "Wenn die Ungerechtigkeit Furcht und Abscheu erregt, so vermittelt die Gerechtigkeit den Eindruck von Ruhe und Sicherheit." Und letztgenannte "Gefühle sind schwerlich erregend!" (Shklar 1992: 168) Die Gerechtigkeit "elektrisiert unsere Gefühle nicht, wie es die Ungerechtigkeit" vermag (ebd.: 170). Daraus leitet Shklar die Vermutung ab, dass sich auch die Erlebnisse von Ungerechtigkeit nachhaltiger in der Erinnerung festsetzen als es die geradezu blass erscheinenden Gerechtigkeitserfahrungen vermögen. "Gerechtigkeit und Fairness [sind ...] undramatisch und leicht zu vergessen." Hingegen werde die "Ungerechtigkeit immer heftig empfunden und erinnert" (ebd.: 182). Diese Beobachtung wird in einer Studie über Ungerechtigkeitserfahrungen am Arbeitsplatz bestätigt: Die Befragten konnten sich nicht nur ohne Schwierigkeiten Ereignisse in Erinnerung rufen, die sie als ungerecht erlebt hatten, vielmehr stellen die Autoren auch fest, "that whether injustices occured the day, month or year(s) before the research interview, their emotional intensities were easily recalled" (Harlos und Pinder 2000: 257). Auch in anderen sozialpsychologischen Arbeiten fällt auf, dass Emotionen vor allem im Kontext von *Un*gerechtigkeitserfahrungen thematisiert werden. Obwohl es zwar nicht an Aussagen fehlt, die einen Zusammenhang zwischen affektiven Zuständen und Gerechtigkeit herstellen – wie beispielsweise Solomon in einem Aufsatz mit dem Titel *The Emotions of Justice* (1989) oder de Cremer und van den Bos mit der Aussage: "justice is not only a judgement but can also represent an intuition or feeling" (2007: 3) – zeigt doch eine genauere Lektüre auch dieser Literatur, dass es meist die Erfahrungen von *Un*gerechtigkeit sind, die mit einer Bandbreite emotionaler Regungen verbunden werden. Und so findet sich in einem neueren Sammelband über *Advances in the Psychology of Justice and Affect* bereits auf der zweiten Seite der Hinweis: "to understand justice ..., one must understand the events that arouse the sense of injustice – the emotions of injustice" (Bies und Tripp 2002, zitiert nach de Cremer 2007: 2).[40] Doch wie lässt sich diese Diskrepanz erklären? Wieso wird Emotionen weniger Aufmerksamkeit zuteil, wenn von Gerechtigkeit die Rede ist, während sie in den der Ungerechtigkeit gewid-

40 Und wenig später heißt es: "[A]nger received special attention as an affective state when looking at the effects of justice, *or maybe more accurately, injustice*" (de Cremer 2007: 3; eigene Hervorhebung).

meten Ansätzen einen prominenten Platz einnehmen? Ein Blick auf die Erkenntnisse der ethnomethodologischen sowie der emotionssoziologischen Forschung vermag dazu eine erste Antwort zu liefern.

Begreift man die von Shklar und Moore thematisierte Form der Ungerechtigkeit als eine Erfahrung, die ihren Ausgang in der Bedrohung oder Zerstörung gewohnter Alltagspraktiken nimmt (vgl. Unterpunkt 2.2.2.2), so ist es kaum erstaunlich, dass gerade diese beiden Autoren die damit einhergehenden affektiven Regungen ansprechen. Denn bereits Garfinkel wies darauf hin, dass Akteure auf Störungen in ihrer Alltagswelt mit einer Bandbreite von Gefühlen reagieren. Die Dokumentationen seiner Studenten über die Krisenexperimente "were filled with accounts of astonishment, bewilderment, shock, anxiety, embarrassment, and anger" (1996: 47). Darüber hinaus konnte Garfinkel zeigen, dass dieselben Akteure keineswegs wissen mussten, wie ihr Alltag konstituiert ist beziehungsweise welche normativen Grundsätze ihm innewohnen. Sie agierten vielmehr auf Grundlage einer angenommenen Normalität, ohne stets auch eine präzise Vorstellung von deren Regeln zu haben. Gleichwohl reagierten sie – aus den Routinen herausgerissen – mit starken Emotionen. Mit Goffman sowie Scott und Lyman lässt sich dies auf den Umstand zurückführen, dass ein Zusammenbruch des Status quo zugleich als eine Bedrohung ihrer sozialen Beziehungen erlebt wird. Die von Collins betonte moralische Qualität der Alltagswelt ist auf eben dieses Beziehungsgefüge zurückzuführen. Auch wenn es im Zustand des Status quo ebenso unausgesprochen bleibt wie die ihm entsprechenden moralischen Vorstellungen und normativen Regelungen, scheinen Akteure doch ein feines Gespür dafür zu haben, wenn es verletzt wird: "[T]he emotions that uphold reality come forth in intense form when the social reality is broken." (2004: 104) Die von Shklar und Moore betonte besondere emotionale Färbung beziehungsweise Aufladung von Ungerechtigkeit kann folglich als der Ausdruck von gestörten oder zumindest potentiell bedrohten sozialen Bindungen interpretiert werden.

Diese Deutung kann mit Verweis auf verschiedene emotionssoziologische sowie einige (sozial-)psychologische Ansätze konkretisiert werden. Auch sie betonen zunächst den engen Zusammenhang zwischen sozialen Beziehungen einerseits und Gefühlen andererseits.[41] Oatley und Jenkins bezeichnen Emotionen als "guiding structures of our lives – especially of our relations with

---

41 Damit ist freilich nicht gesagt, dass affektive Regungen notwendig an die Ebene sozialer Beziehungen gebunden sind. Mit Lazarus lässt sich allgemeiner festhalten: "Emotion results from an evaluative perspective of a relationship [...] between a person [...] and the environment." (1982: 1023) Die Beziehung zu anderen Personen – und wie sich in Punkt 3.1.4 zeigen wird: zu größeren sozialen Einheiten wie zum Beispiel korporativen Akteuren – stellt dabei nur einen, allerdings für die sozialwissenschaftliche Forschung besonders relevanten Aspekt dieser Umwelt dar.

others." (1996: 124, zitiert nach Planalp und Fitness 1999: 733). Gleichermaßen merkt auch Lynn Smith-Lovin an: "Most of the strong emotions that we experience come from our contacts with other people." (1995: 118) Theodore Kemper – der als einer der ersten Autoren einen genuin soziologischen Emotionsansatz formulierte – begreift sie als das Resultat sozialer Beziehungen, seien diese Resultate nun real, oder bloß vorgestellt oder antizipiert (1978: 43). Während Kemper den Standpunkt vertritt, dass Gefühle den unmittelbaren Ausdruck sozialer Beziehungsstrukturen darstellen, betonen Autoren in der Tradition des Symbolischen Interaktionismus, dass es einer mehr oder weniger aktiven Deutung dieser Beziehungen bedürfe, ehe spezifische Emotionen empfunden werden (vgl. Terpe 1999: 16ff.). Aber auch hier sind es die sozialen Bindungen, von denen die affektiven Regungen ihren Ausgang nehmen. Für Thomas Scheff wiederum bringen Emotionen die Qualität des sogenannten *social bond* zum Ausdruck; sie sind ein Indikator für den Zustand einer Beziehung und zeigen an, ob diese intakt oder beschädigt ist. Durch ihre Gefühle werden Akteure folglich zu jedem Zeitpunkt ihres Daseins darüber "informiert", wie es um ihre sozialen Beziehungen bestellt ist – doch treten diese Empfindungen nur unter spezifischen Umständen auch in den bewussten Fokus der Aufmerksamkeit.[42]

Mit ihrer Konzentration auf Vorstellungen von Gerechtigkeit werden in der empirisch-soziologischen Gerechtigkeitsforschung nun vor allem soziale Verhältnisse angesprochen, mit denen die Befragten zufrieden sind beziehungsweise zufrieden sein würden. Diese entsprechen wiederum jenen Zuständen, in denen auch die sozialen Beziehungen unversehrt wären; das Netzwerk sozialer Bindungen würde so aussehen, wie es sich die Akteure selbst wünschen – insofern sie denn eine klare Vorstellung davon haben. Folgt man dem Ansatz von Kemper, so werden mit einem solch intakten Beziehungsgefüge im Wesentlichen zwei emotionale Zustände verbunden: Sicherheit und Glück als spezifische Ausprägungen eines allgemeineren Gefühls der Zufriedenheit (Kemper 1978: 50, 59). Beide Empfindungen lassen sich auf das zurückführen, was Kemper und Collins (1990) als die Macht- und die Statusdimension des Sozialen bezeichnen. Damit benennen sie zwei fundamentale – und nach Ansicht der Autoren auch die einzigen – Dimensionen, durch die soziale Beziehungen charakterisiert werden können.[43] Nicht nur der sozialwissenschaftliche Beobachter könne in der Beschreibung sozialer Zusammenhänge auf sie zurückgreifen; vielmehr wür-

---

42 "I assume that the social bond is a real and palpable phenomenon and that in every type of human contact it is being either built, maintained, repaired, or damaged." (Scheff 1994: 1) "[I]n every moment of contact, one's status relative to the other is continually being signaled, usually unintentionally." (Scheff 1997: 76)

43 Vergleiche zur Begründung von "Macht" und "Status" als alleinigen genuin relationalen Kategorien die in Terpe (1999: 5f.) aufgeführte Literatur von Kemper und Collins.

den auch die Akteure selbst ihre Umwelt durch die "Brille" dieser beiden Dimensionen wahrnehmen – wenn auch eher implizit und in einer Weise, die sie mehr fühlen als wissen lässt, wo im Netzwerk ihrer sozialen Beziehungen sie stehen und welche Qualität den Bindungen im Einzelnen zukommt (vgl. Terpe 1999: 17).

Das Gefühl der Sicherheit lässt sich nach Kemper insbesondere auf soziale Beziehungen zurückführen, die in Bezug auf ihre Machtdimension als angemessen eingeschätzt werden: "When it [one's own structural position in the power channel of a relationship with another] is viewed as adequate, I refer to the emotion or affect as security." (1978: 50) Obgleich Kemper von der "structural position" spricht, so konkretisiert sich Macht in seinem Verständnis doch überwiegend in Gestalt spezifischer Verhaltensweisen wie Gewalt, Zwang oder Bedrohung. Da diese Machtmittel aber nur den in einer Beziehung überlegenen Personen zur Verfügung stehen würden, könnten auch nur sie ein Gefühl der Sicherheit empfinden (ebd.). Dieses speise sich aus der Erwartung, den eigenen Willen auch gegen Widerstand durchsetzen zu können (vgl. Weber 1972: 28). Meines Erachtens ist darüber hinaus die Vermutung plausibel, dass unter bestimmten Umständen auch machtunterlegene Personen ein Sicherheitsgefühl verspüren. Und zwar können sie sich dann sicher fühlen, wenn sie die in Anwendung gebrachten Machtmittel der eigenen Position gegenüber als angemessen einschätzen. Diese Empfindung bezieht ihren Gehalt jedoch weniger aus der Aussicht auf eigenen Erfolg, als vielmehr aus dem Vertrauen darauf, dass zu keinen härteren als den in der Geschichte der Beziehung angelegten und folglich gewohnten Machtmitteln oder Sanktionsdrohungen gegriffen wird.[44] Das Empfinden von Glück resultiert wiederum aus der Positionierung der Akteure in einem Netzwerk, das weniger in seinen hierarchischen Aspekten wahrgenommen wird, als vielmehr in Bezug auf das Ausmaß der Zugehörigkeit für den Einzelnen bedeu-

---

44 Dies bedeutet nicht, dass die unterlegene Person die Machthandlungen deshalb auch als eine legitime Form der Herrschaftsausübung im Sinne Webers anerkennen müsste. Vielmehr kann es sich noch immer um eine – wenn auch strukturell verfestigte – Machtbeziehung handeln. So merkt auch Kemper an, dass Machtbeziehungen als "stable, largely uncontested structure" in Erscheinung treten können, "in which the more powerful actor can have his or her wishes more often satisfied by the less powerful actor, even though the latter does not wish to do so" (2001: 61). Die Unterscheidung zwischen den handlungs- und den strukturbezogenen Komponenten von Macht hat Kemper in seiner Theorie folglich selbst schon angelegt (vgl. 1978: 371-384), doch hat er ihr Potential für die Analyse der daraus resultierenden emotionalen Reaktionen nicht voll ausgenutzt (vgl. Terpe 1999: 12ff.; Franks 1989). In Punkt 3.1.4 werde ich darauf zurückkommen, denn meines Erachtens ist die Vermutung naheliegend, dass die Wahrnehmung dieser strukturellen Komponente von Macht, das heißt die Vorstellung der Akteure von den stabilen und dauerhaften Machtdifferenzen einen wesentlichen Einfluss darauf hat, welche Handlungsmöglichkeiten in Reaktion auf die Wahrnehmung von Ungerechtigkeit überhaupt in Betracht gezogen werden.

tungsvoll ist. Nach Kemper wird diese Statusdimension ebenso wie die der Macht vor allem durch spezifische Handlungsweisen verkörpert. Die freiwillige Gewährung von Achtung, Belohnung, Unterstützung oder Akzeptanz sind Beispiele für solches Statushandeln und "when one receives status in adequate amounts one should 'feel good'." (Kemper 1978: 59). Ob diese Handlungen aber als "adequate" eingeschätzt werden, hängt wiederum von den situationsübergreifenden Vorstellungen der Akteure von ihrer eigenen Positionierung sowie dem Platz anderer in einem stabileren Beziehungsgefüge ab.[45] Wenn soziale Beziehungen sowohl in ihrer Macht- als auch in ihrer Statusdimension bestätigt werden, so bleibt auch das *social bond* zwischen den Akteuren unversehrt – ein Zustand, den Scheff mit Gefühlen des Stolzes assoziiert: "[W]hen we are adequately deferred to by others, we are in a state of normal pride." (1994: 45) Dies schließt die Möglichkeit von Konflikt und kompetetiven Beziehungen keineswegs aus; doch solange das *social bond* gesichert ist, werden von den Beteiligten eben jene Verhaltensweisen und Grenzen respektiert, die als angemessen empfunden werden.[46]

Besonders aufschlussreich an den Darstellungen von Kemper und Scheff ist nun der Umstand, dass sie diesen gelungenen Interaktionen, den dadurch bestätigten Bindungen sowie den daraus resultierenden Emotionen einen vergleichsweise geringen Stellenwert in ihren Überlegungen einräumen. Es sind vielmehr Situationen und Ereignisse, die als abweichend empfunden werden und die aufgrund der damit verbundenen affektiven Aufladung im Mittelpunkt ihrer Betrachtungen stehen. Für Kemper verbinden sich damit in Abhängigkeit der Beziehungsqualität so unterschiedliche Gefühle wie Angst, Ärger, Scham, Schuld oder auch Größenwahn (vgl. Terpe 1999: 8). Scheff wiederum misst den verschiedenen Nuancen von Scham eine besondere Bedeutung bei, da dieses Gefühl deutlicher als alle anderen eine potentielle

---

45 Auf diese Strukturkomponente der Statusdimension werde ich in Abschnitt 3.2 eingehen, dort allerdings unter dem Begriff des *universe of moral obligation*. Damit soll zum Ausdruck kommen, dass die Einschätzung der Statusposition anderer – also die Wahrnehmung ihrer (Nicht-)Zugehörigkeit – die Chance beeinflusst, die ihnen widerfahrenen Ereignisse überhaupt als ungerecht zu empfinden.

46 Eine ausführliche Diskussion des Verhältnisses zwischen *Macht- und Statusdimensionen* sozialer Beziehungen im Sinne von Kemper und Collins sowie der Qualifizierung sozialer Beziehungen als *social bond* durch Scheff würde an dieser Stelle zu weit führen. Nur soviel sei angemerkt: Zum einen scheinen mit dem Konzept des *social bond* sowohl Macht- als auch Statuskomponenten erfasst zu werden, da es auf hierarchische sowie egalitäre Beziehungen angewendet werden kann. In diesem Sinne scheint *social bond* das umfassendere, den beiden anderen Dimensionen zugrundeliegende Konzept zu sein. Zum anderen hat es den Anschein, als ob *social bond* eine größere Affinität zur Statusdimension sozialer Beziehungen aufweist, insbesondere dann, wenn mit Status die dauerhafte Struktur von Zugehörigkeiten und Nicht-Zugehörigkeiten betont wird. In diesem Sinne könnte *social bond* als jenes Bindeglied interpretiert werden, das ein *universe of moral obligation* zwischen den Akteuren erst konstituiert (vgl. Abschnitt 3.2).

Bedrohung des sozialen Bandes anzeige (2000: 97).[47] Gemeinsam ist ihren Darstellungen, dass es erst die – tatsächliche oder vermeintliche – *Veränderung* in den Beziehungskonstellationen ist, durch die nicht nur eine größere Vielfalt an Emotionen ausgelöst wird, sondern die zudem aufgrund ihrer potentiell stärkeren Intensität sowohl für den Betrachter als auch den Betroffenen in den Fokus der Aufmerksamkeit rücken können. Dies bedeutet zwar nicht, dass mit den als intakt vorgestellten Bindungen – oder eben mit den als gerecht vorgestellten Verhältnissen – keine Emotionen verbunden wären, doch scheinen diese häufig unterhalb der bewussten Aufmerksamkeitsschwelle zu verbleiben. So bemerkt Kemper in Bezug auf jene Empfindungen, die auf einen angemessenen Umgang in der Machtdimension sozialer Beziehungen zurückgehen: "The sense of ease afforded by adequate power may not be conscious, except when it is challenged or could conceivably be challenged." (1978: 51) Werden also mit dem als adäquat vorgestelltem Umgang jene Verhältnisse stetig reproduziert, die den eigenen Gerechtigkeitsvorstellungen entsprechen, so bleiben die damit verbundenen Empfindungen eher im Hintergrund. Auch wenn es sich im Gegensatz zur Normalität der Alltagswelt um eine mehr oder weniger explizite Auseinandersetzung mit gerechtigkeitsbezogenen Themen handeln sollte, scheinen sich doch beide Zustände in ihrer emotionalen Beschaffenheit zu ähneln. Dies trifft vermutlich umso mehr zu, je stärker die gerechten Verhältnisse als dauerhaft vorgestellt werden beziehungsweise je stärker die Gerechtigkeit – und eben nicht die Ungerechtigkeit – den Dreh- und Angelpunkt der eigenen Überlegungen darstellt. Die emotionale Qualität dieser Momente kommt dann jener der Alltagswirklichkeit sehr nahe, die von Collins als "nothing out of the ordinary is happening here" charakterisiert wurde. "This is an *uninteresting emotion*, from the point of view of the actor" (2004: 106; eigene Hervorhebung). Vielmehr ist die Empfindung so ruhig, glatt und ausgeglichen, dass sie kaum zur Kenntnis genommen wird. Und so weist auch Scheff darauf hin: "[t]hese ongoing states have such low visibility, however, that they are seldom noticed or mentioned." (1994: 45)

Aus dieser emotionssoziologischen Perspektive ist es folglich nicht erstaunlich, dass in einer an Zuständen der Gerechtigkeit orientierten Forschungstradition den Gefühlen als Elementen der Wahrnehmung und als potentiell handlungsprägenden Faktoren nur eine marginale Bedeutung beigemessen wird. Dies entspringt der emotional nur wenig aufwühlenden Qualität von Normalität und (vorgestellter) Gerechtigkeit – zwei Zustände, die offensichtlich gleichermaßen unaufgeregt hingenommen werden können. Allerdings gibt es eine Gruppe von Situationen, deren emotionale Beschaf-

47 "Shame may be the most social of all emotions, since it functions as a signal of threat to the social bond." (Scheff 1994: 43).

fenheit dennoch in den Bereich bewusst wahrgenommener Eindrücke treten sollte: Sie beziehen sich auf jene Phasen, in denen nach einer kürzer oder länger währenden Abweichung von oder einem Angriff auf die normal oder gerecht eingeschätzten Verhältnisse eben diese Normalität oder Gerechtigkeit gerade erst hergestellt oder verteidigt wurde. In diesen Momenten, die einer *Veränderung* im Sinne einer Normalisierung der Beziehungskonstellationen gemäß den eigenen (Gerechtigkeits-) Vorstellungen entsprechen, ist im Besonderen damit zu rechnen, dass Akteure die damit verbundenen Emotionen wie Glück, Sicherheit und Zufriedenheit, vielleicht auch Erleichterung und Genugtuung wahrnehmen und thematisieren können. Interessiert man sich also für den emotionalen Gehalt von Gerechtigkeit – oder anders formuliert: für die affektiv aufgeladene Qualität bewusster Gerechtigkeitsideale – müsste ein Erhebungsdesign der Annahme Rechnung tragen, dass diese Gefühle insbesondere in Momenten der aktuellen Erzeugung, Verteidigung oder Wiederherstellung von Gerechtigkeit zutage treten, ansonsten jedoch eher eine Existenz im Verborgenen führen. Ob die mit einer solchen Herstellung von Gerechtigkeit verbundenen affektiven Regungen auch weniger gut erinnert werden als die Gefühle der Ungerechtigkeit – wie Shklar vermutete (1992: 182) –, bleibt eine empirisch noch zu beantwortende Frage. Allerdings sollte diese Vermutung zur Vorsicht gegenüber einer Herangehensweise mahnen, die allein auf eine retrospektive Erfassung dieser Empfindungen setzt.

Mag mit diesen Überlegungen nun zwar eine Antwort auf die Frage gegeben worden sein, warum in Auseinandersetzungen mit der Gerechtigkeit affektive Stimmungen nur selten angesprochen werden, bleibt doch ein weiterer Punkt erklärungsbedürftig: Wieso kommt Emotionen in der soziologisch-empirischen Gerechtigkeitsforschung auch dann nur ein geringer Stellenwert zu, wenn sie sich mit Phänomenen der *Un*gerechtigkeit beschäftigt? Warum stellt sich Ungerechtigkeit in den Arbeiten von Shklar und Moore als eine starke Empfindung dar, während sie sich in der Gerechtigkeitsforschung in geradezu affektiv neutralen Urteilen zu erschöpfen scheint? Ist nicht vielmehr die Annahme plausibel, dass auch die Verletzung normativer Gerechtigkeitsideale eine Bedrohung von sozialen Beziehungen darstellt und folglich davon abgeleitete Ungerechtigkeitswahrnehmungen ebenso von Emotionen begleitet werden müssten, wie jene von Shklar und Moore thematisierten Ungerechtigkeiten? Eine Antwort auf diese Fragen liefern die den beiden Konzeptionen von Ungerechtigkeit zugrundeliegenden Modelle kausaler Verursachung, die eine jeweils unterschiedliche Wirkungskette von kognitiven und emotionalen Bestandteilen nahelegen. Als Hinführung zu diesen beiden Modellen werde ich den folgenden Abschnitt zunächst mit einer Argumentation Melvin J. Lerners einleiten, aus dessen Kritik an den Erhebungstechniken der sozialpsychologischen Gerechtigkeitsforschung sich fruchtbare Einsichten auch für die soziologische Analyse ableiten lassen.

2.4.2 Ungerechtigkeit als kognitives Urteil und affektive Empfindung

In einem Aufsatz mit dem bezeichnenden Titel *The Justice Motive: Where Social Psychologists Found It, How They Lost It, and Why They May Not Find It Again* geht Lerner der Frage nach, wieso die sozialpsychologische Forschung in den 70er Jahren das "Gerechtigkeitsmotiv" (*justice motive*) als eigenständige und ausgesprochen wirkungsmächtige Triebfeder sozialen Handelns meinte interpretieren zu können, während sie es 30 Jahre später häufig nur noch als ein dem Eigeninteresse dienendes Handeln ansieht (2003: 388f.). Mit Max Weber könnte man fragen: Wieso sehen Sozialpsychologen dort, wo vormals ein wertrationales und zugleich affektiv aufgeladenes, dem Streben nach Gerechtigkeit verpflichtetes Handeln am Wirken zu sein schien, heute nur noch ein zweckrationales, dem Eigennutz gehorchendes und kühl durchdachtes Tun? Statt nun der durchaus möglichen, aber ebenso vorschnellen Vermutung nachzugehen, dass diese Entwicklung einer Veränderung auf empirischer Ebene im Sinne einer gesteigerten Rationalisierung von Handlungsmotiven entsprechen könnte, sucht Lerner die Antworten in den Herangehensweisen und Erhebungstechniken der Forscher selbst. So sei für die Untersuchungssdesigns der 70er Jahren das Bestreben kennzeichnend, die Versuchspersonen in "emotionally compelling and personally engaging situations" zu versetzen; sei es nun, indem sie mit einem vermeintlichen, aber sehr real erscheinenden Leiden einer anderen Person konfrontiert wurden oder sie den Eindruck haben mussten, sie selbst als Person (und eben nicht als Versuchsperson) seien ungerecht behandelt worden (ebd.: 389). Die bereits in Unterpunkt 2.2.2.2 angesprochene Studie von Gamson und anderen kann als Beispiel für solche Erhebungsdesigns angesehen werden. Durch sehr aufwändige Inszenierungen – Gamson und andere sprechen von "fabrications" (1982: Kap. 3) – zielen sie darauf ab, die Versuchsteilnehmer in einer Weise zu involvieren, dass diese meinen, sich in einer nahezu lebensechten Umgebung zu befinden. Die Simulation realitätsnaher Situationen kann dabei entweder so gestaltet werden, dass die Beteiligten wissen, an welcher Art Täuschungszusammenhang sie partizipieren.[48] Sie können aber auch so konstruiert werden, dass die Teilnehmer im Unklaren darüber bleiben, was passiert beziehungsweise was das eigentliche Ziel der Studie ist. Ihnen ist folglich gar nicht bewusst, dass sie sich in einem Täuschungszusammenhang bewegen; vielmehr erscheint ihnen das, was sie sehen als "primary untrans-

48 Das berühmte *Stanford Prison Experiment* von Zimbardo und anderen (vgl. Zimbardo u.a. 2000) zeigt eindrucksvoll, wie erfolgreich auch solche Inszenierungen sein können.

formed activity that has *real consequences*" (ebd.: 31; eigene Hervorhebung).[49]

Diese von Lerner als "'high impact' situations" bezeichneten Arrangements rufen bei den Versuchspersonen nun deutlich andere Reaktionsweisen hervor als jene Erhebungstechniken, die heutzutage die Forschungslandschaft dominieren. Letztere charakterisiert Lerner als "experimental simulations with minimal incentives", wie sie beispielsweise in Form hypothetischer Vignetten, Fragebögen oder Interviews zum Einsatz kommen (2003: 389). In solchen "'low impact' situations" steht für die Versuchspersonen nichts auf dem Spiel; es ist klar, dass ihre Reaktionen – häufig genug auch nur ihre Aussagen über potentielle Handlungsweisen – weder für sie selbst noch für andere Akteure folgenreich sind. Da sie sich lediglich in hypothetische Situationen hineinversetzen sollen, "they will have the time and the cognitive resources to reflect on and thoughtfully frame their reaction" (ebd.).[50] Angesichts dieser

---

49 Für ihre eigene Studie skizzieren Gamson und andere dies wie folgt: "[A] group of strangers, hired individually by a company to perform a vaguely defined task, find that the company is acting reprehensibly. They are being asked to perform tasks that will help the company in carrying out its designs." (1982: 28) Die Versuchspersonen sahen ihre auf das Experiment bezogene Aufgabe darin, an einer Gruppendiskussion teilzunehmen, die der durchführenden Firma Informationen darüber liefern solle, welche "standards communities have about what kinds of behavior may be morally wrong" (ebd.: 43). Es wurde ihnen mitgeteilt, dass die Diskussion auf Video aufgezeichnet werden würde, um einen Klienten der Firma – ein Unternehmen aus der Ölbranche – auf Grundlage der so ermittelten "typischen" Meinungen vor Gericht unterstützen zu können. Dabei gehe es um ein Verfahren gegen den früheren Tankstellenbetreiber "Mr. C.", einer fiktiven, den Teilnehmern aber real erscheinenden Person. Die Versuchspersonen erhielten eine Reihe von Informationen über seinen Lebensstil, die sich vor allem auf seine Beziehung zu einer 15 Jahre jüngeren Frau konzentrierten. Im Zuge der daran anschließenden Diskussion wurden zunächst einige der Teilnehmer, in einem späteren Schritt auch die gesamte Gruppe instruiert, ganz bestimmte Positionen einzunehmen und diese argumentativ zu verteidigen ("to argue as if they are offended by Mr. C.'s behavior" ebd.: 46). Die Teilnehmer des Experiments mussten nun davon ausgehen, dass ihre Stellungnahmen als Ausdruck einer vermeintlich "typischen" beziehungsweise "weit verbreiteten" Meinung vor Gericht so eingesetzt werden würden, dass sie den Interessen des Ölunternehmens dienen und negative Folgen für den früheren Tankstellenbetreiber nach sich ziehen könnten.

50 Sogar Studien wie die in Fußnote 37 vorgestellte von Batson und anderen, in denen es um mögliche Unterschiede in den Reaktionen emotional involvierter und distanzierter Personen geht, erzeugen die Manipulation der Randbedingungen mitunter nur über Instruktionen, die sich darauf beziehen, dass sich die Versuchspersonen etwas *vorstellen* sollen. So meinen Batson und andere eine "high-empathy condition" dadurch zu erzeugen, indem sie den Teilnehmern zunächst eine Nachricht zu lesen geben, die eine andere Person (der Empfänger beziehungsweise "sender") erhalten wird und die Teilnehmer dann auffordern: "try to *imagine how the Sender feels* about what is described. Try to imagine how it has affected the Sender's life and how he or she feels as a result." (2007: 1278) Mag damit auch eine andere Ausgangssituation als in der "low-empathy condition" erzeugt worden sein, sind

sehr unterschiedlichen methodischen Zugänge in *high impact-* und *low impact*-Forschungsdesigns ist es für Lerner denn auch nicht erstaunlich, dass die entsprechenden Studien ausgesprochen unterschiedliche Beobachtungen machen: affektiv aufgeladene, häufig spontane und zunächst keiner weiteren Begründung bedürfende Reaktionen einerseits; wohlüberlegte und scheinbar emotionslose, aber eben durchaus auch dem Eigeninteresse dienliche Entscheidungen andererseits. Führt man sich die in Punkt 2.1.1 vorgestellten Untersuchungen der soziologisch-empirischen Gerechtigkeitsforschung vor Augen, so erinnern ihre Erhebungsmethoden nun deutlich an die *low impact*-Designs. Die Gerechtigkeitseinstellungen und darauf basierende Urteile werden in der Regel mit Hilfe von Fragebögen, zuweilen auch mit Vignetten arbeitenden Verfahren zu erfassen versucht. Dabei sollen die Befragten entweder das Ausmaß ihrer Zustimmung zu eher allgemeinen Aussagen zum Ausdruck bringen,[51] oder sie werden mit konkreten hypothetischen Situationen konfrontiert und sollen vorgegebene Lösungsmöglichkeiten einschätzen.[52]

Es scheint naheliegend, dass bereits eine solche Präsentation des Materials die Befragten dazu veranlasst, aus einer distanzierten Perspektive bewusst darüber nachzudenken, was sie als gerecht ansehen könnten und was nicht. Auch wenn ich an dieser Stelle der ausgesprochen spannenden wissenschaftshistorischen Frage nach den Ursachen für diese Veränderung in den sozialwissenschaftlichen Erhebungstechniken nicht umfassend nachgehen kann, ist doch ein Hinweis unerlässlich: Zumindest teilweise scheint diese Wendung einem Verständnis von moralischer Urteilskraft zu entspringen, das diese durch eine zu starke Einbindung in die Situation verzerrt sieht und durch ein größeres Maß an Distanz die vermeintlich moralfremden affektiven

Versuchsanordnungen dieser Art doch in keiner Weise mit den oben angesprochenen lebensnahen Inszenierungen zu vergleichen.

51 Zum Beispiel: "People are entitled to keep what they have earned, even if this means some people will be wealthier than others." Oder: "The government should guarantee everyone a minimum standard if living." Die Antwortmöglichkeiten reichen von "1=strongly agree" bis "5=strongly disagree" (vgl. Märker 2002: 285).

52 Ein Beispiel aus Liebig und Schlothfeld (2002: 210): "Stellen Sie sich vor, dass in einem Krankenhaus drei Herzpatienten, die operiert werden müssen, gleichzeitig eingeliefert werden. Es kann aber nur eine Herzoperation pro Monat durchgeführt werden. Die drei Fälle sind alle gleich dringend, und derjenige, der zuerst behandelt wird, hat größere Überlebenschancen. Wie beurteilen Sie die unten notierten Vorgehensweisen, um zu einer Entscheidung zu kommen. Sagen Sie bitte zu jeder der Aussagen, ob Sie diese Vorgehensweise: sehr gerecht (4), mehr oder weniger gerecht (3), mehr oder weniger ungerecht (2) oder sehr ungerecht finden (1). • Die Entscheidung wird davon abhängig gemacht, welcher Patient für die Gesellschaft am nützlichsten ist [...] • Der Patient, der die größte Familie zu versorgen hat, wird zuerst operiert [...] • Die Einigung wird den Angehörigen der drei Patienten überlassen [...] • Es wird ausgelost, wer zuerst operiert werden soll."

Komponenten von dem als genuin moralisch verstandenen Kern zu trennen versucht – darauf werde ich gleich zurückkommen.[53]

Mit dieser veränderten Darbietung (un-)gerechtigkeitsbezogener Themen hat sich nun allerdings eine Schwierigkeit eingestellt, die in den hier verwendeten Formulierungen bereits anklingt und von der soziologischen Gerechtigkeitsforschung selbst aufgegriffen wurde: Offenkundig können sich Forscher angesichts so erhobener Daten nicht mehr sicher sein, ob die ermittelten Präferenzen als Ausdruck eines unverfälschten wertrationalen Gerechtigkeitsmotivs interpretiert werden können, oder ob Gerechtigkeit als Bestandteil eines nur zweckrational kalkulierenden Handelns angesehen werden muss, dem nur so lange handlungsmotivierende Kraft innewohnt, wie es den eigenen Zielen dienlich ist. Dieses Problem aufgreifend unterscheidet Liebig zwischen Gerechtigkeitseinstellungen, die den "rationalen Interessen bzw. [...] personalen Präferenzen" der Befragten entsprechen und ethischen Gerechtigkeitsurteilen, die den Kriterien der "Unparteilichkeit und Regelbezogenheit" genügen müssten (2002: 86f.). Die stärkere und dauerhaftere Verhaltensrelevanz wird von den letztgenannten erwartet, da sie unabhängig von den eigenen standortgebundenen Interessen wirksam seien. Zur Ermittlung dieser ethischen Präferenzen wurden die Befragten in einer der Versuchsbedingungen "instruiert, ihre Urteile von einem unparteiischen Standpunkt und unter Bezug auf moralische Regeln vorzunehmen"; unter einer weiteren Bedingung "wurden sie zusätzlich über einen Fragebogen für Probleme der Gerechtigkeit sensibilisiert" (ebd.: 89, 96).[54] Es sei an dieser Stelle dahingestellt, ob diese Erhebungsmethode ethische Gerechtigkeitsurteile zu ermitteln vermag. Ich möchte auf einen anderen Aspekt dieser Herangehensweise aufmerksam machen, der in der Erfassung "einfacher" Gerechtigkeitseinstellungen schon angelegt ist, hier aber noch weiter gesteigert wird: Es ist nicht mehr allein der Umstand, dass es sich um bloß hypothetische Situationen handelt, der seitens der Befragten eine gewisse kognitive, im Sinne einer

53 Darüber hinaus könnte der Verzicht auf *high impact*-Designs im Zusammenhang mit ihren potentiell ethischen Problemen stehen (vgl. Gamson u.a. 1982: 33-41, Milgram 1992: Anhang I). Indes vermutet Milgram, dass Teile der an diesem Punkt ansetzenden Kritik weniger ethische Bedenken als vielmehr Vorbehalte gegen ihre unbequemen Forschungsergebnisse zum Ausdruck bringen. Diese Interpretation erscheint durchaus nachvollziehbar, hält man sich die politischen und praktischen Konsequenzen vor Augen, die beispielsweise aus einer Studie wie dem *Stanford Prison Experiment* von Zimbardo gezogen werden müssten (vgl. Zimbardo u.a. 2000, darin vor allem die Überlegungen von Craig Haney). Einen weiteren, für die Veränderung der Erhebungsmethoden nicht zu vernachlässigenden Faktor könnten finanzielle Erwägungen darstellen, wenn man bedenkt, dass *low impact*-Designs um ein Vielfaches preiswerter sind, oder mehr Daten – zumindest quantitativer Art – zu denselben Kosten zu produzieren imstande sind.

54 Gegenstand der Einschätzungen der Befragten sind bei Liebig (2002) die Steuersätze von fiktiven Personen (vgl. auch Punkt 2.1.1).

bewussten Leistung einfordert. In dem Bestreben "wahrhaft" moralische Urteile zu erfassen, die weder durch emotionale (Ein-)Bindungen noch durch persönliche Interessen verzerrt sind, wird ihnen vielmehr geradezu ausdrücklich abverlangt, wohlüberlegte Entscheidungen zu treffen. Auf der Suche nach Gerechtigkeitsurteilen im Sinne so verstandener ethischer Einstellungen wird folglich auf Erhebungstechniken rekurriert, die durch ihre Forderung nach einer Bezugnahme auf moralische Regeln sowie nach einer unparteiischen Haltung den Befragten gar keine andere Wahl lassen, als eben jene Vorstellung von moralischer Urteilskraft zu bestätigen, derzufolge Ungerechtigkeit als das Resultat bewusster Entscheidungsprozesse verstanden werden muss.

An dieser Stelle lässt sich die Argumentation Lerners durch meine in den letzten Abschnitten herausgearbeitete Differenzierung zwischen den beiden Formen von Ungerechtigkeit ergänzen. Die von ihm konstatierten unterschiedlichen Reaktionsweisen der Versuchspersonen in *high impact-* und *low impact-*Erhebungsdesigns ist meines Erachtens nämlich nicht nur einer veränderten Präsentation des (un-)gerechtigkeitsbezogenen Materials geschuldet, vielmehr hatte die Veränderung des Erhebungsinstrumentariums in vielen Fällen zugleich einen Wechsel des empirischen Gegenstandes zur Folge: Während *high impact-*Situationen eher Ungerechtigkeiten simulieren, die in Folge eines Zusammenbruchs von Normalität entstehen, können *low impact-*Situationen zu einer Auseinandersetzung mit den eigenen Gerechtigkeitsidealen – jedoch auch mit den eigenen standortgebundenen Interessen – anregen und Ungerechtigkeit als eine Abweichung von diesen Vorstellungen erscheinen lassen. Das Resultat mag in beiden Fällen in der Einschätzung bestehen, dass etwas ungerecht sei; die zu dieser Bewertung hinführenden Prozesse folgen allerdings unterschiedlichen Pfaden, die in ihrer kausalen Abfolge von kognitiven und emotionalen Komponenten variieren. Die divergierenden Ergebnisse der beiden methodischen Zugänge sind folglich auch auf den Umstand zurückzuführen, dass letztlich nicht dieselben Arten von Ungerechtigkeit Gegenstand der Beobachtung sind. Wenn ich nun im Folgenden die jeweils für sie spezifischen Entwicklungsverläufe nachzeichne, wird es zunächst darum gehen, den Ort aufzuzeigen, an dem auch in Ungerechtigkeitsurteilen, die ihren Ausgang von ausdrücklichen Gerechtigkeitsvorstellungen nehmen, Emotionen ins Spiel kommen. Im Anschluss daran wird der Frage nachgegangen, inwiefern die von Moore und Shklar als Empfindungen beschriebenen Ungerechtigkeiten zugleich als Kognitionen gekennzeichnet werden können.[55]

---

55 Die Zuordnung von *high impact-*Designs zu den "negativen" Ungerechtigkeitswahrnehmungen und den *low impact-*Designs zu den "positiven" Ungerechtigkeitsurteilen ist allerdings nicht ausschließlich und nicht immer eindeutig nachzuvollziehen. Wenn beispielsweise Mikula (1986, 1987), Clayton (1992) oder Harlos und Pinder (2000) ihre Versuchs-

Das Verständnis von (Un-)Gerechtigkeitsurteilen in der soziologischen Gerechtigkeitsforschung sowie in einigen der sozialpsychologischen *low impact*-Studien basiert auf einer Konzeption des *moral reasoning*, die Jonathan Haidt charakterisiert als "conscious mental activity that consists of transforming given information about people in order to reach a moral judgement. To say that moral reasoning is a conscious process means that the process is intentional, effortful, and controllable and that the reasoner is aware that it is going on" (2001: 818). Auch wenn Akteure in den entsprechenden Untersuchungen nun immer wieder ihre Fähigkeit zu solch kognitiven, im Sinne von bewussten und wohl begründeten (Un-)Gerechtigkeitsurteilen unter Beweis stellen (müssen), heißt dies doch nicht, dass so erzielte Einschätzungen in lebensechten Situationen diese affektiv neutrale Qualität behalten. Obgleich die in Fußnote 55 benannten Studien nicht ganz eindeutig dieser Konzeption des *moral reasoning* zugerechnet werden können, so machen sie doch darauf aufmerksam, dass selbst im Kontext von *low impact*-Designs erzielte Urteile eine Fülle unterschiedlichster Emotionen nach sich ziehen können. Während Clayton insbesondere Ärger beobachtete (1992: 82f.), berichteten Mikulas Versuchspersonen darüber hinaus von Wut, Empörung, Überraschung, Enttäuschung, Hilflosigkeit und Neid (1987: 84).[56] Emotionen erscheinen hier als *abgeleitete*, auf die Wahrnehmung von Ungerechtigkeit folgende Zustände. Und so halten Mikula und andere denn auch fest, "that

---

personen bitten, sich *eine Situation in Erinnerung zu rufen*, in der ihnen selbst oder anderen eine Ungerechtigkeit widerfuhr, so handelt es sich zum einen zwar um ein *low impact*-Design im Sinne Lerners, zum anderen bleibt jedoch teilweise offen, *wie* die Befragten zu ihren Einschätzungen gelangten. Mikula und Clayton interpretieren diese Ungerechtigkeiten häufig zwar durch die Brille normativer Gerechtigkeitsideale, äußern sich allerdings nicht zu der Frage, ob sie diese Bezugnahme auch für die Urteilsfindung ihrer Versuchspersonen als notwendig ansehen. Verwenden sie die Aussagen der Befragten aber wiederum als Vorlage für andere Versuchspersonen, die sich *in ihrer Vorstellung in die geschilderten Situationen hineinversetzen* und nun ihrerseits angeben sollen, ob sie diese als gerecht oder ungerecht ansehen (vgl. jeweils die 2. Studie in Mikula 1987 und Clayton 1992), so liegt dem wohl eher ein Verständnis von Ungerechtigkeit zugrunde, das diese als Resultat eines mehr oder weniger reflektierten Entscheidungsprozesses begreift. Anders stellt sich das in der Studie von Harlos und Pinder dar: Obgleich sie einem *low impact*-Design entspricht, scheint es den Autoren doch gelungen zu sein, in ihren Versuchspersonen vor allem die Erinnerung an "negative" Ungerechtigkeiten wachzurufen. Für diese Interpretation spricht auch ihre Kennzeichnung dieser Erfahrungen als *interactional injustices*, die sie ausdrücklich von Formen der "procedural and distributive injustices" abgrenzen (2000: 258f.; vgl. auch Punkt 3.2.1). Insofern gelten die folgenden Überlegungen nicht pauschal allen *low impact*-Untersuchungen.

56 Immerhin ist sich Mikula der Probleme eines *low impact*-Designs bewusst, wenn er schreibt: "In order *to compensate for the hypothetical nature* of the unjust events, scenarios were used which were *common* to and *relevant* for the participants." (1987: 80; eigene Hervorhebung) Zumindest diese Vorgehensweise sollte sich auch die soziologische Gerechtigkeitsforschung zu eigen machen.

treatment or events considered as unjust are among the most powerful *elicitors* of intense emotions" (1998: 780; eigene Hervorhebung). Diese Beobachtung wird von den Autoren weiterer Untersuchungen bestätigt, seien dies nun Tripp und andere (2007), die vornehmlich Ärger als Reaktion auf Ungerechtigkeiten in Arbeitsbeziehungen beobachten oder Stouten und andere (2007), die sich unter anderem für die emotionalen Reaktionen infolge der Verletzungen von Gleichheitsregeln interessieren. Gemeinsam ist diesen Arbeiten, dass Affekte oder Gefühle als Bestandteil der Situationswahrnehmung erst in Form von *abhängigen Variablen* in Erscheinung treten, denen die ausdrücklichen Ungerechtigkeitsurteile voraus gehen: "the emergence of emotions is dependent on cognitively rich mental states" (ebd.: 57).[57]

Für meine Argumentation ist nun die daran anschließende Überlegung besonders wichtig, dass Emotionen nicht nur das Resultat von Ungerechtigkeitseinschätzungen sein können, sondern dass sie darüber hinaus ein notwendiges Bindeglied zu den potentiellen Handlungsvollzügen darstellen. In der allgemeiner angelegten *Theory of Social Motivation* des Sozialpsychologen Bernhard Weiner wird Emotionen ebenfalls diese Rolle eines zentralen Verbindungselementes zugeschrieben: "[E]motions provide bridges between thinking and conduct." (2006: 37) Nach Weiner sind es ganz konkrete Gefühle, die das Handeln in eine bestimmte Richtung drängen. Dabei hat er insbesondere Ärger und Sympathie als motivierende, das Handeln antreibende Kräfte im Auge.[58] Ebenso wie die oben genannten Autoren geht

57 Es sei allerdings schon hier angemerkt, dass eine auf Prozesse des bewussten Überlegens und Nachdenkens reduzierte Konzeption von Kognition keineswegs von allen psychologischen Ansätzen geteilt wird. In der bereits Anfang der 80er Jahre stattfindenden Debatte zwischen Robert B. Zajonc (1980, 1984) und Richard S. Lazarus (1982, 1984) weist letzterer darauf hin, dass seine Fassung von Kognition "does not imply anything about deliberate reflection, rationality, or awareness." (1982: 1022). In einer abgeschwächten Variante könnte die bewusste Form des *moral reasoning* durchaus auch durch weitere, unbewusst ablaufende kognitive Prozesse begleitet werden, die ihrerseits einen Einfluss auf die darauf folgenden emotionalen Reaktionen haben. Zum konzeptuellen Verhältnis von *Feeling and Thinking* vergleiche den neueren Sammelband selbigen Titels von Forgas (2000).

58 Es hat den Anschein, als ob sich weite Teile der sozialpsychologischen Gerechtigkeitsforschung vor allem für die motivierenden Wirkungen von Emotionen interessieren, und somit für jene Effekte, die deutliche (oder: einfacher zu beobachtende) Handlungsvollzüge nach sich ziehen. Dabei wird insbesondere dem Ärger als emotionaler Reaktion auf Ungerechtigkeiten besondere Aufmerksamkeit zuteil (vgl. de Cremer 2007: 3f.). In Punkt 3.1.4 werde ich in Anlehnung an Theodore Kemper ein Modell vorstellen, das jenseits des Ärgers die Möglichkeit weiterer affektiver Regungen einräumt und somit auch die potentiell handlungs*de*motivierende Kraft spezifischer Emotionen zu berücksichtigen vermag. So ist auffällig, dass in den oben genannten Studien beispielsweise den Empfindungen von Angst und Furcht kaum Beachtung geschenkt wird, während die Beobachtungen aus den bekannten *high impact*-Studien von Milgram, Zimbardo sowie Gamson und anderen die Vermutung nahelegen, dass affektive Reaktionen dieser Art bei nicht wenigen der Versuchspersonen einen Anteil daran hatten, sich den Anweisungen im Experiment unterzu-

Weiner davon aus, dass diese Emotionen auf typische Denkprozesse folgen: "The disparate emotions are elicited by distinct thoughts, or what are known as cognitive appraisals." (2006: 41) Hinsichtlich des konkreteren Falls der Wahrnehmung von Ungerechtigkeit legt eine Studie von de Rivera und anderen die Schlussfolgerung nahe, "that emotional involvement (as contrasted with mere intellectual awareness) is necessary if a person is to act on his or her beliefs" (2002: 284). Demzufolge würde nicht bereits die Beurteilung eines Ereignisses oder Zustandes als ungerecht für sich allein genommen handlungsrelevante Wirkungen nach sich ziehen, sondern erst die emotionale Aufladung dieser Einschätzung, da sie die Weichen für die darauffolgenden Reaktionsweisen stellt. Auch Turner und Killian – zwei Autoren der frühen Forschung zu sozialen Bewegungen (vgl. Punkt 3.1.3) – weisen darauf hin, dass Ungerechtigkeit als rein kognitive Erkenntnis vermutlich noch keinen Antrieb zum Handeln darstellt; dieser Anstoß werde vielmehr erst von einer affektiven Empörung geliefert. Die folgende Metapher gibt diesen Gedanken sehr schön wieder: "Aroused indignation fuels the fire that only smolders, so long as the realization of a new perspective stands alone." (1987: 244)

Die oben skizzierte Konzeption moralischer Urteile, die nach einer Bezugnahme auf einen unparteiischen Standpunkt sowie eine als allgemeingültig angesehene Regel verlangt, bedarf meines Erachtens der Ergänzung um eben diese affektiven Komponenten, möchte sie empirisch gehaltvolle Aussagen über die handlungs(de)motivierende Kraft der Wahrnehmung von Ungerechtigkeit machen. Werden diese emotionalen Bestandteile in den Einschätzungen der Akteure nicht wach gerufen, so heißt dies letztlich, dass die geschilderten Situationen für sie nicht von Bedeutung sind. Mit Verweis auf ihre Angaben könnte man zwar durchaus noch Aussagen über die Fähigkeit der Akteure zur Sinngebung machen, doch solange diese Wahrnehmungen einer gefühlsmäßigen Aufladung entbehren, scheint es mir zugleich an der für ein Handeln – oder ein willentliches Nicht-Handeln – notwendigen Stellungnahme zu fehlen.[59] Der Versuch moralische Urteile durch die Konstruktion

---

ordnen und sich selbst oder andere ihrem Schicksal zu überlassen. Auch Harlos und Pinder berichten über eine für die Autoren überraschende "*pervasiveness* of fear" in den Ungerechtigkeitserlebnissen ihrer Befragten (2000: 265). Meines Erachtens gibt es kein theoretisch überzeugendes Argument, Gefühle wie Furcht und Angst nur für die "negativen Ungerechtigkeiten" anzunehmen. Vielmehr wird man sie vermutlich auch als Folge der "positiven" Ungerechtigkeiten beobachten können, insofern man Formen des willentlichen Nicht-Handelns und Unterlassens als mögliche Reaktionen in Betracht zieht.

59 Ich lehne mich mit den Begriffen der "Sinngebung" und der "Stellungnahme" ausdrücklich an Max Weber an, der in diesen beiden Fähigkeiten jene Merkmale erkennt, die den Menschen erst zum "Kulturwesen" werden lassen. Menschen sind "Kulturmenschen [...], begabt mit der Fähigkeit und dem Willen, bewusst zur Welt Stellung zu nehmen und ihr einen Sinn zu verleihen." (1988: 180) Mit dieser Begriffswahl soll zugleich zum Ausdruck kommen, dass Sinngebung und Stellungnahme zwar als analytisch trennbare Kategorien

hypothetischer Fallbeispiele erfassen zu wollen, führt meines Erachtens zunächst nur zu einer Erhebung bloß konstatierter Ungerechtigkeiten, denen es in Ermangelung eines Bezugs zur eigenen Person jedoch häufig an Aussagekraft über mögliche Reaktionsweisen fehlt. Diese Rückbindung an die eigene Person widerspricht nun keineswegs der Forderung nach einer unparteiischen Anwendung eines allgemeinen Gerechtigkeitsprinzips; sie bedeutet vielmehr nur, dass der unparteiische Standpunkt und das allgemeine Prinzip für den Einzelnen auch Bedeutsamkeit besitzen müssen – oder wie es Robert C. Solomon formuliert: "[O]ne must take even the most impersonal principle personally if one is to get indignant about its breach." (1989: 366) Erst wenn die Ungerechtigkeit nicht mehr nur aus der distanzierten Perspektive eines unbeteiligten Beobachters geradezu unpersönlich zur Kenntnis genommen wird, sondern sich der Beobachter zu einem beteiligten Akteur wandelt, indem er sich zu dem Ereignis und anderen involvierten Personen in Beziehung setzt, kann er von der Ungerechtigkeit in einem emphatischen Sinn berührt werden. Die Ungerechtigkeit mag zwar andere betreffen, doch geht es dann zugleich um die eigene Positionierung in der Welt sozialer Beziehungen und die eigene Stellungnahme zu dieser Welt. In Abhängigkeit der Qualität dieser affektiven Zustände – die ihrerseits nur der Ausdruck der wahrgenommenen Beziehungsstrukturen beziehungsweise ihrer Veränderung oder Bedrohung sind – können dann begründete Vermutungen über die darauffolgenden möglichen Handlungsweisen getroffen werden (vgl. Punkt 3.1.4).

An dieser Stelle möchte ich vorläufig festhalten, dass auch Ungerechtigkeiten, die ihren Ausgang in der Verletzung mehr oder weniger ausdrücklicher Gerechtigkeitsvorstellungen nehmen, als Empfindungen qualifiziert werden können. In der soziologischen Gerechtigkeitsforschung wird dieser Sachverhalt jedoch weitestgehend ausgeblendet, da ihr ein Modell moralischer Urteilskraft zugrunde liegt, das diese auf wohlüberlegte Schlüsse beschränkt wissen möchte. Mit Solomon lässt sich hier allerdings einwenden: "[W]hat would it mean to have a sense of justice without the capacity for

---

behandelt werden können, dass sie empirisch aber zutiefst ineinander verwoben sind und aufeinander verweisen – die Sinngebung bedarf der Stellungnahme und umgekehrt. "Sinn generiert sich immer über die Bedeutung, welche Aspekte der Wirklichkeit (für uns) besitzen. Bedeutung besitzen Aspekte der Wirklichkeit jedoch nur in und durch ihre Beziehung zu Wertideen. Das heißt Stellungnahme bedeutet die Beschreibung der Wirklichkeit in ihrer Beziehung zu bestimmten Werten, die für den Einzelnen wichtig und richtig sind." (Bayer und Mordt 2008: 19) Allerdings wird an den hier aufgeführten Zitaten auch deutlich, dass ich den Begriff der "Stellungnahme" in einer von Weber etwas abweichenden Bedeutung verwende: Während "Stellungnahme" bei ihm einer bewussten und rationalisierbaren Bezugnahme gleichkommt, möchte ich gerade ihren affektiv aufgeladenen Charakter betonen. Gleichwohl kann auch diese als emotional verstandene Stellungnahme in Gestalt ausdrücklicher Gefühle zum Gegenstand ihrer bewussten Überlegungen werden.

outrage?" (ebd.: 360) Verschiedene sozialpsychologische Studien sowie das theoretische Modell von Weiner legen die Vermutung nahe, dass kognitive Urteile nicht nur spezifische Gefühle nach sich ziehen können, sondern geradezu einer emotionalen Aufladung bedürfen, wenn sie denn handlungsprägend sein sollen. Andernfalls würden sie lediglich die Fähigkeit der Akteure beziehungsweise Befragten unter Beweis stellen, unterschiedlichen Situationen einen Sinn zu verleihen, ohne jedoch eine Stellungnahme herauszufordern.[60] Auch wenn die affektive Qualifizierung in der kausalen Abfolge einer bloß kognitiven Feststellung von Ungerechtigkeit nachgeordnet ist, scheint sie doch inhärenter Bestandteil jener Urteile zu sein, die eine für die Akteure bedeutsame – und potentiell ihr Handeln motivierende – Einschätzung zum Ausdruck bringen. Interpretiert man Gerechtigkeitsvorstellungen als einen Bestandteil unserer Wertorientierungen und begreift diese mit Collins als "cognitions infused with emotion" (2004: 102), wäre es denn auch seltsam, in Situationen ihrer Verletzung keine emotionalen Regungen beobachten zu können.

Nun habe ich weiter oben bereits auf Solomons Aussage Bezug genommen, dass man ein allgemeines Gerechtigkeitsprinzip persönlich nehmen muss, um ob seiner Übertretung empört zu sein; zugleich stellt er sich aber auch die Frage, wo diese Gerechtigkeitsvorstellungen selbst ihren Ursprung haben. Da wir seines Erachtens nicht in einer gerechten Welt leben (1989: 347), wird unser Nachdenken über die Gerechtigkeit erst durch die wiederkehrenden Konfrontationen mit jenen Ungerechtigkeiten angeregt, die des Gegenpols bereits ausformulierter Gerechtigkeitsideale noch nicht bedürfen: "My argument here [...] is that the sense of justice emerges as a generalization and a rationalization [...] of a personal sense of *injustice*." (ebd.: 361;

60 Was dies in einer sehr extremen Form bedeuten könnte, zeigen die Beobachtungen des Neurologen Antonio R. Damasio, dessen Patienten aufgrund von Schädigungen in einem spezifischen Bereich des präfrontalen Kortex ihre emotionalen Fähigkeiten verloren haben. Sie sind zwar weiterhin in der Lage, logische Probleme zu lösen und Antworten auf hypothetische moralische Dilemmata zu geben (Damasio verwendete Teile des "Standard Issue Moral Judgement Interview" von Kohlberg, vgl. Damasio 1997: 81); sie versagten allerdings völlig, wenn es darum ging, Entscheidungen in ihrem eigenen Alltag zu treffen. Über einen seiner Patienten schreibt er: "In seinen moralischen Entscheidungen [auf dem Papier; S.T.] folgte er Grundsätzen, die wir alle teilen. Ihm war klar, welche sozialen Konventionen auf die Probleme anzuwenden waren." Dies war bemerkenswert, da "sein wirkliches Leben eine einzige Kette von Verstößen gegen die Regeln [darstellte], die wir in unseren Aufgaben [den Tests; S.T.] thematisierten." (ebd.: 79) Damasio zieht die Schlussfolgerung, dass den Verletzungen im Gehirn ungeachtet ein "Teil des Wertsystems" erhalten blieb und sich als "*Wissen, ohne zu fühlen* " in "abstrakten Begriffen aktivieren" ließ, ohne aber in "Verbindung zu realen Lebenssituationen" gestellt zu werden (ebd.: 35, 78). Diese Überlegungen von Damasio lassen meines Erachtens die Annahme plausibel erscheinen, dass Sinngebung ohne Stellungnahme eine geradezu pathologische Form der Weltwahrnehmung widerspiegelt.

Hervorhebung im Original) Normative Gerechtigkeitsvorstellungen nähmen ihren Ausgang also weniger in intellektuellen Diskursen oder reflektierten Überlegungen, vielmehr würden diese erst durch aktuelle Ungerechtigkeitsempfindungen angestoßen werden, die im Zusammenspiel mit verschiedenen anderen emotionalen Regungen ihren Ausdruck finden können. "Justice begins not with Socratic insights but with the promptings of some basic emotions, not only sympathy and compassion but also such negative emotions as envy, jealousy, and resentment" (ebd.: 359). Haidt wiederum formuliert Zweifel daran, ob das oben vorgestellte Modell von Ungerechtigkeitsurteilen auch jene, in der Lebenswirklichkeit der Alltagswelt dominanten Abläufe widerspiegele. Da die kognitiven Ressourcen der Menschen begrenzt sind, würden reflektierte Einschätzungen eher die Ausnahme darstellen. Ebenso wie Solomon vermutet er, dass wohl begründete Überlegungen weniger als ursächliche Auslöser einer moralischen Bewertung verstanden werden können, sondern vielmehr als *nachträgliche* Rationalisierungen, "in which a person searches for arguments that will support an already-made judgement." Diese bereits vorliegenden Urteile sind nach Haidt das Ergebnis einer "moralischen Intuition" (*moral intuition*), einer Bewertung, "[which] appears suddenly and effortlessly in consciousness, without any awareness by the person of the mental process that led to the outcome." (2001: 818f.) Die Überlegungen von Solomon und Haidt finden sich damit in einer theoretischen Linie wieder, die bereits von Gamson und anderen bemüht wurde und die auf den Psychologen Robert B. Zajonc (1980, 1984, 2000) verweist. Sein zentrales Argument besteht darin, dass Menschen ihre Welt nicht ausschließlich durch bewusste kognitive Filter – wie beispielsweise Gerechtigkeitsprinzipien – wahrnehmen, sondern dass sie diese Welt zunächst und vor allen zeitaufwändigen und mühsamen Prozessen des Nachdenkens emotional erleben. Diese affektiven Regungen werden seines Erachtens automatisch und sehr schnell aktiviert, das heißt die emotionale Wertigkeit eines Erlebnisses wird erfahren, *bevor* es zu komplizierteren Prozessen der Sinndeutung kommt. Darüber hinaus sind sie umfassend dergestalt, dass sie den Eindruck einer Situation in ihrer Gesamtheit wiedergeben und zugleich die Wahrnehmung des Geschehens in seinen Einzelheiten prägen. Planalp und Fitness bezeichnen diese Regungen als "tacit emotional understandings of the world, [...] as 'gut-level' feelings" (1999: 737). Sie ermöglichen ein emotionales Erfassen der Wirklichkeit, "[because] they orient us toward the world and one another" (ebd.: 739). Sie zeigen an, was von der potentiell unendlichen Vielfalt der Welt überhaupt als bedeutsam erscheint, und ob dieses Bedeutsame als etwas Gutes oder Schlechtes angesehen wird. Insofern diese affektiven Regungen bewusst empfunden werden und selbst Gegenstand der Aufmerksamkeit sind, können sie als *hot cognitions* bezeichnet werden, als vor allem emotional aufgeladene Wahrnehmungen der Wirklichkeit.

In Bezug auf das Erleben von Ungerechtigkeit ist es meines Erachtens nun sinnvoll, zwei Varianten dieser *Primacy of Affect* (Zajonc 1984) zu unterscheiden. In der starken Form bedeutet die Vorrangstellung der Affekte, dass sie in der Lage sind, moralische Urteile unmittelbar und direkt hervorzubringen. Oder anders formuliert: Die affektiven Regungen vermögen eine Stellungnahme zu erzeugen, die ohne aufwändige Prozesse der Sinngebung auskommt. Dies entspricht der Position von Solomon sowie dem Modell der *moral intuition* von Haidt und wurde in Abbildung 1 mit dem Pfeil ganz rechts angesprochen (vgl. ebenso Abbildung 2 am Ende dieses Abschnitts). Beide Autoren verneinen keineswegs die Existenz auch kognitiver Elemente in diesem Prozess der Urteilsbildung, allerdings bleiben diese den Akteuren selbst verborgen. Die am Anfang stehenden affektiven Reaktionen lösen vielmehr eine Reihe unbemerkter kognitiver Vorgänge aus, an deren Ende sich ein emotional aufgeladenes moralisches Urteil in das Bewusstsein drängt. Auch Planalp und Fitness betonen, "[that] affect influences a host of cognitive processes such as attention, perception, memory, decision making, and social judgements." (1999: 737) Und diese Vorgänge müssen eben keineswegs bewusst vonstatten gehen; "so much of cognition is unconscious and automatic as well" (ebd.: 733). Die affektiv geprägte und zugleich moralische Einschätzung der Situation wird erzeugt, "without any conscious awareness of having gone through steps of searching, weighing evidence, or inferring a conclusion." (Haidt 2001: 818).

Den Ausführungen von Solomon ist nun ein erster Hinweis zu entnehmen, welchen Inhalts diese kognitiven Vorgänge sein müssen, damit die ihnen folgenden Einschätzungen als moralische beziehungsweise ungerechtigkeitsbezogene Urteile charakterisiert werden können: "Emotions of outrage and offense are, by their very nature, *attributions (accusations) of responsibility*. They involve blame. [...] The important point to be made here, however, is that *emotions ascribe responsibility*, and this is utterly essential to our sense of justice and injustice. It is not just that we ascribe responsibility and then respond emotionally. The emotion itself ascribes responsibility; it immediately recognizes (or simply presumes) that a harm or benefit has a cause." (Solomon 1989: 366; eigene Hervorhebung) Die emotionale Reaktion auf eine Situation enthält also nicht nur schon eine implizite Bewertung der Situation als gut oder schlecht – ein Aspekt, den vor allem Haidt hervorhebt –, sondern sie erzeugt darüber hinaus eine spezifische Form der Verantwortungszuschreibung – eine Schuldzuweisung, die nach Solomon ausschlaggebend ist, um das Ereignis durch eine moralische beziehungsweise ungerechtigkeitsbezogene Brille wahrzunehmen.[61] Der entscheidende Punkt für

61 In Abschnitt 3.1 werde ich diese Verantwortungszuschreibungen als eine der beiden zentralen Dimensionen von Ungerechtigkeit eingehend vorstellen. Die meines Erachtens ebenso

Solomon besteht darin, dass die unbewusst ablaufende kognitive Zuschreibung von Verantwortung erst eine *Folge* der affektiven Aufladung der Situation darstellt und die Schuldzuschreibung in Gemeinschaft mit der bereits vorliegenden Bewertung das Ereignis als unmittelbar und evident ungerecht erscheinen lassen.

Nach Ansicht beider Autoren muss es bei diesen rein emotionalen Stellungnahmen indes nicht bleiben; vielmehr suchen Akteure durchaus nach Erklärungen, um ihren eigenen Standpunkt retrospektiv zu begründen. Allerdings bedarf die Ausbildung einer durchdachten und wohl begründeten Perspektive meist einer längeren Zeitspanne als die in einer unmittelbaren moralischen Empörung zum Ausdruck kommende Ungerechtigkeitsempfindung: "The development of new perspectives usually occurs gradually. [...] The arousal of indignation can take place in a much shorter time span" (Turner und Killian 1987: 244f.). Die mit der neuen Perspektive einhergehenden Begründungen können durchaus die Gestalt der oben vorgestellten Form des *moral reasoning* annehmen – allerdings mit dem Unterschied, dass sie nun als post hoc Konstruktionen und nicht als auslösende Ursachen interpretiert werden. Aus dieser Perspektive wird eine ausführliche Begründung des eigenen Standpunktes "produced and sent forth to justify one's already-made moral judgement to others." (Haidt 2001: 818f.) Es handelt sich um eine nachträgliche Sinngebung, um eine retrospektive Interpretation der durchlebten Ungerechtigkeiten (vgl. Harlos und Pinder 2000: 261). Vermutlich wird man diese Erklärungsversuche vor allem dann antreffen können, wenn die Ungerechtigkeitsurteile durch andere Akteure in Frage gestellt werden oder sie mit alternativen Deutungen in Konflikt geraten. Als ausdrückliche Äußerungen mögen sie damit zwar der empirischen Analyse einfacher zugänglich sein als die emotionalen Prozesse und die unbewusst ablaufenden kognitiven Vorgänge, doch wäre es unzulässig, sie zugleich als das empirisch dominante Modell der Urteilsfindung zu unterstellen, denn – wie Haidt zu bedenken gibt – "reasoning may be the tail wagged by the [emotional] dog." (ebd.: 825)

Neben dieser direkten Erzeugung eines Ungerechtigkeitsurteils lässt sich meines Erachtens eine zweite, schwächere Variante der Vorrangstellung einer affektiven Wirklichkeitswahrnehmung unterscheiden. Auch an ihrem Beginn stehen situativ spontane, emotionale Reaktionen auf die Situation, die ihr eine positive oder negative Bewertung verleihen, jedoch ohne sie sogleich mit einer eindeutigen moralischen Beurteilung als ungerecht zu versehen. Vielmehr lenken die affektiven Regungen die Aufmerksamkeit zunächst nur darauf, dass ein unerwartetes, den eigenen – zuvor unausgesprochenen –

---

wichtige zweite Dimension von Ungerechtigkeit – die der kategorialen Grenzziehungen – wird Gegenstand von Abschnitt 3.2 werden.

Vorstellungen zuwiderlaufendes Ereignis vorliegt. So reagierten in der Studie von Gamson und anderen nur die Teilnehmer einer Diskussionsgruppe mit unmittelbaren Bekundungen eines Ungerechtigkeitsgefühls. Die emotionalen Reaktionen der Mehrzahl der anderen Beteiligten richteten sich zunächst nur gegen den Versuchsleiter, der die Instruktion vorgetragen hatte, so zu argumentieren, als würde man eine bestimmte – vom eigenen Standpunkt abweichende – Perspektive vertreten (vgl. Fußnote 49). Misstrauen und Feindseligkeit, aber auch eindeutiger Ärger waren typische auf ihn bezogene Empfindungen. Nach Ansicht der Autoren waren diese Gefühle entscheidend dafür, dass die Teilnehmer der Situation mehr Beachtung schenkten als zuvor; ihre affektiven Regungen ließen sie nach Erklärungen suchen, was eigentlich passierte: "such feelings may precede a coherent interpretation of what is happening and guide the search for meaning." (1982: 123) Über ihre emotionalen Reaktionen wurde ihnen angezeigt, dass mit der ursprünglichen Rahmung der Situation etwas *nicht stimmte*; in Gemeinschaft mit den vorliegenden Gefühlen lieferte dieser unspezifische Eindruck offenbar den Antrieb dafür, den Gründen für diese Irritation nachzugehen. Mit dieser Suche nach Erklärungen beginnt nun ein sogenannter "reframing act" (ebd.: 124), an dessen Ende entweder eine Normalisierung beziehungsweise eine Bestätigung der ursprünglichen Bedeutung stehen kann. Oder aber die Situation wird aufgrund eines neuen Rahmens durch eine andere Brille wahrgenommen und erfährt somit eine Umdeutung. Dabei stellt die Re-Interpretation der Situation als ungerecht allerdings nur eine der möglichen Deutungen dar. Es ist anzunehmen, dass die im Prozess der Re-Interpretation ablaufenden bewussten und unbewussten kognitiven Vorgänge von der emotionalen Stimmung nicht unbeeinflusst bleiben, sondern durch diese Gefühlslage bereits in eine bestimmte Richtung gelenkt werden. So wäre es denkbar, dass in einer Versuchsanordnung wie der von Gamson und anderen bei einigen Teilnehmern durch die Instruktion Verunsicherung ausgelöst wird. Die Anweisung, einen bestimmten Standpunkt vorzutäuschen, könnte ihre Aufmerksamkeit eher auf die eigenen Fähigkeiten und die Angst zu versagen lenken; in der Folge würden sie vielleicht eine Rahmung der Situation vornehmen, in der die Untersuchung als ein Test von Darstellungskompetenzen interpretiert wird. Wird durch die Instruktion hingegen ihr Misstrauen entfacht, könnten sie die Situation in einem Licht wahrnehmen, das vor allem die Fähigkeiten des Versuchsleiters hervorhebt und seine Kompetenzen zum Gegenstand der Einschätzung werden lässt. Reagieren sie wiederum ärgerlich oder wütend darauf, was von ihnen verlangt wird, könnten die mit diesen Gefühlen verbundenen Verantwortungszuschreibungen eine (un-)gerechtigkeitsbezogene Rahmung nahelegen (Solomon 1989: 366). In ihrer daraus resultierenden Einschätzung der Situation als gerecht oder ungerecht können sie schließlich gleichermaßen von ihren Gefühlen beeinflusst werden, wie einige Untersuchungen von Kees van den Bos (2003) nahelegen. Insbesondere dann, wenn ihnen für ein wohlüberlegtes Urteil weitere Hinweise und Informationen fehlen, würden sie vermittelt über ihre emotionale Stimmung zu einem Urteil gelangen: "[W]hen people are forming justice judgements and do not have the most relevant information for doing so, their judgements can be influenced by the affective state they were prior to forming the justice judgements." (ebd.: 493). Liegt schließlich eine auf diesem Weg erzeugte Ungerechtigkeitseinschätzung vor, können wiederum die bereits oben angesprochenen Prozesse der retrospektiven Sinngebung einsetzen, die den eigenen Standpunkt weiter begründen lassen.

Abbildung 2: Emotionen und Kognitionen in (Un-)Gerechtigkeitserfahrungen

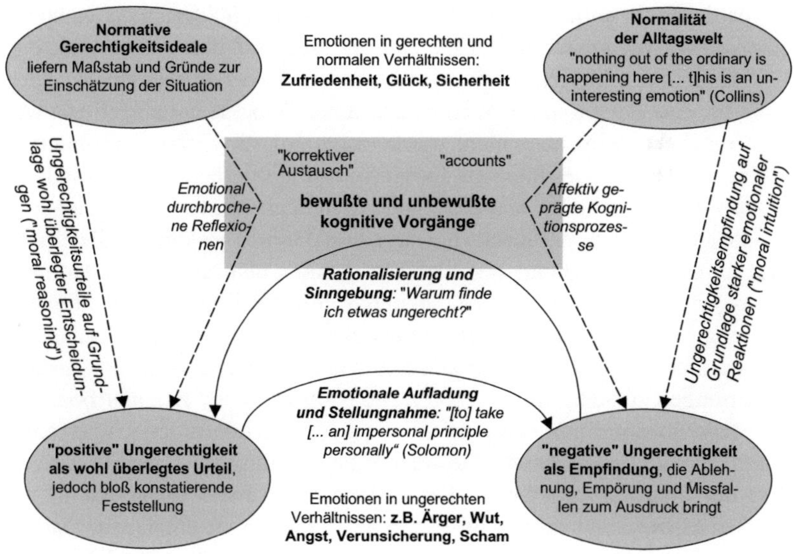

In Abbildung 2 werden zentrale Aussagen der beiden letzten Abschnitte noch einmal zusammenfassend dargestellt. In Punkt 2.4.1 wurde die Schlussfolgerung gezogen, dass nicht nur Ungerechtigkeitserfahrungen von Emotionen begleitet werden, sondern auch Zustände der Gerechtigkeit affektuell aufgeladen sind. Allerdings führen die damit verbundenen emotionalen Stimmungen wie Zufriedenheit, Glück und Sicherheit eher ein Dasein im Verborgenen. Nur in Momenten der aktuellen Erzeugung, Verteidigung oder Wiederherstellung von Gerechtigkeit treten sie zutage und werden als Gefühle bewusst empfunden. Im Unterschied dazu wird Ungerechtigkeit im Zusammenhang mit vielfältigen und nuancenreichen Emotionen erlebt, die – wie in Punkt 2.4.2 argumentiert wurde – als Folge reflektierter Ungerechtigkeitsurteile entstehen können oder die in Gestalt konkreter Ungerechtigkeitsempfindungen diesen durchdachten Einschätzungen vorausgehen. Ungerechtigkeitserfahrungen stellen vermutlich stets eine Mischung aus kognitivem Urteil und affektiver Empfindung dar, die jeweils eine spezifische Rolle im Wahrnehmungsprozess spielen: "[T]he cognitive system orients us to what makes sense, whereas the emotional system orients us to what matters." (Planalp und Fitness 1999: 734) So würde ein rein kognitives System von den Eindrücken der Welt wohl überfordert sein, wenn ihm nicht gleichzeitig emotionale Anzeichen vermitteln, was als bedeutsam erlebt wird und was nicht. Es ließe sich in unendlich langen Reflexionen darüber Gedanken machen, ob ein Ereignis oder Zustand vor dem Hintergrund bestimmter Gerechtigkeitsvorstellungen nun eine Ungerechtigkeit darstellt oder nicht. Diese Überlegungen können in Gestalt intellektueller Diskurse auftreten, die zu klären versuchen, was Gerechtigkeit überhaupt ist oder sein sollte; oder sie nehmen die Form antizipierter Erklärungen und Entschuldigungen an, stellen also einen vorweg genommenen *korrektiven Austausch* dar. Ich vermute, dass diese Reflexionsschleifen durch Emotionen unterbrochen werden, da durch sie die für eine Person in der Welt bedeutsamen Aspekte herausgefiltert werden. Umgekehrt wird aber nicht umstandslos auf sämtliche Empfindungen reagiert werden, da sie ihrerseits Denkprozesse initiieren, die in Gestalt der *accounts* emotional aufwühlende Erfahrungen auch wieder zu normalisieren und die Irritationen als irrelevant *weg*zuerklären vermögen. Gleichwohl wurde in diesem Abschnitt den Gefühlsregungen eine besondere Aufmerksamkeit zuteil, da sie in der soziologisch-empirischen Gerechtigkeitsforschung bislang vernachlässigt und als einem "wahrhaft" moralischen Urteil abträglich angesehen wurden. Doch scheinen es gerade diese emotionalen Aufwertungen zu sein, die ein Ungerechtigkeitsurteil erst zu einer bedeutsamen Stellungnahme und somit zu einer persönlich relevanten Ungerechtigkeitserfahrung werden lassen. Sie stellen die vermittelnde Variable dar zwischen der bloß konstatierenden Feststellung, dass etwas ungerecht ist und dem Bedürfnis, etwas zu tun oder sich der Situation zu entziehen. Darüber hinaus liefern diese Gefühle den Antrieb, nach einem Sinn für die eigenen Eindrücke zu suchen und eine spontane Ungerechtigkeitsempfindung zu begründen. Die konkreten, mit einer Ungerechtigkeit einhergehenden oder diese erst auslösenden Emotionen – seien dies nun Ärger, Wut, Furcht, Verunsicherung, aber auch Scham oder Schuldgefühle – sind nun davon abhängig, wie sich das Netzwerk sozialer Beziehungen gestaltet beziehungsweise wie es die beteiligten Akteure selbst wahrnehmen und sich darin verorten. Damit sind zugleich jene Dimensionen angesprochen, auf die in bewussten sowie unbewussten kognitiven Vorgängen Bezug genommen wird und die ein Ereignis erst durch eine normative, (un-)gerechtigkeitsbezogene Brille wahrnehmen lassen. Um diese wird es im folgenden Kapitel 3 gehen.

3 Dimensionen von Ungerechtigkeit

Ein zentrales Ergebnis von Kapitel 2 bestand in der Feststellung, dass weder die Verletzung von Gerechtigkeitsidealen noch der Zusammenbruch der Alltagswelt zwangsläufig in der Wahrnehmung münden, die Verhältnisse oder Ereignisse seien ungerecht. An diese Beobachtung anschließend wird in diesem Kapitel die Frage im Vordergrund stehen, wie es den Mechanismen des *korrektiven Austauschs* und der *accounts* gelingt, die Wahrnehmung potentieller Ungerechtigkeiten abzuwenden. Dreht man den Blickwinkel, so lautet die Frage also: Welche Bedingungen müssen erfüllt sein, damit die Geschehnisse durch eine normative Brille und folglich als ein moralisches Problem wahrgenommen werden? In Abschnitt 3.1 werden meine Ausführungen zunächst wiederum den Überlegungen von Moore und Shklar folgen; doch lassen sich ihre Gedanken, die sie im Zusammenhang mit den rein negativ bestimmten Ungerechtigkeiten entwickelt haben, auch auf jene übertragen, die sich aus einem Verstoß gegen ausdrückliche Gerechtigkeitsnormen ableiten. Besonderes Augenmerk wird in den Punkten 3.1.1 sowie 3.1.2 der bislang noch nicht weiter thematisierten Frage gelten, wie Menschen die sie umgebenden Verhältnisse und Geschehnisse wahrnehmen, wenn sie diese weder als gerecht noch als ungerecht einschätzen. Denn jenseits ihrer legitimen Anerkennung oder ihrer dezidierten Ablehnung deutet die in den vorangegangenen Kapiteln angesprochene Normalität der Alltagswelt auf eine weitere Einstellung hin, die nun genauer herausgearbeitet werden soll. Eine spezifische Form der Verantwortungszuschreibung wird sich für diese Wahrnehmung als besonders charakteristisch erweisen. In diesem Zusammenhang wird in den Unterabschnitten von Punkt 3.1.3 nun auch die soziale Bewegungsforschung zu Wort kommen, beschäftigt sie sich doch mit Akteuren, die offenkundig die Einschätzung einer vorliegenden Ungerechtigkeit teilen, diese jedoch nicht immer vor dem Hintergrund einer vormals als gerecht angesehenen Welt ausbilden. Dieser Forschungszweig verspricht allerdings weniger zusätzliche Erkenntnisse in Bezug auf die Charakterisierung des Status quo; vielmehr lenkt er den Blick mit seiner Fokussierung auf die bereits engagierten Personen auf jene Bedingungen, die aus einer Ungerechtigkeitserfahrung eine handlungsmotivierende Einschätzung werden lassen. Im Umkehrschluss sollte dies auch Aussagen darüber ermöglichen, in welchen Ausprägungen die den Ungerechtigkeitswahrnehmungen inhärenten Verantwortungszuschreibungen eine lähmende und das Handeln blockierende Wirkung entfalten. In Punkt 3.1.4 wird diese Erklärung durch eine emotionssoziologische Perspektive ergänzt: Denn meines Erachtens ist der Gedanke naheliegend, dass die mit den Ungerechtigkeitserfahrungen einhergehenden Gefühle eine entscheidende Rolle dafür spielen, ob Protest und Widerstand in Betracht gezogen werden oder ob man sich in Gestalt von Resignation, Duldung und Rückzug mit den Gegebenheiten abfindet. Neben den spezifischen

Formen von Verantwortungszuschreibungen wird in Abschnitt 3.2 mit der Reichweite moralischer Vorstellungen eine weitere Bedingung thematisiert werden, die als zentral für die Wahrnehmung von Ungerechtigkeiten gelten kann. Während ich in Punkt 3.2.1 insbesondere auf die Überlegungen Helen Feins zurückgreife und mit ihrem Konzept des *universe of moral obligation* Zustände beleuchte, in denen bestimmte Personen(-gruppen) aus dem Bereich (un-)gerechtigkeitsbezogener Erwägungen gänzlich ausgeschlossen werden, gilt das Interesse in Punkt 3.2.2 den internen Differenzierungen und Abstufungen in der Welt moralischer Verpflichtungen. Die zur Grundlegung gleicher oder ungleicher Beziehungen relevanten kategorialen Grenzziehungen sollen dabei in Bezug auf die sie kennzeichnenden Eigenschaften genauer charakterisiert werden; dies sollte zugleich Antworten darüber erlauben, wieso sich Ungerechtigkeitseinschätzungen mitunter als schwierig erweisen und Akteure unsicher sein können, ob überhaupt eine ungerechte Situation vorliegt. In Punkt 3.2.3 wird schließlich mit der "Solidargemeinschaft" eine besondere Form sozialer Bindungen zum Gegenstand der Aufmerksamkeit werden, lässt sie sich doch durch spezifische Formen der Zuschreibung von Verantwortung kennzeichnen. In diesem Abschnitt wird es allerdings weniger um die Formulierung zusätzlicher theoretischer Überlegungen gehen, als vielmehr um die Anwendung des zuvor erarbeiteten Instrumentariums auf potentielle Ungerechtigkeiten im Kontext von Solidargemeinschaften.

3.1 Verantwortungszuschreibungen zwischen Unvermeidlichkeit und Intentionalität

3.1.1 Eine erste Annäherung mit Barrington Moore und Judith Shklar

In Anlehnung an die Feststellung aus dem Unterpunkt 2.2.2.2, dass Ungerechtigkeit aus der Bedrohung oder Zerstörung vertrauter Alltagsgewissheiten resultieren kann, lässt sich mit Moore die Frage weiter verfolgen, wie Menschen in der Normalität der Alltagswelt beziehungsweise im Zustand des Status quo soziale (Un-)Gleichheiten erleben. Wie lassen sich ihre Wahrnehmungen – jenseits der Aussage, dass sie die Verhältnisse als selbstverständlich betrachten – genauer beschreiben? Wie erscheint ihnen die Wirklichkeit, wenn sie diese weder als ausdrücklich gerecht noch als ungerecht wahrnehmen? Ungeachtet der Variabilität der von Moore verwendeten empirischen Beispiele für soziale Missstände, die von den Betroffenen einfach hingenommen werden, kann er doch ein gemeinsames Muster herausarbeiten: "In unterschiedlichem Ausmaß und auf je andere Weise sehen all diese Menschen ihre Leiden als *unvermeidlich* an. Einigen Opfern erschien solches Leiden als *unumgänglich*" (1987: 604; eigene Hervorhebung). Einen zentralen Mechanismus zur "Unterdrückung des Impulses, etwas gegen das Leiden zu unternehmen", sieht Moore folglich in einer Begründung, die "dieses Leiden als *Teil der kosmischen Ordnung, also als unvermeidlich* [...] erscheinen" lässt (ebd.: 118; eigene Hervorhebung). Aus einer solchen Perspektive erweist sich das Auflehnen gegen die Missstände als überflüssig, da diese gar nicht erst als ungerecht eingeschätzt werden. Sie stellen sich vielmehr als Bestandteil einer größeren Ordnung dar, die den Lauf der Dinge unabänderlich vorzugeben scheint. Denselben Gedankengang entwickelt Shklar, wenn sie darauf hinweist, dass Menschen nur dann von Ungerechtigkeit sprechen, insofern sie die Vorstellung haben, dass es sich bei ihrem Leiden um eine irgendwie "vermeidbare Verletzung" handelt (1992: 148). Wird Ereignissen hingegen ein "Anstrich tragischer Unvermeidlichkeit" verliehen, so werden sie als ein Unglück betrachtet, das nicht hätte verhindert werden können. Diese Wirkung einer als unumgänglich erscheinenden Situation basiert darauf, dass sie "so überdeterminiert [ist], dass Menschen wie Marionetten betrachtet werden müssen" (ebd.: 118). Sie nehmen sich selbst nur noch als Spielball von Kräften wahr, die außerhalb ihrer Kontrolle liegen. In diesem Bereich des Unvermeidlichen macht es für sie folglich keinen Sinn über Gerechtigkeit oder Ungerechtigkeit nachzudenken. Die Verhältnisse erscheinen in dieser Sphäre als so unabwendbar und notwendig, dass jegliches Eingreifen nichts an ihnen ändern könnte.

Moore zieht aus diesen Beobachtungen die Schlussfolgerung, dass "also *die Beherrschung des Unvermeidlichen das Kernproblem* für unsere Überlegungen dar[stellt]." (1987: 120; eigene Hervorhebung) Denn offensichtlich ist die "*Überwindung* dieses Gefühls *der Unvermeidlichkeit* [...] wesentlich für die Entwicklung einer politisch wirksamen moralischen Empörung." (ebd.: 605; eigene Hervorhebung) Mit Shklar lässt sich an dieser Stelle ergänzen, dass der Weg für jegliche Formen von moralischer Empörung – mögen diese sich nun in politischen Handlungen äußern oder andere Ausdrucksformen annehmen – erst dann bereitet ist, wenn Situationen nicht mehr als unabwendbar wahrgenommen werden. Eine erste Voraussetzung, um von Ungerechtigkeit sprechen zu können, besteht folglich darin, dass Menschen "aufhören, ihre gesellschaftliche Umwelt als *selbstverständlich* anzusehen" (1992: 122; eigene Hervorhebung). Der "Zusammenbruch des *Anscheins von Unabwendbarkeit* [ist] wesentlich [...], um die moralische Autorität der Unterdrückung abzuwenden." (ebd.: 212; eigene Hervorhebung). Erst wenn die Geschehnisse aus dem Bereich des Unvermeidlichen heraustreten, können sie von selbstverständlichen zu ungerechten Gegebenheiten werden. Solange sozialen Verhältnissen und Ereignissen jedoch der Anschein der Natürlichkeit oder Notwendigkeit anhaftet, werden sie nicht als ungerecht empfunden. So beschreibt Moore denn auch die Anstrengungen der deutschen Handwerker in der Revolution von 1848 als einen Versuch, "mit der Unabwendbarkeit [des vom Wettbewerb geprägten Kapitalismus] zu brechen." (1987: 212f.; vgl. dazu auch den folgenden Punkt 3.1.2) Und eine der wichtigsten Leistungen der deutschen Arbeiter zu Beginn des zwanzigsten Jahrhunderts bestand seines Erachtens darin, ihre Leiden nicht länger "als unvermeidlichen Bestandteil ihrer Existenz anzusehen." (ebd.: 258)

Doch wodurch kann der Eindruck von Notwendigkeit und Unvermeidlichkeit überwunden werden? Was verändert sich in den Wahrnehmungen, sodass bestimmte Leidenserfahrungen nicht länger als unveränderlich hingenommen werden? Eine Kontrastierung der Lebens- und Arbeitsbedingungen der deutschen Arbeiter vor dem Ersten Weltkrieg sowie ihre darauf bezogenen Einschätzungen können darüber ersten Aufschluss geben. Ihre Lebensumstände zu dieser Zeit charakterisiert Moore folgendermaßen: "Biographische Darstellungen sind voll mit Berichten über Armut und Perioden des Hungers und unzureichender Unterkunft – ganze Familien wurden in einem Raum zusammengepfercht, bisweilen sogar ohne Heizung. Zweifellos waren dies besonders in den großen Städten schmerzhafte und weitverbreitete Erfahrungen. Waren sie auch schwer zu ertragen, so bildeten sie an sich nicht die Quelle von Unmut oder moralischer Entrüstung. Solange nicht irgendeine Form des geistigen Erwachens eintrat [...], stellten diese Erfahrungen sich denen, die darunter litten, zweifelsohne als *Teil der natürlichen Ordnung aller Dinge* dar. Sie mussten ebenso ertragen werden wie schlechtes Wetter." (ebd.: 275; eigene Hervorhebung) Die Lebensbedingungen erschienen den Betroffenen offenkundig als so normal und zugleich unabänderlich, dass jeder Versuch der Auflehnung einer sinnlosen Aktion gleichkommen musste. Anders hingegen fiel die Einschätzung der Situationen im Arbeitskontext aus: "Am Arbeitsplatz gibt es sichtbare und menschliche Wesen, die aufgrund individuellen Verhaltens für Unrecht verantwortlich sind. [...] Dieser Aspekt unterscheidet solche Situationen von der eher allgemeinen Notlage in Form von Hunger und schlechter Unterkunft" (ebd.: 277f.). Die Ausbildung eines Ungerechtigkeitsgefühls scheint folglich an die Möglichkeit gebunden zu sein, in konkreten anderen Akteuren und ihren Handlungen die Ursache für das eigene Leid zu erkennen. Anders als im Kontext der allgemeinen Lebensbedingungen, die zwar auch als schwierig, zugleich jedoch als Bestandteil einer größeren und nicht zu beeinflussenden Ordnung angesehen wurden, konnten im Arbeitszusammenhang andere Menschen für die eigene Not verantwortlich gemacht werden.

Die unterschiedliche Wirkung dieser je spezifischen Formen der Zuschreibung von Verantwortung für soziale Verhältnisse im Allgemeinen und konkrete Geschehnisse im Besonderen veranschaulicht Moore wiederum an der bereits aus Unterpunkt 2.2.2.2 bekannten Gegenüberstellung von Berg- und Metallarbeitern. Zur Arbeitssituation der deutschen Bergarbeiter im Ruhrgebiet vor 1914 heißt es: "[D]ie Zecheneigner [trachteten] nach der Einführung rigiderer und bürokratischer Kontrollmaßnahmen und ließen je nach

Bedarf Überschichten mit unbezahlten Feierschichten wechseln." (ebd.: 321) Dies schürte zwar den Unmut der Arbeiter, die diese Maßnahmen als willkürlich und nicht nachvollziehbar empfanden. Ein ausgeprägtes Ungerechtigkeitsgefühl wurde aber erst dadurch gefördert, dass sich ihre Empörung gegen eine konkrete Person in Form des sogenannten Grubensteigers richten konnte. "Da er der wichtigste Beamte des Unternehmers war, konzentrierten sich die Feindseligkeiten auf diesen Vorgesetzten." (ebd.: 324) Für das den Arbeitern widerfahrene Leid konnte er – auch aufgrund seiner physischen Nähe – direkt verantwortlich gemacht werden. "Es waren [also] offensichtlich menschliche Urheber, die sie [die Bergleute] für ihr Unglück verantwortlich machen konnten." (ebd.: 448)[62] Deutlich anders sah die Situation bei den Eisen- und Stahlarbeitern aus: "Auch wenn die Metallarbeiter nicht notwendigerweise zufrieden waren, so zeigten sie sich doch nach außen als recht fügsam. [...] Aus einer Reihe von Gründen legen die Quellen nahe, dass die Stahlarbeiter bis 1914 und auch noch in der Folgezeit in einem Zustand politischer und ökonomischer Apathie oder Hilflosigkeit verharrten." (ebd.: 347) Sie nahmen "ein erstaunliches Maß an Demütigung hin [...]. Sie ertrugen dies zum größten Teil mit einem Gleichmut, als sei dies die natürlichste Sache der Welt." (ebd.: 352) Ein Zeitzeuge führte diese Tatenlosigkeit auf ihre innere Einstellung zurück, die er mit folgenden Worten beschrieb: "Und die Arbeitermasse lebt in der Anschauung, so müsse es sein, 'weil es immer so gewesen ist'." (Hue 1908 in ebd.: 347) Die darin zum Ausdruck kommende Form der Verantwortungszuschreibung für die eigene Lage verweist offenkundig auf die dem Anschein nach immer schon dagewesene Ordnung der Dinge, die in ihrer Beständigkeit als unabänderlich erscheinen musste. Und diese "Vorstellung von Unvermeidlichkeit [... blieb] irgendwie durch die Bedingungen, unter denen diese Arbeiter lebten, wach" (ebd.: 348). Selbst die Tatsache, dass es sich bei der Metallindustrie um eine noch junge Branche handelte, in der sich die neuen Regelungen erst etablieren mussten, reichte nicht aus, um den Anstrich der Notwendigkeit zu überwinden. Die neuen Erscheinungsformen ihrer Arbeitssituation wurden offensichtlich auch nur als Ausdruck des immerwährenden gleichen Laufs der Dinge angesehen. Darüber kann

62 An diesem Beispiel wird deutlich, dass es sich dabei keineswegs um objektiv richtige Verantwortungszuschreibungen handeln muss. Entscheidend ist, was die Akteure selbst – wie hier die Bergarbeiter – als Ursache ihres Leidens ausmachen. So schreibt auch Moore: "Dass solche Urteile [über die Gründe des Leidens] oft falsch waren, braucht nicht hervorgehoben zu werden. Die Konsequenzen sind es, die [...] von Bedeutung sind." (ebd.: 620) Hervorzuheben ist des Weiteren, dass die unmittelbare Quelle des eigenen Leids offenbar weniger in den Zecheneignern gesehen wurde, sondern vermittelt über die von ihnen in Kraft gesetzten neuen Regelungen in der Person des direkt vorgesetzten Grubensteigers. Dies weist bereits darauf hin, dass zwischen den Machtbeziehungen, der Art der vorgenommenen Verantwortungszuschreibung sowie den daraus resultierenden handlungs(de)motivierenden Folgen ein enger Zusammenhang besteht (vgl. Punkt 3.1.4).

allerdings nur spekuliert werden, da das Quellenmaterial von Moore an dieser Stelle an seine Grenzen stößt (vgl. Punkt 2.2.1).

In einem weiteren Vergleich, wiederum zwischen den deutschen Bergarbeitern von 1914 auf der einen Seite, nun aber der Lebenssituation von Schweizer Bauern im achtzehnten Jahrhundert auf der anderen Seite, tritt noch etwas deutlicher zutage, wie konkrete Formen der Verantwortungszuschreibung aussehen, insofern sie mit Vorstellungen der Unabänderlichkeit verbunden sind. So heißt es zunächst über die Schweizer Bauern, dass auch sie "oft arm und hungrig [waren], aber [...] sich nicht in der Art der Bergleute [erzürnten]" (ebd.: 448). Die für die Bauern charakteristische und ihrer Fügsamkeit zugrundeliegende Vorstellungswelt fasst Moore folgendermaßen zusammen: "Die Lage, der sich ein Schweizer Bauer im achtzehnten Jahrhundert gegenübersah, war nicht dergestalt, dass sie ihn dazu führte, Menschen große Schuld an seinem Unglück zu geben. Statt dessen beschuldigte er das Wetter, Gott [...], sein Glück" (ebd.).[63] Die Ursache seines Leids sah er folglich in Dingen oder Wesen, die außerhalb seiner oder eines anderen Menschen Kontrolle lagen und deren Wirken nur als unvermeidliches Schicksal hingenommen werden konnte. "Für die Kohlearbeiter war die Lage völlig anders. Es waren offensichtlich menschliche Urheber, die sie für ihr Unglück verantwortlich machen konnten." (ebd.).

In dieser spezifischen Form der Zuschreibung von Verantwortung auf konkrete menschliche Akteure – die auch anders hätten handeln können oder in Zukunft anders handeln könnten – kann folglich eine notwendige Bedingung gesehen werden, um überhaupt von Ungerechtigkeit sprechen zu können. "Es ist wichtig, dass die offensichtlichen Gründe des Leidens [...] auf Handlungen leicht identifizierbarer konkreter Personen zurückführbar sind." (ebd.: 620) Nur wenn die Ursachen sozialer Verhältnisse in menschlichen Taten – auch den unterlassenen – gesehen werden, eröffnet dies zumindest die Möglichkeit, sie auch als ungerecht einzuschätzen. Im Zustand des Status quo erscheinen soziale (Un-)Gleichheiten hingegen nicht nur als normal, sondern zugleich als notwendig und unabänderlich. Doch auch in Momenten, in denen die Routine der vertrauten Alltagspraktiken durchbrochen wird oder in denen aufgrund der Abweichung von einer Gerechtigkeitsnorm potentiell eine Ungerechtigkeit vorliegen könnte, hängt es davon ab, worin Akteure die Ursache dieser Geschehnisse sehen, das heißt wie sie Verantwortung zuschreiben. Denn deuten sie die Ereignisse als Unglück, als notwendigen Lauf der Dinge oder als Ausdruck des Wirkens größerer Kräfte und höherer Mächte, die in ihren Augen außerhalb des eigenen Einflussbereiches liegen,

63 Diese Aufzählung wird von Moore noch durch "sich selbst und seine Gläubiger" ergänzt, was jedoch ausgesprochen verwirrend ist, da er im Satz zuvor gerade davon spricht, dass der Schweizer Bauer gerade *keinen* menschlichen Akteuren die Verantwortung für seine Lage zuschreibt.

dann würde den Geschehnissen ein Anstrich des Unvermeidlichen anhaften, der sie nicht zum Gegenstand moralischer Beurteilungen werden lässt. Dies verweist allerdings schon auf Kapitel 4, das sich der Rolle von Verantwortungszuschreibungen in den Mechanismen des *korrektiven Austauschs* und der *accounts* zuwenden wird. Zunächst soll es aber darum gehen, die Dimension der Verantwortungszuschreibung selbst einer genaueren Betrachtung zu unterziehen.

3.1.2 Weitere Ausprägungen von Verantwortungszuschreibungen – daran anschließende soziologische Fragestellungen

Die Unterscheidung zwischen dem Bereich des Unvermeidlichen auf der einen und dem Bereich des menschlichen Handelns auf der anderen Seite wird neben Moore und Shklar auch von weiteren Autoren getroffen, jedoch nicht immer in einem thematischen Kontext, der sich ausdrücklich der Gerechtigkeit oder Ungerechtigkeit widmet. Robert Wuthnow erkennt in dieser Unterteilung ein wesentliches Strukturmerkmal moralischer Ordnungen. Moralische Vorstellungen speisen sich seines Erachtens aus der Differenz zwischen "inevitability" und "intentionality", das heißt zwischen Wesen, Ereignissen und Kräften, die der Mensch nicht kontrollieren kann und Vorgängen, die er zumindest potentiell beherrschen könnte (1987: 73ff.). Nach Wuthnow sind Akteure für ihr Handeln nur dann moralisch verantwortlich, wenn sie sich im Bereich der "intentionality" bewegen. Sind sie hingegen der Spielball von Kräften aus der Sphäre der "inevitability", können sie für ihr Handeln und dessen Konsequenzen nicht moralisch zur Verantwortung gezogen werden (ebd.: 355, Fußnote 11). Für Friedrich Tenbruck sind die beiden Bereiche ein charakteristisches Kennzeichen aller Weltbilder. Erst sie vermögen Sinn dadurch zu erzeugen, indem sie "das Rätsel von Freiheit und Notwendigkeit [...] lösen", indem sie Antwort auf die Frage geben: "Was sind unaufhebbare Mächte und Gegebenheiten?" (1984: 297) Der Sozialpsychologe Bernard Weiner vermutet, dass die Unterscheidung zwischen beiden Kategorien ein grundlegendes Wahrnehmungsschemata in menschlichen Gesellschaften darstellt. "Most adult humans in the societies with which I am familiar differentiate between human and environmental causation, controllable versus uncontrollable causality" (2003: 165). Und ebenso wie Wuthnow verbindet auch er damit ein Konzept von Verantwortung, wenn er schreibt, dass diese Differenzierungen "are brought to bear upon judgements of responsibility." (ebd.) Goffman wiederum bringt dieselbe Unterscheidung in der für ihn typischen Terminologie zum Ausdruck: "Im täglichen Leben in unserer Gesellschaft [...] macht man einen einigermaßen klaren Unterschied zwischen zwei großen Klassen primärer Rahmen: natürlichen und sozialen." (1996: 31) Liegt den Wahrnehmungen ein natürlicher Rahmen zugrunde, so erscheinen Ereignisse und Situationen als "nicht orientiert, nicht belebt, nicht geleitet [...]. Man sieht keinen Willen, keine Absicht als Ursache am Werke, keinen Handelnden [...]. Es herrscht vollständiger Determinismus" (ebd.: 31f.). Das Geschehen scheint alleine den Naturvorgängen und ihren unvermeidlichen Gesetzmäßigkeiten zu gehorchen. Von so wahrgenommenen Ereignissen "sagt man, sie seien wirklich, geschähen tatsächlich oder eigentlich". (ebd.: 59) Sie erscheinen als eine Art "wirklichere" Wirklichkeit. Findet hingegen ein sozialer Rahmen Anwendung, dann wird den Ereignissen ein menschengemachter Charakter zugeschrieben. "Es kommen Motive und Absichten ins Spiel" und die Akteure und ihre Handlungen können einer "sozialen Beurteilung" unterzogen werden (ebd.: 32).

Mary Douglas wiederum betont den kulturell variablen Charakter der Grenzziehung zwischen den natürlichen und den sozialen Rahmen: "The line between natural and man-made causes is always drawn in a social process of allocating responsibility. Consequently, it is a wavy, unsteady line, always in debate and reflecting cultural bias." (1985: 26f.) Damit streicht sie noch einmal heraus, dass es sich um keine endgültige oder objektive Unterscheidung handelt, sondern diese im Zeitverlauf sowie nach kulturellem Kontext variieren kann und Menschen folglich unterschiedlicher Meinung darüber sein können, wie die Grenze zu ziehen ist. Darüber hinaus weist Goffman darauf hin, dass konfligierende Ansichten auch darüber existieren können, wem im Bereich des Intentionalen die Verantwortung für ein konkretes Ereignis zukommt. "Der Einzelne kann gewiß mit seinen Deutungen 'unrecht' haben" (1996: 36). Doch kann die aus seiner Perspektive vorgenommene Zuschreibung für ihn genauso "wahr" sein, wie für einen anderen Akteur eine davon abweichende. Soziale Konflikte können sich folglich sowohl an der Grenzziehung zwischen dem Unvermeidlichen und dem Intentionalen entzünden als auch an den im Bereich des Intentionalen vorgenommenen Verantwortungszuschreibungen (vgl. die Ausführungen am Ende dieses Abschnitts).

Neben Moore und Shklar ist es vor allem Leo Montada, der diese Unterteilung mit den Möglichkeiten der Wahrnehmung von Ungerechtigkeit verbindet. Auch seines Erachtens muss zunächst die Frage "nach der Verantwortlichkeit" geklärt werden, ehe es "zur Feststellung einer Ungerechtigkeit" kommen kann (1995: 316). "The designation of responsibility is at the core of the experience of injustice." (1991: 10) Bevor Abweichungen von einer Gerechtigkeitsnorm oder Störungen in der Alltagswelt als ungerecht eingeschätzt werden, verschaffen sich Akteure häufig erst Klarheit darüber, wem oder was die Verantwortung für die Geschehnisse zukommt. Nur wenn sie der Ansicht sind, die Ursachen lägen im Bereich menschlichen Handelns, eröffnet dies auch die Möglichkeit, sie als ungerecht wahrzunehmen. Darüber hinaus differenziert er den Bereich des Intentionalen beziehungsweise Vermeidbaren – auch wenn er ihn nicht explizit so bezeichnet – in Situationen und Verhältnisse, die das Resultat der Handlungen einer Person selbst sind und Geschehnisse, die auf andere Personen zurückgehen (1995: 316). Diese zusätzliche Unterscheidung ist insofern sinnvoll, als sie deutlich macht, dass eine Personalisierung von Verantwortung freilich nur dann in eine Wahrnehmung von Ungerechtigkeit zu münden vermag, wenn der Akteur nicht selbst für seine Lage verantwortlich gemacht wird – sie also scheinbar selbstverschuldet hat –, sondern andere Menschen und ihre Handlungen als Ursache angesehen werden.

Erscheint nun die kategoriale Unterscheidung in die Bereiche des Unvermeidlichen und des Intentionalen zunächst noch recht einfach, so zeigt doch ein Blick in die Ausführungen der hier zitierten Autoren, dass sie weitere Unterteilungen beziehungsweise Spezifikationen innerhalb der beiden Sphären vornehmen. So erweitert Goffman die Liste jener Kräfte, die von Akteuren dem Bereich der Unvermeidlichkeit zugerechnet werden um die Kategorien "Zufall, Glück oder Pech". Er begründet diese Zuordnung mit dem Argument, dass Personen zwar häufig auch hinter so bezeichneten Ereignissen das Wirken menschlicher Handlungen erkennen, diese in ihrer Gesamtheit jedoch "etwas Unvorhergesehenes hervor[bringen]", das keiner der beteiligten Akteure beabsichtigt hat. "Weil niemand verantwortlich gemacht wird, liegt so etwas wie ein natürlicher Rahmen vor" (1996: 44f.). Gleichermaßen ergänzt Weiner den Bereich des Unvermeidlichen um solche Erscheinungen, die zwar auf das Handeln von Menschen zurückzuführen sind, jedoch als "unintended outcomes" oder "unforeseeable consequences" von niemandem kontrolliert werden konnten (2003: 165). Dies scheint auch Moore im Sinn gehabt zu haben, als er nicht nur "Gott" oder "die Natur" als Beispiele für das Unvermeidbare heranzog, sondern auch den "Wettbewerbskapitalismus" als eine aus Perspektive der deutschen Handwerker um 1848 unvermeidlich wahrgenommene Kraft beschrieb (1987: 212f.). Dahinter steht die Idee, dass zwar jede Wirtschafts- oder Gesellschaftsordnung das Resultat menschlichen Handelns ist und insofern einen menschengemachten Charakter trägt, die Absichten und Motive konkreter Individuen jedoch ebenso hinter der Komplexität von Interdependenzbeziehungen verschwinden, wie sie in der Rede von "Klima- oder Dürrekatastrophen" im Spiel gewaltvoller Naturkräfte untergehen.

Die Relevanz dieser unterschiedlichen Formen der Verantwortungszuschreibung für die Möglichkeit der Wahrnehmung von Ungerechtigkeit wird in einer Studie von Crosby und Ropp (2002) deutlich. Auf der Suche nach Erklärungen für ihre Beobachtung, dass es vielen Frauen schwer fällt, sich als Opfer von Ungerechtigkeiten wahrzunehmen (vgl. Punkt 2.1.3), formulierten sie die Hypothese, "that people are more likely to recognize themselves as the victims of discrimination when they can identify someone who perpetuates the discrimination than when they must identify structural causes" (2002: 390). Auch in dieser Gegenüberstellung – von eindeutigen Tätern einerseits und strukturellen Ursachen andererseits – ist der Gedanke enthalten, letztere könnten zu allgemein oder diffus sein, um als Ursache einer Ungerechtigkeit in Betracht zu kommen. Zweifelsohne sind auch sie menschlichen Ursprungs, doch scheinen die absichtsvollen Handlungen einzelner Akteure durch die Vorstellung einer bloß unpersönlichen Struktur überlagert zu werden. Die von ihnen befragten Frauen einer US-amerikanischen Universität, die allesamt bereits individuelle oder kollektive Beschwerden aufgrund verschiedener Formen der Diskriminierung an ihren Arbeitgeber gerichtet hatten, berichteten denn auch von klar identifizierbaren Personen, deren Handlungen letztlich den Ausschlag gegeben hätten, die Situation als ungerecht zu deuten (ebd.: 391ff.). Ebenso lassen sich in den Ausführungen von Montada Hinweise auf die Bedeutung von "strukturellen Ursachen" finden. Er ergänzt den Bereich der unvermeidlich wahrgenommenen Kräfte um "soziale [... und] wirtschaftliche Kausalketten" wie zum Beispiel "die Weltkonjunktur" oder die "Bevölkerungsexplosion in der Dritten Welt" (1995: 316f.). In all diesen Fällen und daraus resultierenden Nachteilen "kann zwar das Schicksal der Benachteiligten als unverdient eingeschätzt werden, es ist aber niemandem ungerechtes Handeln vorzuwerfen." (ebd.: 317) Die Situation oder die Verhältnisse mögen bedauerlich sein, da sie letztlich aber von niemandem so geplant wurden und sie in ihrer Komplexität außerhalb der Kontrollmöglichkeiten lagen, sind sie nicht als Ungerechtigkeiten, sondern allenfalls als Unglück einzuschätzen. "The problems caused by stressful events may be great, yet they will only be received as unjust when a person or institution is held responsible and liable to blame." (1991: 10)

An diesem letzten Zitat von Montada ist nun auffällig, dass er den Bereich des Intentionalen mit seinen konkret identifizierbaren Personen um eine weitere Akteursgruppe, die der Institutionen, erweitert. Darunter versteht er korporative Akteure wie Staaten, Gewerkschaften oder Wirtschaftsunternehmen, aber auch Verbände, Vereine und andere Arten von Organisationen fallen seines Erachtens in diese Kategorie. Nach Montada können folglich Situationen und Ereignisse, die auf das Wirken solch korporativer Akteure zurückgehen, als ebenso ungerecht eingeschätzt werden, wie Geschehnisse, denen die Handlungen individueller Akteure zugrunde liegen. Wird beispielsweise die Belegschaft eines Unternehmens in die Arbeitslosigkeit entlassen, da die Unternehmensführung den Betrieb in den wirtschaftlichen Ruin geführt zu haben scheint, würde dies von den Betroffenen eher als ungerecht wahrgenommen, als erschiene die Arbeitslosigkeit als das Resultat einer nationalen oder weltumspannenden Wirtschaftsrezession. Da sich Verantwortungszuschreibungen angesichts vielfältiger Interdependenzbeziehungen jedoch ausgesprochen schwierig gestalten können, liegt einerseits die Vermutung nahe, dass auch hier keineswegs immer Einigkeit über die wahrgenommenen Ursachen und folglich einiges Konfliktpotential vorliegt. Andererseits kann es in den Augen der Betroffenen aber auch zu einer Diffusion von Verantwortung kommen, insofern viele verschiedene Verursacher für das Problem verantwortlich gemacht werden. Auf diese Weise nähert sich die Wahrnehmung der Gesamtkonstellation allerdings jenen Verhältnissen an, denen zwar ein menschengemachter Charakter anhaftet, die in ihrer Komplexität jedoch als unvermeidlich eingeschätzt werden. Aufgrund dieser Zuschreibungen würde folglich auch das Urteil über die Ungerechtigkeit sukzessive in eine Einschätzung übergehen, die das Geschehen zwar nicht gutheißt, es zugleich jedoch als unabänderlich ansieht (vgl. aber auch die Ausführungen in Punkt 3.1.3.2 und in Kapitel 4).

Bis an diese Stelle möchte ich zunächst folgendes festhalten: Aus den Überlegungen von Moore und Shklar konnte der Gedanke herausgearbeitet werden, dass soziale Zustände und Situationen nur dann als ungerecht vorgestellt werden können, wenn sie in den Bereich menschlicher Handlungsmöglichkeiten fallen. Unterliegen sie hingegen dem Wirken scheinbar übermächtiger Kräfte, werden sie allenfalls als Unglück, häufig genug aber auch nur als normal und selbstverständlich angesehen. Von Ungerechtigkeit lässt sich demzufolge nur sprechen, wenn die Gründe und Ursachen sozialer Verhältnisse "als konkrete Menschen erscheinen [und] nicht als Aspekte einer mehr oder weniger unvermeidlichen Ordnung der Dinge, wie es die Mischung von Marktzwängen und der äußeren Natur" beispielsweise nahelegt (Moore 1987: 178). So bestand eine notwendige Voraussetzung für die Revolution von 1848 nach Moore folglich darin, dass "den deutschen Städtern ein großer Teil des menschlichen Elends erkennbare menschliche Ursachen zu haben" schien (ebd.: 179). Ob es sich bei der Abweichung von einem als gerecht angesehenen Verteilungsverfahren oder -ergebnis also "tatsächlich" um eine Ungerechtigkeit handelt – wie in der empirischen Gerechtigkeitsforschung meist unterstellt wird (vgl. Punkt 2.1.1) – oder ob der Zusammenbruch einer als selbstverständlich angenommenen Wirklichkeit auch als ungerecht empfunden wird (vgl. Punkt 2.2.1), ist mitunter deswegen schwer festzustellen, da die Frage nach der Ursache der Abweichung beziehungsweise nach der Ursache des Zusammenbruchs nicht immer einfach zu beantworten ist. "There are seldom clear-cut answers to questions about [...] who is responsible." (Montada 1991: 27) Es können einzelne oder mehrere Faktoren verantwortlich gemacht werden, über deren Qualität als kontrollierbare oder unvermeidliche Kräfte wiederum Unsicherheiten und Zweifel bestehen können. In Abbildung 3 werden die von den verschiedenen Autoren vorgenommenen Unterscheidungen noch einmal zusammenfassend dargestellt. Aufbauend auf dieser Darstellung lassen sich für die soziologische Analyse mindestens drei Bereiche benennen, die den Anschluss zu weiterführenden Fragen und Themen herstellen, die ich im Folgenden – diesen Abschnitt abschließend – kurz umreißen möchte.

(1) Eine empirisch gehaltvolle Erforschung von Ungerechtigkeitserfahrungen muss sich insbesondere der Frage widmen, wie die Ursachen sozialer Ver-

hältnisse und Ereignisse von den Akteuren selbst wahrgenommen werden. Möchte man Ungerechtigkeit als ein empirisches Phänomen untersuchen, kommt es darauf an, die ihr zugrundeliegenden Zuschreibungen von Verantwortung in jenen Bedeutungen zu erfassen, die sie für die Menschen selbst haben. Denn es sind die von ihnen vorgenommenen Unterscheidungen, die nicht nur folgenreich für die Beurteilung sozialer Verhältnisse sind, sondern auch die daran anschließenden Reaktionsweisen prägen können (vgl. Punkt 3.1.3 und 3.1.4). Dabei verdient vor allem der Grenzbereich zwischen korporativen Akteuren als Protagonisten aus der Welt des Intentionalen einerseits und den als menschengemacht erkannten, in ihrer Komplexität jedoch kaum zu überschauenden sozialen Zusammenhängen aus der Welt des Unvermeidlichen andererseits, besondere Aufmerksamkeit.

Abbildung 3: Dimension der Verantwortungszuschreibung

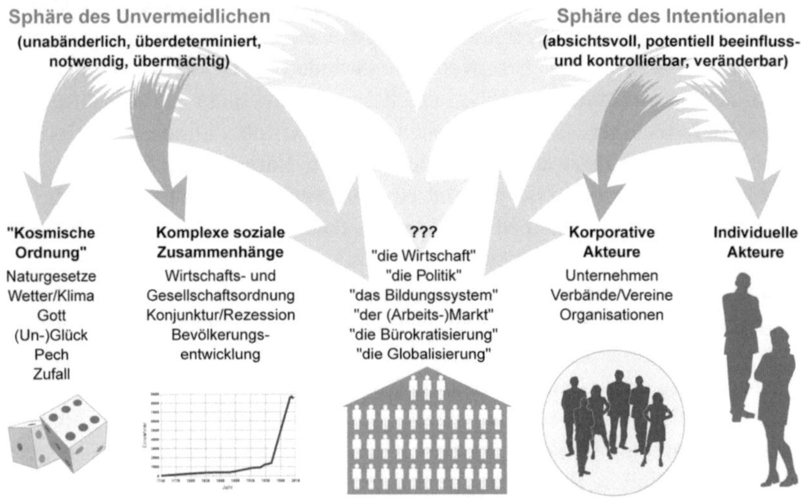

Wirft man einen Blick auf die insbesondere im angelsächsischen Sprachraum geführte Diskussion über die wahrgenommenen Ursachen von Arbeitslosigkeit und Armut, so zeigt sich nicht nur, wie facettenreich aus Perspektive alltagsweltlicher Akteure die potentiell relevanten Ursachen sozialer Problemlagen sein können; vielmehr wird überdies deutlich, dass sich viele dieser Zuschreibungen in der unscharfen Grenzregion zwischen Unvermeidlichkeit und Intentionalität bewegen. Neben dem Verweis auf Strukturzusammenhänge wie "das Bildungssystem", "die Wirtschaft" oder "den (Arbeits-) Markt" werden auch Prozesse wie "die Automatisierung" und "die technische

Entwicklung", "die Bürokratisierung" oder neuerdings auch "die Globalisierung" als erklärende Faktoren bemüht.[64]

In ähnlicher Weise werden in einer Studie von Javeline (2003a) über die russische Lohnkrise in den 90er Jahren deren Ursachen in "der allgemeinen wirtschaftlichen Lage" oder "dem Transformationsprozess" erkannt. Zweifelsohne handelt es sich dabei um genuin soziale Tatsachen im Sinne Durkheims, aber gerade weil an ihrer Erzeugung und Aufrechterhaltung eine Vielzahl von Menschen beteiligt ist, können sie offenbar nicht ohne weiteres in einzelne und konkret zurechenbare Handlungen aufgelöst werden. Obwohl sie aufgrund ihrer sozialen Genese also im Bereich menschlichen Handelns lokalisiert werden können, fällt die Frage nach ihrer Kontrollierbarkeit weniger eindeutig aus. Sie scheinen sich folglich für den wissenschaftlichen Beobachter sowie die Akteure selbst zunächst gegen eine klare Zuordnung zu sperren, sodass vorerst fraglich bleibt, ob sie als Verursacher ungleicher Situationen diese eher als ungerechte oder als bloß bedauerliche, letztlich aber nicht zu vermeidende Missstände erscheinen lassen.[65] Diese offene Frage aufgreifend werde ich in Punkt 3.1.3.2 unter anderem auf die darauf bezogenen Erkenntnisse der sozialen Bewegungsforschung eingehen; denn auch in diesem Forschungszweig wird der unscharfe Grenzbereich zwischen der Sphäre des Unvermeidlichen und dem Bereich des Intentionalen – meist in Gestalt diskriminierender System- oder Strukturzusammenhänge – thematisiert.

---

64 Als Klassiker dieser Forschungstradition können wohl die Arbeiten von Feagin (1972) und Feather (1974) gelten, die den Grundstein für eine Flut von Nachfolgestudien legten; von ihnen seien hier nur einige genannt: Nilson (1981), Furnham (1982), Kluegel und Smith (1986), Zucker und Weiner (1993), Bullock (1999), Hine und Montiel (1999), Oorschot und Halman (2000), Kreidl (2000).

65 Ein schönes Beispiel für eine solch uneindeutige Zuordnung ist einer Rezension zu Alan Greenspans Memoiren zu entnehmen. Für den Rezensenten scheint die Spannung – oder vielleicht auch der Makel? – des Buches gerade in den ambivalenten Zuschreibungen zu liegen. So stilisiere sich Greenspan zunächst unter Verweis auf die von ihm initiierte Zinspolitik als Gestalter des Aufschwungs der amerikanischen Wirtschaft in den 90er Jahren. Alsdann gibt der Rezensent jedoch zu bedenken: "War er tatsächlich der Dirigent, dem das globale Orchester folgte? [...] Hier gibt auch der Hochgelobte selbst keine zufrieden stellende Antwort. Wie könnte er auch? Zwei Seelen schlagen in seiner Brust. Die globalen Märkte sind nicht steuerbar, sie steuerten sich selbst – so lautet sein eigentliches Credo als überzeugter Marktradikalist. Und in diesem Denkgebäude ist eigentlich kein Platz für eine Notenbank, die die Märkte in die richtige Richtung lenkt. Der Praktiker Greenspan tut aber genau das: Er interveniert nach Kräften, dreht immer wieder kräftig an der Zinsschraube." Im Laufe des Buches scheint jedoch eine der beiden Deutungen die Oberhand zu gewinnen, denn die Besprechung schließt mit den Worten: "So ist das Buch – vermutlich ungewollt – vor allem eins – ein Dokument der Entmystifizierung. Auch der gefeierte Krisenmanager tappt im Dunkeln, auch er weiß nicht, wohin die entfesselten Märkte stürmen." (http://www.dradio.de/dlf/sendungen/politischeliteratur/693152/ Zugriff: 19.11.2007)

Nur am Rande möchte ich hier auf die Möglichkeiten der Operationalisierung der Dimension der Verantwortungszuschreibung eingehen. Die in Fußnote 64 erwähnten Studien über die Wahrnehmung sozialer Problemlagen sind zwar ausgesprochen instruktiv in Bezug auf die Vielfalt der in Frage kommenden Faktoren, ihre Vorgehensweise zur Systematisierung dieser Ursachen birgt für die hier interessierende Fragestellung jedoch einige Probleme in sich. Dies betrifft zunächst die zum Einsatz kommenden Items: Denn aus theoretischer Perspektive liegt bei einigen von ihnen bereits eine Vermischung der Kategorien vor. So verwenden zum Beispiel Pellegrini und andere in ihren Antwortvorgaben das Item "unfortunate life circumstances and social conditions" (1997: 1142) – eine Aussage, die mit ihrem Bezug auf die "unglücklichen Lebensumstände" den Bereich des Unvermeidlichen abzudecken scheint, mit den "sozialen Bedingungen" aber deren menschengemachten Charakter nahelegt. In den meisten der Studien werden die Items zwar einer Faktorenanalyse unterzogen, doch zeigt sich mitunter auch dann nicht mehr, als dass bestimmte Ursachen offensichtlich einen ambivalenten Charakter haben: So lädt in Kreidls (2000: 163) Studie das Item "prejudice and discrimination against certain groups" sowohl auf dem Faktor der "fatalistischen" Erklärungen (gemeinsam mit "lack of ability or talent" sowie "bad luck") als auch auf dem Faktor der "strukturellen" Erklärungen (gemeinsam mit "lack of equal opportunity", "failure of the economic system" und nochmals "bad luck"). Vorurteile und Diskriminierungen scheinen für manche der Befragten folglich ebenso wie Talent oder Glück zu den unvermeidlichen und unkontrollierbaren Dingen des Lebens zu gehören, für andere wiederum spiegeln sie offensichtlich zusammen mit mangelnder Chancengleichheit und Systemversagen die in den Strukturen einer Gesellschaft liegenden Ursachen wider. Das Ergebnis der Faktorlösung kann zwar durchaus als eine Bestätigung der Vermutung interpretiert werden, dass es sinnvoll und notwendig ist, "natürliche" und "soziale" Bedingtheit zu unterscheiden, doch ob letztere auch das Urteil einer Ungerechtigkeit nach sich zieht, bleibt ungewiss. So wäre es vor dem Hintergrund der bisherigen Überlegungen auch vorschnell, wie Oorschot und Halman (2000: 9) die verschiedenen, potentiell strukturellen Ursachen einer Problemlage in dem alleinigen Item "injustice in our society" zusammenzufassen.[66]

---

66 Ich denke, dass ein sinnvolles alternatives Vorgehen zur Systematisierung der Verantwortungsdimension in der Methode des "pile sorting" bestehen könnte, einer bislang vor allem aus Studien zur Wahrnehmung von Berufen bekannten Herangehensweise (vgl. Coxon u.a. 1986; Terpe 2004). Dabei werden von den Befragten selbst generierte oder bereits vorformulierte Begriffe zunächst ohne weitere Vorgaben gruppiert (in "piles" sortiert); die endgültige "Lösung" soll schließlich von den Befragten kommentiert werden, um sowohl die ihr inhärenten Klassifikationsprinzipien als auch die Begründungen für die Zuordnungen einzelner Begriffe in Erfahrung zu bringen.

Darüber hinaus kann aber auch die auf den ersten Blick unproblematisch erscheinende Verwendung von Bezeichnungen, die auf eindeutige Akteure zu verweisen scheinen, nicht zwingend schon sicheren Aufschluss über die Ungerechtigkeitswahrnehmung liefern. Denn so kann sich beispielsweise hinter dem alltagssprachlichen Gebrauch des Begriffes "die Regierung" nicht nur die Vorstellung eines korporativen Akteurs mit konkret benennbaren Institutionen und individuellen Personen als deren Repräsentanten verbergen, vielmehr kann die Bezeichnung auch als unspezifischer Ausdruck für zum Beispiel "die Politik" herangezogen werden, wobei "die konkrete Zuständigkeit aber diffus [bleibt] und schwierig zu fokussieren [ist]." (Montada 1997: 20) In ihrem Versuch, mehr über die Schuldzuweisungen jener russischen Arbeiter zu erfahren, die in den 90er Jahren mit dem Problem ausstehender Lohnzahlungen konfrontiert waren, stellt Javeline gleichermaßen fest: "For example, a respondent who blamed 'government' might have no more specific individual or institution in mind, or the respondent might actually have meant 'Yeltsin'" (2003a: 102). Wie sich in dem Zitat bereits andeutet, verwendet Javeline ein "stufenförmiges" Erhebungsdesign, in dem sie durch Nachfragen zu ergründen versucht, welche Vorstellungen die Betroffenen von den in ihren Augen die Lohnkrise auslösenden Faktoren haben. Ihr Augenmerk richtet sie dabei vor allem auf die Fähigkeit der Befragten, zunächst sehr allgemeine Ursachen wie die "wirtschaftliche Lage" oder den "Transformationsprozess" weiter zu spezifizieren und in die Handlungen konkreter Akteure aufzulösen. Auch dies kann meines Erachtens eine durchaus sinnvolle Herangehensweise darstellen, wenn man wissen möchte, ob sich ein Problem überhaupt als eines der (Un-)Gerechtigkeit darstellt. Ergänzt werden müsste dies allerdings durch Nachfragen in die "Gegenrichtung": Denn wie in Punkt 3.1.4 angedeutet wird, kann es für die Handlungsmotivation eines Betroffenen ebenso relevant sein, ob er einen konkreten Akteur als autonome, natürliche Person agieren sieht oder ob er in ihm den bloß austauschbar Ausführenden der Verfahrensregeln und Ordnungsprinzipien eines größeren Systems erkennt.

(2) Ein weiterer, im Kontext dieser Arbeit allerdings nur am Rande thematisierter Komplex betrifft die Frage nach den Verschiebungen der Grenzziehung zwischen individuellen sowie korporativen Akteuren einerseits und den umfassenden sozialen Zusammenhängen, die gerade nicht in den absichtsvollen Handlungen konkreter Akteure aufzugehen scheinen, andererseits. So werden Modernisierung und Säkularisierung häufig damit in Verbindung gebracht, "that there is an increasing disposition in law and politics to treat adverse outcomes as a product of avoidable and culpable errors in human agency rather than fate, Acts of God [...]. Developments in the law and particularly what some see as a growth of 'juridification' [...] – legal institutions and entrepreneurs highly attuned to fault-finding and making or fighting off compensation claims – are often seen as another key ingredient in

the recipe for a high-blame environment" (Hood 2004: 4f.). Ob diese Entwicklungen hin zu einer verstärkten akteursbezogenen Verantwortungszuschreibung jedoch eine insgesamt vermehrte Wahrnehmung von Ungerechtigkeiten nach sich ziehen, ist unklar, denn gleichermaßen könnte die Fülle an potentiellen Verantwortungsträgern eine eindeutige Schuldzuweisung wiederum schwieriger machen (vgl. Kapitel 4). Darüber hinaus liegt die Vermutung nahe, dass mit einer Vergrößerung korporativer Akteure hin zu immer komplexeren und regionenübergreifenden sozialen Gebilden zusehends die Grenze zum Unvermeidlichen hin berührt und überschritten wird – und folglich auch soziale (Un-)Gleichheiten, die auf ihr Wirken zurückgeführt werden, weniger als ungerecht, sondern vielmehr als unabänderlich eingeschätzt werden. Die Verlagerung und Integration politischer Entscheidungsprozesse auf überstaatliche Ebenen wie die der Europäischen Union oder global agierender Institutionen könnte einer solchen Wahrnehmung ebenso Vorschub leisten wie die als zusehends global eingeschätzten Wirtschaftsverflechtungen. Sie könnten zumindest teilweise die Wahrnehmung von klaren Zuständigkeiten erschweren und eher einer Diffusion von Verantwortung zuarbeiten.[67] Einen gegenläufigen Trend könnte man wiederum in den zum Beispiel von Ulrich Beck oder Norbert Elias beschriebenen Individualisierungsprozessen erkennen, die nicht nur zu einer Verbreitung des normativen Ideals von autonomen, sich ihrer Handlungen und deren Konsequenzen bewussten Personen geführt haben, sondern vermutlich auch die faktischen Zuschreibungen von Verantwortung auf individuelle Akteure begünstigten. Dies bedeutet jedoch nicht, dass per se auch mehr Ungerechtigkeiten wahrgenommen werden, da aus dieser Perspektive gleichermaßen auch die Benachteiligten oder schlechter Gestellten selbst für ihre Lage verantwortlich gemacht werden könnten – folglich keine Ungerechtigkeit, sondern lediglich selbstverschuldete Ungleichheit vorliegen würde. Obgleich für

---

67 Diesen Eindruck vermittelt beispielsweise eine 2001 durchgeführte qualitative Studie zur Wahrnehmung der Europäischen Union. In der Auswertung der Gruppendiskussionen der Teilnehmer aus der Bundesrepublik heißt es: "Generally speaking, the respondents have no idea of the Community decision-making processes, and they can only really speculate. By analogy with the national political system, it is imagined that the Commission (or is that the Parliament?) submits draft laws which are discussed and 'ratified' by the Parliament (or by the Council of Ministers?), but no-one is absolutely sure. It is not known whether there is a genuinely executive institution (or is the role of the institutions merely to make recommendations not followed by compulsory application or monitored)." (Optem 2001a: 68) Die Autoren der Studie heben jedoch auch hervor, dass diese Wahrnehmung im Vergleich mit den Teilnehmergruppen aus den anderen Mitgliedsstaaten und Beitrittskandidaten in Deutschland besonders stark ausgeprägt ist. Da sie zugleich darauf hinweisen, dass die Teilnehmer aus allen Ländern angeben, ihr Wissen über die Europäische Union vor allem aus den Medien zu beziehen (Optem 2001b: 13), könnte eine eigenständige, darauf bezogene vergleichende Untersuchung dieser medialen Darstellungen vielversprechend sein (vgl. Fußnote 68).

die theoretische Beschreibung dieser großen Tendenzen an eine Reihe soziologischer Traditionen angeknüpft werden kann, bleibt ihr Erkenntnisgewinn in Bezug auf die Entwicklung der alltagsweltlichen Wahrnehmungen der Ursachen sozialer Ungleichheiten noch zu erschließen. Nicht zuletzt können Verschiebungen in der Grenzziehung zwischen Unvermeidlichkeit und Intentionalität auf das bewusste und teilweise strategisch eingesetzte Handeln individueller und korporativer Akteure selbst zurückgehen. Einige Facetten dieser Handlungsweisen werde ich in Kapitel 4 mit den Mechanismen des *korrektiven Austauschs* und der *accounts* zwar aufzeigen, allerdings ohne sie um eine ausführliche Diskussion ihrer potentiell langfristigen Wirkungen zu ergänzen.[68]

(3) Schließlich lenkt eine Fokussierung auf Verantwortungszuschreibungen das Augenmerk darauf, dass eine Reihe sozialer Konflikte sich an unterschiedlichen Ansichten über die "wirklich zutreffenden" Verantwortlichkeiten entzündet. Wie in den voranstehenden Ausführungen bereits angedeutet wurde, müssen weder die Unterscheidung zwischen dem Unvermeidlichen und dem Intentionalen noch die konkreten Zuschreibungen innerhalb dieser Bereiche "objektiv richtig" sein, um als Grundlage von Ungerechtigkeitserfahrungen zu dienen – folglich können die darauf bezogenen Meinungen auseinandergehen. In den von Moore verwendeten empirischen Materialien zeigt sich unter anderem, dass Menschen mit Ungerechtigkeitsempfindungen reagieren, wenn sie von anderen für etwas verantwortlich gemacht werden, das ihres Erachtens außerhalb der eigenen Kontrolle liegt.[69] So verlangten beispielsweise die von Moore beschriebenen Bergarbeiter eine "Beendigung des Systems der Nichtbezahlung von unrein beladenen Wagen" (1987: 340), einer Praxis die darin bestand, Wagen mit minderer Kohlequa-

---

68 Nur am Rande möchte ich hier auf einen Forschungszweig hinweisen, der sich mit der medialen Darstellung sozialer Ungleichheiten auseinandersetzt. Empirische Studien aus diesem Bereich zeigen, dass je nach Art der medialen Präsentation beziehungsweise Aufbereitung nicht nur unterschiedliche Bilder über die Ursachen von beispielsweise Armut oder Arbeitslosigkeit, aber auch Reichtum vermittelt werden, sondern sie darüber hinaus die Akzeptanz wohlfahrtsstaatlicher Unterstützungen und Reformen zu beeinflussen scheinen (vgl. zum Beispiel Bullock u.a. 2001; Bullock und Fernald 2005; Iyengar 1987, 1994). Dies legt wiederum die Vermutung nahe, dass die medial vermittelten Formen der Zuschreibung von Verantwortung für die Situationen der schlechter oder besser Gestellten zugleich deren Beurteilung prägen, das heißt ob sie beispielsweise als ungerecht oder selbstverschuldet angesehen werden.

69 Das ist keineswegs ein Widerspruch zu der oben formulierten Annahme, Ungerechtigkeiten könnten nur dann wahrgenommen werden, wenn die Verantwortung für eine Situation an konkreten anderen Personen oder Institutionen festgemacht werden kann. In den hier angesprochenen Beispielen sind Akteure der Ansicht, dass Ereignisse oder soziale Verhältnisse nicht im Bereich ihrer Kontrolle liegen; das Ungerechtigkeitsempfinden ergibt sich aus der in ihren Augen falschen Ursachenzuschreibung, die wiederum von konkreten Personen oder Institutionen vorgenommen wird.

lität nicht oder geringer zu entlohnen (ebd.: 327). Dies wurde offensichtlich deshalb als ungerecht angesehen, da den Bergleuten hier die Verantwortung für etwas zugeschrieben wurde, das sie als nicht kontrollierbar ansahen. Denn ob sie in ihrer Arbeit nun auf hochwertige Kohle stießen oder nicht, schien eher das Resultat der natürlichen Vorkommen zu sein und weniger das Ergebnis einer besonderen Fähigkeit oder Leistung diese zu finden. Indem ihnen hier ein Ausgleich oder eine Entschädigung für die getane Arbeit versagt wurde, musste ihnen zugleich ihre Leistung als nicht anerkannt und diese Behandlung als ungerecht erscheinen.[70] Gleichermaßen, jedoch etwas allgemeiner hält Moore über die deutschen Arbeiter in den Aufständen von 1919 fest, dass sich ihre Empörung an der "Bestrafung für Handlungen [... festmachte], die der Arbeiter nicht als seine Schuld ansah oder für die er nicht verantwortlich gemacht werden konnte." (ebd.: 433) Das Gefühl der Ungerechtigkeit speiste sich folglich auch bei ihnen aus einer von anderen Akteuren vorgenommenen Zuschreibung von Verantwortung, welche diese fälschlicherweise an ihrer Person und ihren Leistungen festmachten.

Diese Beobachtung wird in einer Studie von Mikula bestätigt, in der er Studierende in einer offenen Frage bat, ein oder mehrere Ereignisse zu schildern, in denen sie sich selbst als betroffene Person mit einer Ungerechtigkeit konfrontiert sahen. Ein Drittel aller Antworten konnte im Nachhinein der Kategorie "unjustified accusation and blaming" zugeordnet werden (1987: 76). In einer ähnlichen Untersuchung von Clayton, in der die Befragten jedoch nicht unbedingt selbst das Opfer der Ungerechtigkeit sein mussten, erreichte diese Kategorie immerhin noch einen Anteil von 21 Prozent (1992: 75). Eines der von ihr aufgeführten Beispiele weist darauf hin, dass es sich in diesen Fällen nicht nur um eine Verwechslung der Kategorien "unvermeidlich" und "intentional" handelte, sondern auch innerhalb des Bereichs der "Intentionalität" in den Augen der Akteure falsche Zuschreibungen vorgenommen werden. So führte einer der Befragten an, er würde das folgende Ereignis als Ungerechtigkeit bewerten: "A person who hangs around with a bad crowd gets blamed for everything they do even if he wasn't involved" (ebd.: 74). Es wäre also ungerecht, diese Person für etwas zu bestrafen, das

70 In Anlehnung an das bereits in Fußnote 17 erwähnte Forschungsprojekt von Sighard Neckel und anderen könnte man dies auch als einen Konflikt zwischen unterschiedlichen Vorstellungen von "Leistung" interpretieren: Während sich für die Bergarbeiter "Leistung" vor allem an dem von ihnen erbrachten Aufwand (Zeit, Kraft, Mühe) bemisst, verbinden die Grubenbesitzer beziehungsweise die sie vertretenden Grubensteiger damit das erzielte Ergebnis in Form der geförderten Kohlemenge. Da die Forschergruppe um Neckel derzeit einen Wandel des Leistungsbegriffs in der Arbeitswelt diagnostiziert – weg vom erbrachten Aufwand hin zum erzielten Ergebnis –, ist zu vermuten, dass dahinter ebenfalls Verschiebungen in den Verantwortungszuschreibungen stattfinden: Denn ein ergebnisbezogener Leistungsbegriff scheint in stärkerem Maße der persönlichen Verantwortung zuzuschreiben, was ein aufwandsbezogener Leistungsbegriff externen Umständen zurechnet.

nicht auf ihre eigenen Handlungen zurückgeht. In anderen Zusammenhängen lässt sich beobachten, wie solche Interpretationen von Verantwortungszuschreibung ausgehandelt werden: Wenn zum Beispiel in Gerichtsprozessen darüber befunden wird, ob eine Straftat einzig und allein dem individuellen Handeln einer Person zugerechnet werden kann, oder ob strafmildernde Umstände wie der soziale Druck einer Gruppe oder schwierige Sozialisationsumstände in Rechnung gestellt werden müssten, dann sind dies zugleich Auseinandersetzungen darüber, ob die als ausschlaggebend angesehenen Ursachen für das Vergehen in einem der Person zugänglichen intentionalen Bereich lagen oder ob sie ihnen unvermeidlich ausgeliefert war. Darüber hinaus werden gesellschaftspolitische Diskussionen um Unterstützungsleistungen bei Krankheit, Arbeitslosigkeit oder Armut häufig dadurch entfacht, dass unterschiedliche Ansichten über ihre Ursachen existieren. So erscheinen darauf bezogene Zahlungen meist als gerechtfertigt, wenn den Betroffenen keine Verantwortung für ihre Lage zugeschrieben wird; scheinen sie hingegen auf eigenes Verschulden zurückzugehen, werden finanzielle Unterstützungen eher abgelehnt und als ungerechtfertige Zusatzleistung interpretiert. Ich denke, dass eine systematische Berücksichtigung und differenzierte Beschreibung solcher Verantwortungszuschreibungen und Schuldzuweisungen eine fruchtbare Ergänzung in den Analysen von der Entstehung und den Dynamiken sozialer Konflikte darstellen könnte. Im folgenden Punkt 3.1.3 werde ich im Zusammenhang mit den Forschungen zu sozialen Bewegungen unter anderem darauf eingehen, inwiefern solche konfligierenden Verantwortungszuschreibungen den Anstoß auch für die Mobilisierung kollektiven Handelns geben können.

3.1.3 Einige Erkenntnisse aus der sozialen Bewegungsforschung

Für einige Leser mag es überraschend sein, dass ich erst an dieser fortgeschrittenen Stelle meiner Ausführungen auf die Forschungen zu sozialen Bewegungen eingehe: Denn ist nicht der Gedanke naheliegend, gerade sie müssten etwas zur Beantwortung der Frage beitragen können, wann soziale Verhältnisse als ungerecht angesehen werden? Setzt nicht die Mobilisierung kollektiven Handelns in Form sozialer Bewegungen geradezu voraus, dass etwas als ungerecht erlebt wird? In der Tat würden nach Jasper (1998: 413f.) die meisten Autoren aus dem Bereich der sozialen Bewegungsforschung der Aussage von Turner und Killian zustimmen, "[that t]he common element in the norms of most, and probably all, movements is the conviction that existing conditions are unjust" (1987: 242). Gleichwohl wird der Ungerechtigkeit nicht jenes Maß an Aufmerksamkeit zuteil, das man aufgrund dieser Feststellung erwarten könnte. Aus diesem Grund ließ ich meine ursprüngliche Intention fallen, mich dem Thema der Ungerechtigkeit vor allem aus Perspektive der sozialen Bewegungsforschung nähern zu wollen und wählte den Zugang über die soziologisch-empirische Gerechtigkeitsforschung sowie die Ansätze von Moore und Shklar. Dennoch möchte ich diesen Forschungszweig nicht vollends außen vor lassen, verspricht er doch nun – durch die Brille des bislang erarbeiteten theoretischen Instrumentariums gelesen – Einsichten darüber zu vermitteln, unter welchen Umständen eine Ungerechtigkeitswahrnehmung als handlungs*motivierender* Faktor wirken könnte. Im Umkehrschluss lässt sich die Erwartung formulieren, auch Aussagen über jene Bedingungen treffen zu können, die Ungerechtigkeit zu einer *de*motivierenden und lähmenden Erfahrung werden lassen. Im nun folgenden ersten Unterpunkt werde ich zunächst herausarbeiten, welcher Stellenwert der Ungerechtigkeit in den verschiedenen theoretischen Ansätzen der sozialen Bewegungsforschung überhaupt zukommt.[71] Im daran anschließenden zweiten Unterpunkt wird die Frage im Vordergrund stehen, welchen Aspekten der Ungerechtigkeitserfahrungen in einigen dieser Ansätze besondere Aufmerksamkeit zuteil wird und zu welchen Erkenntnissen sie in Bezug auf die motivierende Kraft von Ungerechtigkeitserlebnissen gelangen.

3.1.3.1 Zum Stellenwert von Ungerechtigkeit in den Ansätzen der sozialen Bewegungsforschung

In Anlehnung an Goodwin und Jasper werde ich im Folgenden die Erklärungsansätze sozialer Bewegungen in ihrer strukturalistischen und ihrer kulturalistischen Variante unterscheiden (Goodwin 1994, Goodwin und Jasper 1999), da sie der Ungerechtigkeit einen jeweils eigenen Platz in ihren Theoriegebäuden einräumen. Den strukturalistisch ausgerichteten Theorien liegt die Beobachtung zugrunde, dass es zwar in jeder Gesellschaft Unzufriedenheit, Missstände und soziale Probleme gebe, soziale Bewegungen und kollektiven Protest hingegen nicht: "Grievances are everywhere, movements not" (Japp 1984: 316 in Hellmann 1998: 13). Sie haben folglich Zweifel an

71 Eine Gesamtschau der theoretischen Traditionen in der sozialen Bewegungsforschung wird in einer Vielzahl von Veröffentlichungen geboten. In dem Aufsatz *Paradigmen der Bewegungsforschung* liefert Hellmann (1998) einen kurzen Abriss über die Erklärungsansätze, die in dem gleichnamigen Sammelband (Hellmann und Koopmans 1998) in einzelnen Beiträgen anhand exemplarisch ausgewählter Bewegungen vertieft werden. Einen weiteren Sammelband mit überblicksartigem Charakter stellt der von Klein u.a. (1999) dar. Aus dem englischsprachigen Raum bieten die Monographien von Morris und McClurg-Mueller (1992), Diani und Eyerman (1992), Lyman (1995), McAdam, McCarthy und Zald (1999 [1996]) eine umfassende Darstellung. Besondere Erwähnung verdient der von Goodwin und Jasper herausgegebene *Social Movements Reader* (2003), der entlang verschiedener Fragestellungen sowohl Klassiker als auch aktuelle Texte aus der sozialen Bewegungsforschung versammelt. Der Fokus der jeweiligen Theorietraditionen sowie ihre Erklärungskraft in Bezug auf verschiedene Fragestellungen kommt aufgrund dieser Herangehensweise sehr schön zum Ausdruck.

der Annahme, dass ein enger Zusammenhang zwischen Ungerechtigkeitserfahrungen und der Ausbildung von sozialen Bewegungen besteht, das heißt "between preexisting discontent and generalized beliefs in the rise of social movement phenomena [, ...] between objective or subjective deprivation and the outbreak of movement phenomena and willingness to participate in collective action" (McCarthy und Zald 1977: 1214). Gemeinsam ist den strukturalistisch ausgerichteten Ansätzen folglich, dass sie der Ungerechtigkeit selbst kaum Beachtung schenken, da sie diese als immer schon vorhanden annehmen. Erklärungsbedürftig erscheint aus ihrer Perspektive nicht die Wahrnehmung sozialer Problemlagen als ungerecht, sondern vielmehr das Umschlagen dieser Wahrnehmung in kollektiven Protest. Dazu bedarf es nach Ansicht von McCarthy und Zald der Fähigkeit, Ressourcen zu mobilisieren, was wiederum ein Mindestmaß an Organisation der beteiligten Akteure voraussetzt. Ihr Fokus liegt somit auf sozialen Bewegungen in Form von Organisationen – sogenannten *Social Movement Organizations* (SMOs) –, die ebenso wie Wirtschaftsunternehmen eine Vielzahl von Ressourcen mobilisieren müssen, um ihre Aktivitäten finanzieren zu können (ebd.: 1216f.). McCarthy und Zald begründeten mit dieser Perspektive den *Resource Mobilization*-Ansatz, der etwa seit Mitte der 70er Jahre die Diskussion bestimmte.[72]

In kritischer Auseinandersetzung mit dem Ansatz der Ressourcenmobilisierung wurde mit dem der *Political Opportunity Structures* seit Mitte der 80er Jahre eine weitere strukturalistisch ausgerichtete Theorierichtung formuliert, die sich insbesondere den politischen Kontextbedingungen sozialer Bewegungen widmet.[73] Ihr Augenmerk liegt auf jenen Merkmalen politischer Systeme, die sich begünstigend oder hemmend auf die Entstehung und Etablierung kollektiven Protests auswirken können, "such as institutional access, electoral realignments, elite conflicts, external allies, and relaxation in

72 Exemplarisch wird diese Herangehensweise unter anderem von McCarthy und Wolfson (1996) anhand der *Movement against Drinking and Driving* und von Cress und Snow (1996) anhand von *Homeless SMOs* veranschaulicht. Der Aufsatz von Staggenborg (1988) konzentriert sich stärker auf den Organisationsaspekt des Ansatzes und geht am Beispiel der *Pro-Choice Movement* der Frage nach, welche Folgen mit der Professionalisierung einer sozialen Bewegung verbunden sein können. Eine knappe Darstellung der europäischen und US-amerikanischen Tradition dieser Theorierichtung bietet Klandermans (1991). Mit seiner Kritik an der Vernachlässigung "of the fact that social problems are not objectively given" (ebd.: 30), leitet er zu den sogenannten *Framing*-Ansätzen über und unterscheidet sich damit von der zunächst geäußerten Kritik einer weiteren strukturalistischen Richtung am Ansatz der Ressourcenmobilisierung (vgl. die Ausführungen im Haupttext).

73 Einen Einblick in die Debatte zwischen beiden Theorierichtungen bieten die Aufsätze von Jenkins (1983), Piven und Cloward (1991), Kitschelt (1991) sowie Zald (1991).

state repression" (Almeida 2003: 345f.).[74] Aufgrund dieser Fokussierung auf politische Strukturen wird allerdings die den Protest begründende Wahrnehmung sozialer Missstände als ungerecht ebenso wie im *Resource Mobilization*-Ansatz als selbstverständlich vorausgesetzt und nicht weiter thematisiert.

Gemeinsam kann für die strukturalistisch ausgerichteten Erklärungsansätze festgehalten werden, dass sie auf Grundlage des empirischen Befundes von den keineswegs zwangsläufig in kollektiven Protesten mündenden Ungerechtigkeitserfahrungen, ihr Interesse anderen Faktoren zugewendet haben, die sich hemmend oder fördernd auf eine kollektive Mobilisierung auswirken können. Obwohl diese Verschiebung des Aufmerksamkeitsfokus eine Vielzahl von interessanten Erkenntnissen mit sich brachte, so geschah dies doch um den Preis einer Vernachlässigung der motivationalen Grundlagen des Protests. "[P]eople's intentions, choices, and discretion disappear in a mechanical play of structures [...]. Analysts do not ask *why* some people become inclined to protest" (Goodwin und Jasper 1999: 34; eigene Hervorhebung). Vielmehr werden ihre Beweggründe als gegeben angenommen und es scheint, als würden sie nur darauf warten, unter günstigen Bedingungen mobilisiert zu werden. Damit wurde jedoch vorschnell aus dem Auge verloren, dass die spezifischen Qualitäten der Ungerechtigkeitsempfindungen selbst sowohl einen (kollektiven) Protest als auch dessen Ausbleiben (mit-) bedingen können. Denn wie Klandermans zu Recht anmerkt: "The fact that grievances and ideology cannot explain the rise of social movements does not

---

74 Diese Perspektive führte in ihrer US-amerikanischen Prägung, die häufig auch als *Political Process Theory* bezeichnet wird, zu einer Reihe detailreicher Fallstudien über ausgewählte soziale Bewegungen, so beispielsweise McAdams (1982) sowie Jenkins' und Jacobs' (2003) Untersuchungen über afroamerikanische Bürgerrechtsbewegungen zwischen den 30er und 90er Jahren oder Jenkins' und Perrows (1977) Darstellung der *Farm Workers Movement (1946-1972)*. Aber auch breit angelegte historische Arbeiten wie jene von Tilly (zum Beispiel 1978, 2004), oder Tarrows (1995) Studie zu Protestzyklen sowie Silvers (2003) Untersuchung zur globalen Ausbreitung der Arbeiterbewegung seit Ende des neunzehnten Jahrhunderts können mit ihrer Betonung des Zusammenhangs von institutionellen politischen Strukturen und dem Auftreten von sozialen Bewegungen dieser Richtung zugeordnet werden. In seiner europäischen Ausrichtung inspirierte der Ansatz der *Political Opportunity Structures* hingegen vor allem vergleichende Studien, in denen Unterschiede zwischen ähnlichen sozialen Bewegungen auf die nationalstaatlichen Besonderheiten politischer Systeme zurückgeführt werden. Exemplarisch sei hier die Untersuchung von Kitschelt (1986) über die Anti-Atomkraftbewegungen in Frankreich, Schweden, Deutschland und den USA genannt sowie der Aufsatz von Cortright und Pagnucco (2001), die das Scheitern einer transnationalen Anti-Atomwaffenbewegung Anfang der 80er Jahre auf die jeweils spezifische Verfasstheit der nationalstaatlichen Politiksysteme zurückführen. Einen umfassenden Überblick dieser Theorierichtung bieten die Sammelbände von Jenkins und Klandermans (1995) sowie von Meyer u.a. (2005), letzterer in Form einer Verteidigung und Abgrenzung des Ansatzes gegen eine als überzogen bewertete kulturalistische Perspektive.

mean that they do not play a role in the decisions of individuals to participate in a social movement." (1984: 584)

In einem weiteren Erklärungsansatz, der in seiner Ausrichtung je nach Autor eher der strukturalistischen oder der kulturalistischen Seite zugeordnet werden kann, wird auf die Beobachtung verwiesen, dass soziale Bewegungen für die Rekrutierung neuer Mitglieder häufig bereits bestehende Netzwerke nutzen, seien dies nun Familien- oder Freundschaftsbeziehungen oder Kontakte aus früheren politischen Aktivitäten.[75] Aus strukturalistischer Perspektive können diese Beziehungen als Ressourcen interpretiert werden, die es ebenso wie andere Reserven und Hilfsmittel zu aktivieren gilt. Der kulturalistisch geprägte Blickwinkel betont hingegen die den beteiligten Akteuren gemeinsame oder zumindest ähnliche Problemwahrnehmung, über die sie aufgrund ihrer Beziehungen untereinander bereits verfügen. Dies erleichtere die Aufgabe der sozialen Bewegungsorganisationen ihre Ziele und Anliegen so zu formulieren, dass sie zu den schon vorhandenen Vorstellungen passen – einen Vorgang, den Snow und andere (1986) als *frame alignment* bezeichnet haben. Die über soziale Kontakte vermittelte Wahrnehmung sozialer Verhältnisse als ungerecht bildet hier zwar die Brücke zwischen Bewegungsorganisationen und potentiellen Mitgliedern, wird allerdings auch in dieser Forschungsrichtung nicht weiter thematisiert. "Frames resonate with potential recruits precisely because these recruits *already have* certain visions of the world." (Jasper 1997: 76; eigene Hervorhebung). Wie sie allerdings zu dieser Wahrnehmung gekommen sind und aufgrund welcher Aspekte ihrer Ungerechtigkeitseinschätzung sie sich mobilisieren lassen, das heißt an welche ihrer Elemente soziale Bewegungen besonders erfolgreich anknüpfen können, bleibt offen. Ebenso wie in den strukturalistisch ausgerichteten Ansätzen wird folglich auch im *Social Network*-Ansatz Ungerechtigkeit als selbstverständlich vorausgesetzt und meist keiner weiteren Betrachtung unterzogen.

Dies änderte sich erst mit der Verbreitung und Weiterentwicklung jenes kulturalistisch geprägten Erklärungsansatzes, der seit Beginn der 90er Jahre mit seiner Fokussierung auf die Ideen und Vorstellungen der beteiligten Akteure eine Gegen- oder zumindest eine komplementäre Position zur bis dahin dominierenden strukturalistischen Perspektive formulierte. In Anlehnung an Hellmann (1998: 19-22) kann der kulturalistische Ansatz in zwei Richtungen differenziert werden, denen zwar das Interesse an sozialen Konstruktions-

---

75 Vergleiche exemplarisch die Beiträge in Goodwin und Jasper (2004) von D'Emilio (1983) zur *Gay Liberation Movement*, von Freeman (1973) zur *Women Liberation Movement* und von McAdam (1988) zum sogenannten *Freedom Summer*, einem Projekt aus dem Kontext der Bürgerrechtsbewegung. Einen Einblick in die vielfältigen Facetten einer auf die Netzwerkanalyse fokussierten sozialen Bewegungsforschung liefern der Sammelband von Diani und McAdam (2003) sowie der Aufsatz von Emirbayer (1994). Methodische Probleme dieser Herangehensweise werden unter anderem von Gould (1991) diskutiert.

prozessen gemeinsam ist, von denen sich der *Collective Identity*-Ansatz aber eher der Frage zuwendet, "wie sich eine Bewegung ihrer selbst versichert", während der *Framing*-Ansatz das der Bewegung zugrundeliegende "Protest*problem*" in den Mittelpunkt stellt.[76] Aus dem Kontext der sozialen Bewegungsforschung sind es nun vor allem die Beiträge zum *Framing*-Ansatz, die sich dem Phänomen der Ungerechtigkeit selbst gewidmet haben. So sprechen einige der Autoren explizit von einem *injustice frame*, der für die Konstitution einer sozialen Bewegung notwendig sei, aber auch die von anderen Autoren als *diagnostic frame* oder *possibility frame* bezeichneten Schemata enthalten Bezüge zur Wahrnehmung sozialer Verhältnisse als ungerecht. Interessanterweise greifen die *Framing*-Konzepte damit eine Perspektive aus der frühen Forschungstradition der *Collective Behavior*-Theorie auf, die ursprünglich den Angriffs- und Ausgangspunkt für den Ansatz der Ressourcenmobilisierung darstellte.[77] Im folgenden Kapitel werde ich nun zunächst

---

76 Die Beiträge in dem Sammelband *Social Movements and Culture* von Johnston und Klandermans (1995) vermitteln einen Eindruck, in wie vielfältiger Art und Weise "Kultur" bei der Entstehung, dem Erfolg, dem Scheitern oder der Auflösung von sozialen Bewegungen am Wirken ist und wie eine Kulturanalyse sozialer Bewegungen aussehen könnte. Die spezifische Perspektive des *Collective Identity*-Ansatzes wird unter anderem in den Arbeiten von Melucci (1995, 1996) entfaltet und kommt exemplarisch in den Aufsätzen von Taylor und Whittier (1992) sowie Rupp und Taylor (1999) am Beispiel der Frauenbewegung zum Einsatz. Autoren wie Joshua Gamson (1995) oder Klandermans (1997) thematisieren neben den mobilisierenden Effekten einer kollektiven Identität auch deren mögliche Gefahren, wenn sie darauf hinweisen, dass soziale Bewegung mit der Betonung nur eines Identitätsmerkmals Gefahr laufen, unterschiedliche Identitätsansprüche nicht mehr ausbalancieren zu können und so der Abspaltung oder Selbstzerstörung Vorschub leisten.

77 Im Unterschied zu den Ansätzen, die sich entweder der strukturalistischen *oder* der kulturalistischen Tradition zurechnen, stellt der *Collective Behavior*-Ansatz – insbesondere in der von Turner und Killian erstmalig 1957 veröffentlichten und noch immer lesenswerten Einführung – eine integrierte Theorie sozialer Bewegungen dar, die jegliche Einseitigkeiten vermeidet. In gewisser Weise knüpfen die jüngsten Arbeiten aus dem Bereich der sozialen Bewegungsforschung an diese Tradition an, auch wenn noch immer unterschiedliche Ansichten über Gewichtung und Interpretation struktureller und kultureller Erklärungsfaktoren bestehen. In den Sammelbänden von Goodwin und Jasper (2004) sowie Meyer u.a. (2002) kommen die wichtigsten Vertreter beider Fraktionen in dieser Debatte zu Wort. Meines Erachtens ist die Vermutung naheliegend, dass die Suche nach einer integrierten Perspektive im Zusammenhang mit einer weiteren Entwicklung in der sozialen Bewegungsforschung gesehen werden kann: Im Zuge der Ausbildung von *transnational* agierenden sozialen Bewegungen, scheinen zusehends jene blinden Stellen sichtbar zu werden, die in einer nationalstaatlich begrenzten Analyse noch unbemerkt blieben. Und so führte die Fokussierung auf transnationale soziale Bewegungen nicht nur zu einer weiteren Differenzierung der einzelnen Theorietraditionen, sondern auch zu dem Bestreben, die jeweiligen Beschränkungen beider Perspektiven in einem gemeinsamen theoretischen Rahmen zu überwinden. Wenn auch nicht jeder einzelne Beitrag, so kommt doch kaum ein Sammelband zu transnational oder global agierenden sozialen Bewegungen ohne den Verweis sowohl auf strukturelle als auch auf kulturelle Einflussfaktoren aus (vgl. Smith u.a. 2001 [1997]; Guidry u.a. 2001;

beleuchten, welche Elemente der Ungerechtigkeitswahrnehmungen sowohl in der *Collective Behavior*-Forschung als auch in den Beiträgen des *Framing*-Ansatzes thematisiert werden und welche Einsichten sie in Bezug auf die Mobilisierungsfähigkeit dieser Ungerechtigkeitserfahrungen formulieren. In diesem Zusammenhang wird auch auf die Frage zurückzukommen sein, wie dieser Forschungszweig die Wirkungen von Verantwortungszuschreibungen auf System- und Strukturzusammenhänge in Bezug auf die Möglichkeit der Deutung sozialer Ungleichheiten als ungerecht einschätzt.

3.1.3.2 Verantwortungszuschreibungen und die Mobilisierungsfähigkeit sozialer Bewegungen

Wenn Turner und Killian (1987) in ihrem Buch *Collective Behavior* über Ungerechtigkeit sprechen, so bezeichnen sie diese Wahrnehmung als "sense of injustice". Je nach Problemlage kann dieser Ungerechtigkeitssinn unterschiedlichen Inhalts sein und sich als die Abweichung von einem Gerechtigkeitsideal oder als Zusammenbruch der alltäglichen Normalität darstellen. Auch in den späteren Arbeiten der sozialen Bewegungsforschung wird meist auf beide Varianten von Ungerechtigkeit Bezug genommen. So verorten Snow und andere die Aktivitäten sozialer Bewegungen entweder in "previously taken for granted" Bereichen, die nun aber als "problematic and in need of repair" erscheinen (also "negativ" bestimmten Ungerechtigkeiten) oder in Bereichen, die vormals "[were] seen as normative and acceptable", vor dem Hintergrund veränderter Gerechtigkeitsvorstellungen nun aber als ungerecht

della Porta u.a. 1999; della Porta und Tarrow 2004; Khagram u.a. 2002; Smith und Johnston 2002; Bandy und Smith 2005). Gleiches lässt sich von den breit angelegten Einzelfallstudien sagen, wie sie beispielsweise Armbruster-Sandoval (2005) zur *Anti-Sweatshop Movement* oder Khagram (2004) zur Bewegung gegen die Indischen Narmada-Damm Projekte vorgelegt haben. Gleichwohl scheint mir aber je nach Fragestellung auch die Konzentration auf nur eine Theorietradition gerechtfertigt zu sein, vorausgesetzt, sie ist sich ihrer jeweiligen Beschränkungen bewusst und erhebt nicht den Anspruch, den vermeintlich einzigen ausschlaggebenden Faktor zu thematisieren. So möchte ich mit meiner Fokussierung auf Ungerechtigkeitswahrnehmungen und -empfindungen denn auch keineswegs den Anschein erwecken, sie seien mehr als nur eine notwendige Bedingung, die allein schon hinreichend wäre, die Ausbildung (kollektiver) Protestreaktionen erklären zu können oder in einer ihrer spezifischen Ausprägungen deren Ausbleiben zu bewirken. Ebenso wenig möchte ich für die von mir thematisierten Dimensionen von Ungerechtigkeit den Anspruch erheben, sie seien die einzig möglichen. Denn auch hier gilt, was schon Max Weber in seinem Versuch, den "Geist" des Kapitalismus in seiner "individuellen Eigenart" zu erfassen, schrieb: "Diese Gesichtspunkte [... die, Weber zur Charakterisierung des "Geistes" des Kapitalismus heranzieht; S.T.] sind nun nicht etwa die einzig möglichen [...]. Andere Gesichtspunkte würden hier [...] andere Züge als die 'wesentlichen' ergeben" (Weber 1988 [1920]: 30f.).

eingeschätzt werden (also "positiven" Ungerechtigkeiten[78]) (1986: 474). In den Ausführungen von Turner und Killian fällt aber zunächst ein anderer Aspekt ins Auge: An verschiedenen Stellen heben die Autoren hervor, dass sich soziale Bewegungen in ihrem Bemühen, einen wie auch immer bestimmten Ungerechtigkeitssinn erst zu erzeugen, häufig mit der Schwierigkeit konfrontiert sehen, die als problematisch angesehenen Aspekte der Wirklichkeit als *menschengemacht* darzustellen. Die Möglichkeit, Ungerechtigkeit überhaupt wahrnehmen zu können, ist ihres Erachtens also an die Erkenntnis gebunden, "that an extant condition doesn't have to be, that it is not in the nature of things" (1987: 243), "[that it is] less natural and more unjust." (ebd.: 248) Damit betonen Turner und Killian genau jene Dimension der Verantwortungszuschreibung, die im letzten Abschnitt in Anlehnung an Moore und Shklar herausgearbeitet wurde: Solange ein bestimmter Bereich des Lebens dem Wirken unvermeidlicher Naturgesetzmäßigkeiten zu unterliegen scheint, werden die aus ihm resultierenden Nachteile als bloßes Schicksal oder Unglück, als in der "Natur der Dinge" liegend angesehen. Erst wenn die Verhältnisse als "nicht natürliche" und damit als zumindest potentiell vermeidbare erkannt werden, eröffnet dies die Chance, sie als ungerecht wahrzunehmen. Turner und Killian illustrieren dies mit folgenden Worten am Beispiel der Frauenbewegung: "The idea that women had not shown much public leadership because they had not been given the chance, and not because it was their biological nature to be passive and receptive, was an eye-opening perspective early in the twentieth century." (1987: 243f.) Die Möglichkeit zur Einschätzung der Situation von Frauen als ungerecht bestand also erst ab dem Zeitpunkt, an dem ihre Lage nicht länger auf ihre (vermeintlich) weibliche Natur zurückgeführt wurde. Denn solange man die Ungleichheiten in der "weiblichen Natur" begründet sah, musste jedes darauf gerichtete Handeln als geradezu sinnlos erscheinen, da es an dieser Natur eben nichts würde ändern können. In einer weiteren Veröffentlichung veranschaulicht Turner denselben Sachverhalt am Beispiel eines jungen Mannes, der an einer unheilbaren Krebserkrankung stirbt. Sein Tod könne zwar durchaus unser Mitleid und unsere Trauer erwecken, doch keineswegs jenes Empfinden von Ungerechtigkeit, "which provokes a sense of outrage against a system productive of such misfortunes." (1969: 391)[79] Die Wahrnehmung von Ungerechtigkeit

---

78 Genau genommen handelt es sich bei dieser zweiten Variante um eine "Weiterentwicklung" der in Abschnitt 2.1 vorgestellten Form von Ungerechtigkeit: Denn nicht allein die Verletzung bestehender Gerechtigkeitsideale führt hier zu der Einschätzung, dass etwas ungerecht sei; vielmehr hätten die normativen Gerechtigkeitsvorstellungen zuvor eine Veränderung erfahren und würden nun einen vormals als legitim und gerecht erscheinenden Zustand als ungerecht erleben lassen.

79 Es sei darauf hingewiesen, dass Turner mit der Bezeichnung "system" nun gerade ein Objekt von Verantwortungszurechnungen benennt, dessen Wirkung auf die Wahrnehmung

wird in diesem Beispiel an die Möglichkeit gebunden, die Ursache des Todes in einem von Menschen erzeugten "System" zu erkennen, dessen "Handeln" einen solchen Tod beispielsweise durch unterlassene Behandlungen "erlaubt" oder dessen Funktionsweise die Erkrankung selbst erst herbeigeführt hat. Andernfalls wäre sein Tod zwar bedauerlich, aber eben einer natürlichen und unvermeidbaren Ursache geschuldet.[80] Turner und Killian benennen mit dieser Unterscheidung "between conceiving of a problem as a *misfortune* and conceiving of it as a state of *injustice*" (1969: 391; Hervorhebung im Original) also eine erste, für die Entstehung sozialer Bewegungen notwendige Bedingung: Denn erst das Bewusstsein der *Menschengemachtheit* einer Problemlage schaffe die Möglichkeit der Wahrnehmung einer auch vermeidbaren Ungerechtigkeit.

In der kulturalistisch inspirierten Bewegungsanalyse wird nun in Anlehnung an Goffman und dessen Konzept der *frames* (vgl. Punkt 2.2.2.2) ebenso wie schon von Turner und Killian betont, dass die Wahrnehmungen der Akteure selbst zentraler Gegenstand in der Analyse sozialer Bewegungen sein sollten.[81] Ähnlich wie Goffman verstehen Snow und Benford – zwei der führenden Vertreter dieses Ansatzes – unter einem *frame* ein Interpreta-

---

von Ungerechtigkeit in Punkt 3.1.2 und Abbildung 3 noch als ungewiss dargestellt wurde. Es wird sich allerdings zeigen, dass dies nicht ohne Folgen für seine Überlegungen hinsichtlich einer *zusätzlichen* Bedingung bleibt, die seines Erachtens für die Mobilisierungsfähigkeit der Ungerechtigkeitswahrnehmungen notwendig sei. Auf diesen Aspekt werde ich im Haupttext gleich zurückkommen.

80 Die von Deborah Gould beschriebene Bewegung ACT UP, deren Aktionen unter anderem dem Umgang mit den steigenden Zahlen der an Aids Gestorbenen in den USA Ende der 80er Jahre galten, versuchte ihre potentiellen Anhänger für genau diese differenzierte Betrachtung zu sensibilisieren. So war auf einem ihrer Flugblätter zu lesen: "These people have died from a virus. But they have been killed by our government's neglect and inaction." (2004: 169) In Punkt 3.1.4 werde ich auf diese Studie zurückkommen.

81 Es mag verwundern, dass dies von den Vertretern des kulturalistischen Ansatzes immer wieder ausdrücklich hervorgehoben wird; es ist aber verständlich vor dem Hintergrund einer jahrzehntelangen Dominanz strukturalistischer Theorien, die diese Wahrnehmungen als selbstverständlich voraus- oder mit "objektiven" sozialen Gegebenheiten gleichsetzten. Im Unterschied dazu betonen Autoren wie Klandermans, dass es um die "*perceived* reality" geht: "[S]ocial problems are not objectively given. After all, many situations that could be considered a social problem never do become an issue" (1991: 30). Und diese besondere Relevanz der Wahrnehmung gelte "not only in the case of grievances but also in relation to resources, political opportunities, and the outcomes of collective action." (1992: 77) So merken beispielsweise Gamson und Meyer an, dass es keine objektiv günstigen oder ungünstigen politischen Gelegenheitsstrukturen gäbe, sondern diese immer erst Gegenstand von Interpretationen werden müssten: "Political opportunities are subject to framing processes" (1999: 276), "[a]n opportunity unrecognized is no opportunity at all." (ebd.: 283) Ich werde mich hier allerdings in erster Linie auf den Aspekt der "grievances", das heißt der potentiell als ungerecht eingeschätzten Missstände beschränken. Gleichwohl wird sich zeigen, dass die wahrgenommenen politischen Gelegenheitsstrukturen in Gestalt der Vorstellungen von den bestehenden Machtdifferenzen auch dafür nicht ganz irrelevant sind.

tionsschema, "[which] simplifies and condenses the 'world out there' by selectively punctuating and encoding objects, situations, events, experiences, and sequences of actions within one's present or past environment." (1992: 137) In Bezug auf soziale Bewegungen sprechen die Autoren von sogenannten *collective action frames*, zu denen sie zunächst sehr allgemein anmerken, es handele sich um Glaubensvorstellungen und Überzeugungen, durch die die Aktivitäten und Kampagnen von sozialen Bewegungen inspiriert und legitimiert werden. Der zusätzlich verwendete Begriff des *framings* zeigt an, dass diese *frames* häufig erst erzeugt werden müssen; damit verbunden ist zugleich ein Wandel in Bezug auf die unterstellte beziehungsweise angenommene Bewusstheit der Rahmen und Rahmungsvorgänge: Während Goffman *frames* im Sinne von meist selbstverständlichen und für ihren Nutzer im Verborgenen bleibenden Konzepten verwendet, werden mit den Prozessen des *framing* vor allem die aktiven, von den Initiatoren und Organisatoren sozialer Bewegungen zu bewältigenden Aufgaben verstanden (vgl. König 2003). Dies kommt sehr schön in der Formulierung Zalds vom "framing as a strategic activity" zum Ausdruck (1999: 261). Doch auch der Begriff des *frame* hat damit eine Veränderung erfahren, insofern er nicht länger nur in Bezug auf stillschweigende und unausgedrückte Alltagstheorien Verwendung findet; vielmehr werden *frames* in der sozialen Bewegungsforschung meist als Objekte der bewussten Aufmerksamkeit thematisiert, die im Kontext konflikthafter Auseinandersetzungen ausdrücklich artikuliert werden: "Frames can be contested. Activists in movements and countermovements have a stake in developing metaphors, images, and definitions of situation that support alternative programs." (ebd.: 265) Soziale Bewegungen sehen einen Teil ihrer Bestimmung also auch darin, bestimmte *frames* erst zu produzieren und ihnen in Gestalt von Programmen und Erklärungen einen manifesten Ausdruck zu verleihen.[82]

In der Literatur werden nun verschiedene *frames* und *framing*-Prozesse spezifiziert beziehungsweise als analytisch zu trennende Komponenten des umfassenderen *collective action frame* und sämtlichen von einer Bewegung zu bewältigenden *framing*-Aufgaben benannt. Aufgrund unterschiedlicher Begrifflichkeiten brachte dies jedoch eine gewisse Unübersichtlichkeit mit sich (vgl. Tabelle 1), die allerdings geordnet werden kann, legt man das bis dato erarbeitete theoretische Instrumentarium zugrunde. Die in der vorliegenden Arbeit bereits mehrfach zitierte Studie von Gamson und anderen (1982) verwendete erstmalig die Formulierung eines *injustice frame* und griff damit den bereits von Turner und Killian formulierten Gedanken auf, dass

82 Der sozialen Bewegungsforschung liegt in weiten Teilen folglich ein Kognitionsbegriff zugrunde, der vor allem auf Prozesse des reflektierten Nachdenkens und Überlegens abzielt (Punkt 2.4.2). Die Ausnahme stellt Gamson dar, wie im folgenden Unterpunkt noch deutlich werden wird.

soziale Verhältnisse erst dann als ungerecht angesehen werden können, wenn sie als von Menschen erzeugt erscheinen. Bleibt die Ursache hingegen vage und unpersönlich, sei der Missstand zwar bedauerlich, aber eben ein unabänderlicher Bestandteil des Lebens.

Tabelle 1: ***Collective Action Frames***

Autoren	Bezeichnungen
Gamson u.a. (1982)	*injustice*
Gamson (1995, 1996)	*injustice / identity / agency*
Klandermans und Goslinga (1999) Klandermans u.a. (1999)	*injustice / identity, adversarial / agency*
Snow und Benford (1988, 1992)	*diagnostic / prognostic / motivational*
Gamson und Meyer (1999)	*possibility / agency / urgency*

Als eine Komponente des übergreifenden *collective action frame* verneint ein *injustice frame* "the immutability of some indesirable situation" und betont hingegen "the possibility of changing it [i.e. the situation]". Durch seine "Brille" betrachtet erscheinen Menschen nicht länger als der Spielball unkontrollierbarer Kräfte, sondern "as potential agents of their own history" (Gamson und Meyer 1999: 285).[83] Die besondere Rolle der mit einem *in-*

83 Dieser *frame* trat in den letzten Jahren besonders deutlich bei den sogenannten "Anti-Globalisierungsgegnern" zutage – eine zugegebenermaßen sehr ungenaue Kennzeichnung der sehr heterogenen, und keineswegs in all ihren Strömungen gegen eine Globalisierung per se eingestellten Bewegung. So beschreibt Ayres die den Protestteilnehmern von 1999 in Seattle gemeinsame Vorstellung mit den Worten: "[T]he protestors asserted that the globalization of the world's economy in fact need *not inevitably* follow a neoliberal template." (2004: 23; eigene Hervorhebung) Der Widerstand gegen das Bild einer alternativlosen und unumkehrbaren Globalisierung kommt auch in der bekannten Selbstbeschreibung von ATTAC Deutschland sehr schön zum Ausdruck: "Globalisierung ist kein Schicksal – eine andere Welt ist möglich"; dabei wird einer Interpretation des Weltgeschehens als unvermeidlichem Schicksal die Deutung einer intentional gestaltbaren Entwicklung direkt kontrastierend gegenübergestellt (http://www.attac.de/ueber-attac/was-ist-attac/ Zugriff: 25.03.2008). Dieselbe Entgegensetzung findet man auch in folgendem Streitgespräch, das im Vorfeld des G8-Gipfels von 2007 in Heiligendamm im Deutschlandfunk geführt wurde. Auf die Frage des Moderators, ob die Globalisierung "mehr ein Fluch oder mehr ein Segen" sei, antwortet Meinhard Miegel (Direktor des Instituts für Wirtschaft und Gesellschaft Bonn) zunächst mit den Worten: "Es ist etwas Unausweichliches. Ist der Sonnenaufgang Fluch oder Segen?" Die Parallele zu einem Naturvorgang wie dem Sonnenaufgang soll die Bedeutung von Globalisierung als einem Phänomen aus dem Bereich des Unvermeidlichen wohl besonders unterstreichen. Ein Bundestagsabgeordneter der Linkspartei,

justice frame verbundenen Ursachen- beziehungsweise Verantwortungszuschreibung betont Gamson auch in seinem Buch *Talking Politics*, einer breit angelegten Medienanalyse: "*The critical dimension is the abstractness of the target.* Vague, abstract sources of unfairness diffuse indignation and make it seem foolish. We may think it dreadfully unfair when it rains on our parade, but bad luck or nature is a poor target for an injustice frame. When we see impersonal, abstract forces as responsible for our suffering, we are taught to accept what cannot be changed [...]. *Concreteness in the target*, even when it is misplaced and directed away from the real cause of hardship, *is a necessary condition for an injustice frame.*" (1996: 32; eigene Hervorhebung) Diese Wahrnehmung einer konkreten, auf einen benennbaren Akteur bezogenen Ursache steigert nach Gamson nicht nur die Chance, das Geschehen überhaupt als ungerecht zu erleben, sie erhöhe überdies die Wahrscheinlichkeit einer erfolgreichen (kollektiven) Protestmobilisierung. Darauf wird noch zurückzukommen sein.[84]

Mit der Formulierung "concreteness" integriert Gamson nun bereits einen weiteren Aspekt in seine Darstellung, der über die bloße Erkenntnis eines von Menschen erzeugten sozialen Arrangements hinausgeht: Zwar könne man in einem abstrakten – es ließe sich ebenso sagen "intellektualistischem" – Sinn davon sprechen, dass alle, auch die größeren sozialen Zusammenhänge, die gemeinhin als "Systeme", "Strukturen" oder "Gesellschaftsordnungen" bezeichnet werden, *irgendwie* von Menschen erschaffen wurden. Doch ziehen die darauf bezogenen Verantwortungszuschreibungen allenfalls ein vages Ungerechtigkeitsgefühl nach sich, da die "wirklichen" Menschen, das heißt spezifische und angebbare Personen in diesen reifizierten Gebilden verschwinden. Hingegen wird die Ungerechtigkeit nach Gamson umso heftiger und handlungsaktivierender empfunden, je konkreter hinter diesen unpersönlichen Einheiten "motivated human actors" am Wirken gesehen werden. "These actors may be corporations, government agencies, or specifiable groups" (ebd.). Damit nimmt Gamson genau jenen unscharfen Grenzbereich zwischen Unvermeidlichkeit und Intentionalität in den Blick, der bereits in Punkt 3.1.2 thematisiert wurde. Doch wie kann seine Vermutung begründet werden, dass konkrete Verantwortungszuschreibungen nicht nur die Chance

---

Herbert Schui, bringt in seiner Entgegnung hingegen eine Deutung desselben Prozesses als intentionalem Vorgang zum Ausdruck: "Zunächst einmal, dass Globalisierung unausweichlich und gewissermaßen vom Himmel geregnet sei, das stimmt ja wohl nicht. Globalisierung ist das Ergebnis einer Reihe internationaler Abkommen [...]. Man kann nun nicht argumentieren, dass sich das schicksalhaft ergeben hätte."
(http://www.dradio.de/dlf/sendungen/interview_dlf/629446/ Zugriff: 01.06.2007)

84 Dieselbe Vermutung bringt Jasper zum Ausdruck, wenn er schreibt: "When humans can be blamed for causing a threat, outrage is a more common response. [...] We could formulate the following prediction: the more clearly defined the proximate source of the threat, the more likely opposition is to form." (1997: 119)

erhöhen, soziale Verhältnisse als ungerecht erscheinen zu lassen, sondern dass sie darüber hinaus potentiell motivierender auf kollektives Handeln wirken? Eine Antwort auf diese Frage verspricht ein genauerer Blick darauf, um was es bei der von ihm angesprochenen "concreteness" eigentlich geht. Dafür werde ich nun auch die anderen in Tabelle 1 genannten Autoren zu Wort kommen lassen: Denn obgleich ihre Überlegungen in Bezug auf das, was überhaupt erst als ungerecht wahrgenommen werden kann, teilweise hinter denen von Gamson zurück bleiben, betonen sie doch – wie er selbst auch – ein weiteres Element der *framing*-Prozesse, das ein erstes Licht darauf zu werfen vermag, warum die "Konkretheit" einer Ursache so wichtig sein könnte.

Doch zunächst einige kritische Anmerkungen: Klandermans und andere berufen sich in ihrer Studie über die Proteste holländischer und spanischer Landwirte mit der Formulierung des *injustice frame* zwar ausdrücklich auf Gamson, merken jedoch nur an, "[that i]njustice frames refer to the evaluation of a situation as unfair and unjust." (1999: 135) Ihre Operationalisierung dieses *frames* in Form von Bewertungen berufsgruppenspezifischer Einkommensverteilungen entspricht denn auch eher jenen bereits aus der soziologisch-empirischen Gerechtigkeitsforschung bekannten Abfragen (ebd.: 139) und verliert damit zunächst die für Gamson so zentrale Dimension der Ursachenzuschreibung aus dem Auge. Diese findet sich nunmehr im Kontext des *identity* beziehungsweise *adversarial frames* wieder: "The identity or adversarial component contains an element of collective identity: a 'we', and a definition of an opponent: a 'they'. [...] 'They' are the authorities, elites who are held responsible for the adverse situation. [... A]dversarial framing concerns causal attribution." (ebd.: 135f.) Die Beantwortung der Frage, wer oder was die Verantwortung für eine ungünstige Situation trägt, das heißt wem oder was die Schuld für eine nachteilige Lage zukommt, wäre nach Gamson allerdings erst die Voraussetzung dafür, die Einkommensverteilung überhaupt als ungerecht einschätzen zu können. Doch betont auch er den engen Zusammenhang zwischen der Ursachenzuschreibung und der Möglichkeit zur Ausbildung einer gemeinsamen Identität: "The identity component refers to the process of defining this 'we', typically in opposition to some 'they' [...]. Without an adversarial component, the potential target of collective action is likely to remain an abstraction – hunger, disease, poverty, or war" (1996: 7). Die Identifikation eines gemeinsamen konkreten Gegners begünstigt folglich die Ausbildung eines "wir", einer gruppenspezifischen Identität, die den Missstand nicht länger nur als Einzelschicksal erleben lässt.[85] Gleichwohl ist

85 Der historische Abriss von Ayres (2004) über die Proteste von Seattle und Genua erweckt geradezu den Eindruck, dass der "neoliberale Kapitalismus" erst mit der Gründung der WTO 1994/1995 jenes Gesicht bekam, das auf Seiten der "Globalisierungsgegner" sehr unterschiedliche Gruppierungen unter einem Dach zu bündeln vermochte und diese als

die kollektive Identität mehr und etwas anderes als bloß die Wahrnehmung eines gemeinsamen Grundes für die missliche Lage – wie die Komponente des *agency framing* weiter unten zeigen wird. Reduziert man die Wir-Identität jedoch auf die Benennung eines gemeinsamen Widersachers, lässt sich diese kaum mehr von dem *injustice frame* unterscheiden, was Klandermans in einer anderen Studie mit Goslinga auch selbst feststellt: "Empirically, it appears to be difficult to seperate the injustice and adversarial frame." (1999: 332).

Im Unterschied zu Gamson (und Klandermans) scheinen Snow und Benford dem *injustice framing* selbst nur eine geringe Beachtung zu schenken. So weisen sie zwar darauf hin, dass *collective action frames* "redefine as unjust and immoral what was previously seen as unfortunate" (1992: 137) – und knüpfen damit wiederum an die bereits bekannte Differenzierung zwischen Unglück auf der einen und Ungerechtigkeit auf der anderen Seite an –, die zentralen *framing*-Aufgaben sozialer Bewegungen beschreiben sie allerdings mit den Begriffen *diagnostic*, *prognostic* und *motivational*. Die Dimension der Verantwortungszuschreibung verbirgt sich bei ihnen hinter der als *diagnostic framing* bezeichneten Aktivität, die sich auf die "identification of the source(s) of causality, blame, and/or culpable agents" bezieht (2000: 616). Doch lässt sich aufgrund der bisherigen Überlegungen vermuten, dass nur im Fall eines spezifischen *diagnostic frame* auch ein *injustice frame* vorliegt. Der spezifische, für kollektives Handeln notwendige *diagnostic frame* besteht nach Snow und Benford darin, "[to] attribute blame for some problematic condition by identifying culpable agents, be they individuals or collective processes or structures." (1992: 137) So ergebe sich im Fall der US-amerikanischen Bürgerrechtsbewegung die mobilisierende Wirkung des *diagnostic frame* daraus, "that blame is externalized in that unjust differences in life circumstances are attributed to encrusted, discriminatory structural arrangements rather than to the victim's imperfections" (ebd.: 139). Ebenso wie in dem bereits weiter oben angesprochenen Beispiel von Turner (vgl. Fußnote 79) können folglich auch ihres Erachtens jene Verantwortungszuschreibungen, die sich auf abstrakte Gebilde wie Strukturen oder Systeme beziehen, eine handlungsmotivierende Kraft entfalten. Dieser Gedanke findet sich desgleichen bei Ferree und Miller (1985): Ihnen zufolge sind "[o]nly system attributions [...] consistent with social movement activity" (ebd.: 44). Den handlungs*de*motivierenden Gegenpol würden hingegen die sogenannten

---

"wir" erst konstituierte. Allgemeiner hält Benford fest: "Reaching an agreement on attributions can be important to concerted action because these definitions of the situation often designate targets of collective action." (1993: 689) Am Beispiel der Friedensbewegung illustriert er, wie ihre verschiedenen Organisationen über die Problemursachen in Konflikt geraten können und in der Folge nicht nur das gemeinsame Angriffsziel aus dem Auge verlieren, sondern überdies das gemeinsame "wir" gefährden.

"chance attributions" bilden, also Zuschreibungen, die die Benachteiligungen als das Resultat willkürlicher und unkontrollierbarer Kräfte erscheinen lassen.[86] Doch während den Autoren darin zugestimmt werden kann, dass weder Schuldzuweisungen an die Opfer selbst ("victim-blaming", "self-blaming") noch Zufall oder Glück ("chance attribution", "fatalism") für die Mobilisierung kollektiven Handelns geeignete Objekte sind, muss doch ergänzt werden, dass Akteure angesichts dieser Formen der Verantwortungszuschreibung die Verhältnisse wohl gar nicht erst als ungerecht wahrnehmen (vgl. Punkt 3.1.1) – Widerstand folglich für sie überhaupt kein Thema ist. Bei System- oder Strukturzuschreibungen scheint sich dies anders darzustellen: Offenbar können sie die Zustände durchaus als ungerecht erscheinen lassen, doch dass sie überdies einem kollektiven Handeln per se zuträglich wären, behaupten auch Snow und Benford nicht. Vielmehr illustrieren sie am Beispiel der Friedensbewegung, wie ein Problem in seinen Ursachen als technisch, sozial oder politisch so kompliziert charakterisiert werden kann, dass es nur mehr Experten und Wissenschaftlern zugänglich erscheint (1988: 203f.), der Protest unprofessioneller Laien hingegen nichts an ihm ändern könne. Angesichts von Sachverhalten, die als komplexe Struktur- oder Systemprobleme gekennzeichnet werden, kann der Versuch ihrer Einmischung als unangemessen und sinnlos, im schlimmsten Fall sogar als kontraproduktiv dargestellt werden. So erklären Zavestoki und andere (2004) das Ausbleiben von Anwohnerprotesten angesichts einer erheblichen Dioxin-Verschmutzung durch eine ortsansässige Firma in North Providence (USA) in den 90er Jahren damit, dass es deren Risiko-Managern gelang, die Behebung des Problems als eine Sache kompetenter Experten auszuweisen:[87] Dieses Expertenwissen wurde sowohl hinsichtlich naturwissenschaftlich-technischer Belange wie dem "Messen" des Vergiftungsgrades oder den Empfehlungen zur "Reinigung" bemüht als auch in Bezug auf eher "sozial-technische" Aspekte wie die Koordination zwischen staatlichen Behörden, privatwirtschaftlichen Akteuren und Betroffenen. Denn ein vielschichtiges Problem erfordere nicht nur die Berücksichtigung der Interessen aller Beteiligten, sondern überdies ein aufeinander abgestimmtes Vorgehen. Der "wissenschaftliche" Rat der Experten an die Bevölkerung bestand darin, sich ruhig zu verhalten, da "Überreaktionen" und "Panik" einer Lösung nur abträglich sein könnten (ebd.: 269ff.). Werden Missstände in einer solchen Art als komplex und kompliziert

86 In ähnlicher Weise formulieren dies auch Snow und andere, wenn sie als notwendige Bedingung für das Engagement in sozialen Bewegungen einen Perspektivwechsel in Bezug auf die Schuldzuweisungen konstatieren: "a change from fatalism or self-blaming to structural-blaming, from victim-blaming to system-blaming" (1986: 474).

87 Der "risk-manager" hat es folglich mit zwei Gefahren zu tun: Während die eine in den Umweltrisiken selbst liegt, speist sich die andere aus dem potentiellen Widerstand sozialer Bewegungen oder anderer Protestformen.

dargestellt, müssen soziale Bewegungen für eine erfolgreiche Protestmobilisierung folglich ihre Aufmerksamkeit einer weiteren Aktivität widmen. Diese wird von Gamson als *agency framing*, von Snow und Benford als *motivational framing* bezeichnet. Ein genauerer Blick auf diesen Aspekt der Wirklichkeitskonstruktion wird nun zeigen, warum Gamson zugleich darauf insistiert, dass "concreteness in the target" potentiell motivierender wirke als Verantwortungszuschreibungen auf Systeme oder Strukturen.

Unter *agency framing* versteht Gamson das Bestreben sozialer Bewegungen, die Wirksamkeit der eigenen Handlungen herauszuheben (1996: 7, Gamson und Meyer 1999: 285). Um kollektives Handeln zu inspirieren, reicht es häufig eben nicht aus, die bestehenden Verhältnisse als menschengemacht und ungerecht zu erkennen, vielmehr bedürfe es darüber hinaus eines Vertrauens, durch eigenes Tun an ihnen etwas verändern zu können. Gleichermaßen betonen auch Turner und Killian, dass die Umsetzung einer Ungerechtigkeitswahrnehmung in konkrete (kollektive) Handlungen durch die Hoffnung begünstigt wird, die sozialen Verhältnisse durch eigenes Zutun auch tatsächlich verbessern zu können (1987: 247). Die Strukturen oder Systeme müssen als durch eigenes Handeln beeinflussbare Objekte erscheinen. Auch Benford und Snow weisen im Zusammenhang mit dem *motivational framing* auf diesen Glauben an die eigene "efficacy" hin (2000: 617). Der Versuch, dieses *agency framing* strategisch einzusetzen, kommt beispielsweise in der Empfehlung von sogenannten "organizing manuals" (einer Art Ratgeberliteratur für Initiatoren sozialer Bewegungen) zum Ausdruck, mit kleinen und aussichtsreichen Aktionen zu beginnen; mit diesen könne auch den noch Unentschlossenen demonstriert werden, "that action can have an impact" (Gamson und Meyer 1999: 286). Insbesondere eine von Gamson verwendete Formulierung vermag nun aufzudecken, worauf diese Aktivitäten abzielen: Er spricht davon, "[that t]hey *empower* people" (1996: 7; eigene Hervorhebung). Mit anderen Worten geht es beim *agency framing* also darum, die Wahrnehmung von *Machtbeziehungen* zu verändern. Die eigene Position soll nicht als machtlos und ohnmächtig empfunden, sondern vielmehr als potent und einflussreich dargestellt werden. Dies kann unter anderem dadurch bewirkt werden, dass Akteure sich nicht als Einzelkämpfer oder nur individuell Betroffene begreifen, sondern – vermittelt über den *identity frame* – als Bestandteil einer größeren und somit potentiell wirkungsmächtigeren Bewegung. Deshalb spricht Gamson auch von einem "sense of collective efficacy" beziehungsweise einem "sense of collective agency" (1996: 7, 59). Während einer einzelnen Person die ihr gegenüberstehenden Verhältnisse als übermächtig erscheinen mögen, kann sie als Teil einer Gruppe das Machtgefälle als weniger ungleich und die Handlungschancen als umso größer einschätzen. Und so gehört denn auch für Benford und Hunt die Konstruktion und Kommunikation von Machtbeziehungen zu einer der wichtigsten Aufgaben sozialer Bewegungen. Über verschiedene "dramatic techniques" können sie versuchen, ihren potentiellen Unterstützern eine bestimmte Interpretation dieser Machtrelationen nahezulegen und jene, denen es noch an dem Glauben fehlt, an den Verhältnissen etwas ändern zu können, vom Gegenteil zu überzeugen. "Empowerment refers to an interactive process of convincing individuals or groups that they have the capacity to affect power relations." (1995: 90) Das *agency framing* zielt folglich darauf ab, den Skeptikern und Zweiflern den Eindruck einer stärkeren Machtposition glaubhaft zu vermitteln.[88]

Während das *agency* beziehungsweise *motivational framing* nun jene Seite der Machtbeziehungen in den Blick nimmt, auf der sich die Betroffenen selbst sowie ihre Sympathisanten wiederfinden, bezieht sich das *injustice* beziehungsweise *diagnostic framing* mit seinen Verantwortungszuschreibungen auf die Gegenseite. Vor diesem Hintergrund wird verständlich, wieso Gamson der Konkretisierung der Ursache eines Problems eine so große Bedeutung zumisst: Benennbare und sichtbare Akteure bieten nicht nur jenen direkten Angriffspunkt für das eigene Handeln, der bei allumfassenden Strukturen und Systemen fehlt, sie können auch als weniger übermächtig als diese erscheinen. Dies steht im Einklang mit den Ergebnissen der Studie von Javeline über die von der Lohnkrise betroffenen russischen Arbeiter Ende der 90er Jahre. Sie stellte fest, dass die Wahrscheinlichkeit größer war, an einer oder mehreren der Protestaktionen teilgenommen zu haben, wenn konkrete Verantwortungszuschreibungen vorgenommen wurden (2003b: 112). Sahen die Betroffenen die Ursache der Lohnkrise in Faktoren wie "der allgemeinen ökonomischen Situation", "dem Transformationsprozess", "ausländischen Regierungen" oder "den Behörden", so beteiligten sie sich seltener an den Streiks, als wenn sie zu spezifizieren vermochten, welche konkreten Akteure sich hinter diesen Prozessen oder Institutionen verbargen. Für alle drei Erhebungszeitpunkte hält sie fest, "[that] Russians who attributed causal responsibility specifically were more likely to participate than Russians who were less specific or unspecific attributors of blame." (ebd.: 113) Gleichermaßen weisen auch die Beobachtungen von Benford und Hunt darauf hin, dass viele soziale Bewegungen es nicht bei abstrakten Schuldzuweisungen belassen, sondern diese durch zusätzliche sprachliche Mittel konkretisieren und moralisch aufladen: Nicht das kapitalistische System wird angegriffen, sondern die "capitalist pigs"; nicht die geschlechtsdiskriminierenden Strukturen sollen verändert werden, sondern jene "male chauvinists", die ein Interesse an ihrer Aufrechterhaltung haben (1995: 88). Mit diesen Formulierungen wird die übermächtige Gegenseite der Systeme und Strukturen in das Handeln kon-

88 Den Ansatz der *Political Opportunity Structures* mit diesem *agency framing* zu verknüpfen, ist demzufolge naheliegend (vgl. in etwa Diani 1996), denn – wie Klandermans und andere anmerken – "In agency frames beliefs about the extent to which a political system is open to influences from society are reflected." (1999: 136)

kreter und weniger mächtiger Akteure aufgebrochen. Die sprachlich zum Ausdruck gebrachte moralische Degradierung soll deren Machtanspruch zugleich als illegitim entlarven. Auch die bereits erwähnte Darstellung der "Anti-Globalisierungs"-Bewegung von Ayres (2004) stützt diese Interpretation: Denn es scheint unter anderem die Verkörperung neoliberaler Prinzipien in einem Akteur wie der WTO gewesen zu sein, die dem Unbehagen gegen eine als falsch verstandene Globalisierung erst jenen Auftrieb geben konnte, den es für die Proteste von Seattle bedurfte. Zwar mag auch die WTO noch als mächtiger Gegner wahrgenommen werden, doch scheint ihr Einfluss ungleich geringer als die Wirkung unpersönlicher und omnipotenter Ordnungsprinzipien, die ein System in seiner Gesamtheit durchziehen.

Wenn Benford und Hunt also schreiben, dass die Organisatoren sozialer Bewegungen versuchen, den Eindruck zu vermitteln, "that existing power structures can be altered" (Benford und Hunt 1995: 100), so können sie dies leisten, indem sie mit ihren Situationsdefinitionen entweder an der eigenen Machtposition ansetzen – wie im *agency framing* – oder aber an der des gemeinsamen Gegners – wie es in den Verantwortungszuschreibungen des *injustice framing* bereits angelegt ist. In Bezug auf letzteres lässt sich mit Gamson festhalten, dass "concreteness in the target" nicht nur die Wahrscheinlichkeit erhöht, die Verhältnisse und Ereignisse als ungerecht zu erkennen; auch die eigenen Machtchancen können als größer eingeschätzt werden und die Möglichkeit eigener Einflussnahme in Betracht ziehen lassen. Einschränkend muss allerdings hinzugefügt werden, dass auch spezifische Schuldzuweisungen keine Garantie für (kollektives) Protesthandeln bieten. So haben sich weder alle der von Javeline befragten russischen Arbeiter, die konkrete Verantwortungszuschreibungen vornahmen, an den Streikaktivitäten beteiligt; noch ist es plausibel anzunehmen, dass all jene, die in der WTO eine Manifestation des neoliberalen Kapitalismus erkennen, sich einer globalisierungskritischen Bewegung anschließen. Denn auch konkrete Akteure können noch als so übermächtig wahrgenommen werden, dass man meint, ihnen nichts entgegensetzen zu können; sei es nun, weil sie als individuelle oder korporative Akteure ein vielfaches Mehr an Ressourcen und folglich Machtmitteln zu besitzen scheinen, oder weil sie als individuelle Akteure zwar als beeinflussbar (oder austauschbar) gelten, als bloße Repräsentanten eines größeren Systems jedoch an dessen Organisationsprinzipien scheinbar auch nichts zu ändern vermögen. Für eine empirisch gehaltvolle Ungerechtigkeitsforschung ist es demzufolge nicht nur notwendig, die Objekte von Verantwortungszuschreibungen möglichst präzise und in jenen Bedeutungen zu erfassen, die sie für die Betroffenen selbst haben. Interessiert man sich darüber hinaus auch für die handlungsrelevanten Wirkungen dieser Schuldzuweisungen, muss überdies ihre Wahrnehmung der Machtverhältnisse Berücksichtigung finden. Bevor ich im folgenden Unterpunkt nun der Frage nachgehe, warum die Einschätzung der eigenen Machtmöglichkeiten so folgenreich für die Entscheidung ist, sich mit einer wahrgenommenen Ungerechtigkeit abzufinden, oder sich dieser durch individuelles oder kollektives Handeln entgegenzustellen, möchte ich noch kurz auf die verbleibenden, in Tabelle 1 genannten *frames* beziehungsweise *framing*-Aktivitäten eingehen.

Der von Gamson und Meyer als *possibility frame* benannte Rahmen bezieht sich – wie es seine Bezeichnung bereits nahelegt – auf die Möglichkeit der Veränderung sozialer Verhältnisse. Damit ist er zunächst den für soziale Bewegungen typischen *diagnostic* beziehungsweise *injustice frames* ähnlich, da auch sie aufgrund der in ihnen enthaltenen Verantwortungszuschreibungen Ereignisse als menschengemacht und somit zumindest potentiell wandelbar erscheinen lassen. An den mit einem *possibility frame* verbundenen *framing*-Aktivitäten wird allerdings deutlich, dass die Deutung der Welt durch seine "Brille" noch mehr beinhaltet. Gamson und Meyer verweisen in diesem Zusammenhang auf die von den Initiatoren sozialer Bewegungen bewusst eingesetzte optimistische "Rhetorik des Wandels", in der die Möglichkeit alternativer Lebens- und Gesellschaftsentwürfe in Abgrenzung zum Status quo in Aussicht gestellt wird (Gamson und Meyer 1999: 285). Seine spezifische Bedeutung erhält der *possibility frame* also erst durch den Bezug zu den als möglich vorgestellten anderen Welten; er skizziert mehr oder weniger klare Zukunftsbilder "of better policies, greater justice, and more human social life" (1999: 286), die sich nicht mehr nur in der Ablehnung der gegenwärtigen Verhältnisse erschöpfen. Als Beispiel einer solchen Zukunftsvision ziehen die Autoren die viel zitierte Rede Martin Luther Kings "I have a dream" heran. Folglich lassen sich in diesen *possibility frames* auch die von der soziologisch-empirischen Gerechtigkeitsforschung (vgl. Punkt 2.1.1) thematisierten normativen Gerechtigkeitsideale verorten, insofern sie bereits ausdrückliche Vorstellungen davon enthalten, was jenseits der als ungerecht empfundenen Zustände gewünscht wird. Das zusätzliche, von Snow und Benford als *prognostic frame* bezeichnete Deutungsschema enthält darüber hinaus konkrete Vorschläge, *wie* die künftigen gerechteren Welten erzeugt werden können (1988: 201); *prognostic framing* bezieht sich also auf die Artikulation und Diskussion von Strategien und Techniken, die den Weg in eine bessere Gesellschaft ebnen sollen. Wie die Darstellung der "Anti-Globalisierungsbewegung" von Ayres zeigt, bedarf es dieser positiven Zukunftsbilder und klaren Lösungsvorschläge zwar nicht für die Entstehung einer Bewegung, für ihren längerfristigen Bestand scheinen sie häufig allerdings unabdingbar zu sein; zugleich stellen sie allerdings eine weitere Quelle für potentielle Konflikte innerhalb der Bewegung dar (2004: 23). Bleibt zuletzt noch der von Gamson und Meyer erwähnte *urgency frame* anzusprechen, der in der Liste der genannten Schemata eine gewisse Außenseiterstellung einnimmt. Er verweist auf die Dringlichkeit des eigenen Handelns und legt den Eindruck nahe, dass das Problem keinen weiteren Aufschub erlaubt sowie umgehend in Angriff genommen werden muss (1999: 286). Damit betont der *urgency frame* meines Erachtens auch die Intensität einer Wahrnehmung beziehungsweise den Nachdruck, mit der sich das von den anderen *frames* geprägte Bild von der Wirklichkeit den Betroffenen oder ihren potentiellen Unterstützern aufdrängt. Die in ihm enthaltene Handlungsanweisung – die selbst wiederum auf spezifische Ausprägungen der *injustice* und *agency frames* angewiesen ist – macht deutlich, dass Akteure selbst ein Teil jenes Beziehungsgeflechtes sind, in dem sie ein Problem verorten. Dieses "involviert sein" deutet nun bereits an, dass sie aufgrund der anderen *frames* eine bestimmte Sicht der Dinge nicht nur "kalt" konstatieren, sondern in diese wahrgenommene Welt auch emotional verstrickt sind (vgl. auch Punkt 2.4.2).

3.1.4 Verantwortungszuschreibungen und handlungs(de)motivierende Emotionen

Die bislang erwähnten Theorietraditionen in der sozialen Bewegungsforschung kennzeichnet nun – ungeachtet ihrer je spezifischen Fokussierung auf Ressourcen, politische Gelegenheitsstrukturen oder *frames* – eine Beschreibung der Anhänger sozialer Bewegungen als kühl kalkulierende und wohlüberlegt handelnde Akteure.[89] Wie im letzten Unterpunkt deutlich wurde, haben sich die *framing*-Ansätze zwar den Wahrnehmungen der (potentiellen) Aktivisten selbst zugewendet, doch waren es vor allem deren kognitive Deutungsprozesse, denen ihr Interesse galt. Sie beziehen sich damit vor allem auf das, was ich in Punkt 2.4.2 als Sinngebung bezeichnet habe; so halten auch Ferree und Merrill fest: "Frames merely provide a certain cognitive focus and thus put certain elements or ideas 'in the picture' or not. [...S]uch selective attention is always needed to make sense of what William James called otherwise 'a blooming, buzzing confusion' of sensory input." (2004: 249) Dieser kognitivistische Bias ist nach Ansicht der beiden Autoren dem Umstand geschuldet, dass die *framing*-Konzepte in der Theorietradition jener sozialpsychologischen Ansätze stehen, "that model cognition as 'cold', using the detached and dispassionate observer as the standard actor" (ebd.: 250). Gemeinsam mit den Ansätzen, die sich insbesondere den Kompetenzen und Fähigkeiten sozialer Bewegungsorganisatoren widmen, Ressourcen zu akquirieren oder ihre Erfolgsaussichten im Kontext der jeweiligen politischen

---

89 Ausgenommen davon waren wohl nur Turner und Killian, deren Formulierung eines "sense of injustice" bereits auf dessen emotionale Konnotationen verweist (die von ihnen allerdings nicht systematisch ausgearbeitet wurden) sowie William A. Gamson, dessen Konzept eines *injustice frame* sich nicht in Verantwortungszuschreibungen erschöpft, sondern Ungerechtigkeiten von starken Empfindungen begleitet, mitunter sogar erst ausgelöst sieht (vgl. Punkt 2.4.2).

Landschaft zu kalkulieren, wird somit das Bild von überwiegend rational und strategisch sowie "exceptionally cognitive and unusually dispassionate" agierenden Personen gezeichnet (Gould 2004: 161). Deborah Gould bezeichnet diese Darstellung als ein Zerrbild, als eine "thin caricature of protesters", die uns letztlich nichts darüber sagen könne, "*why* such dispassionate people would ever be motivated to disrupt their daily routines and engage in collective action." (ebd.; eigene Hervorhebung) So wird in den *framing*-Ansätzen zwar detailliert beschrieben, was in den Köpfen der (potentiellen) Aktivisten vorgeht, doch warum sie auf Grundlage dieser Bilder und Vorstellungen von der Welt auch handeln – oder anders formuliert: *was* sie antreibt –, bleibt letzten Endes unergründet. Denn *frames* vermögen zwar zu spezifizieren, "*how* to think about things, but they don't point to *why* it matters." (Ferree und Merrill 2004: 249; Hervorhebung im Original)

Das fehlende Element, das die Verbindung zwischen den in den *frames* enthaltenen Vorstellungen und den Handlungsvollzügen erst herstellt, sehen diese Autoren nun in jenen Empfindungen und Gefühlen, die mit den kognitiven Wahrnehmungen von der Welt einhergehen. "How people feel about themselves, their situations, and their political options affects how they act" (Gould 2004: 162). In der von ihnen vorgeschlagenen Perspektive kommt Emotionen folglich die Aufgabe zu, "of connecting ideas to motivations for action" (Ferree und Merrill 2004: 252), das heißt erst spezifische Emotionen würden diese Ideen mit jener motivierenden Kraft ausstatten – Gould spricht von der "*force* or *power* of emotions" (2004: 162) –, die notwendig sei, um die eigenen Bilder, beispielsweise von einer künftigen gerechteren Welt, auch in die Tat umzusetzen. In Anlehnung an meine Ausführungen in Punkt 2.4.2 könnte man auch sagen, dass einer bloß über *frames* vermittelten Weltwahrnehmung beziehungsweise Sinngebung gerade jene Stellungnahme fehlt, die aufgrund der Einbindung der Akteure in ein Beziehungsgefüge und die daraus resultierende affektive Aufladung dieser Deutungen erst erzeugt wird. Diese Stellungnahme kann in verschiedenen Gefühlsreaktionen ihren Ausdruck finden, die ihrerseits das rein kognitive Nachdenken "unterbrechen" und nach einer Handlung verlangen. Mit der Berücksichtigung dieser affektiven und emotionalen Vorgänge versucht diese noch recht junge Strömung in der sozialen Bewegungsforschung dem Umstand gerecht zu werden, dass nicht nur die von sozialen Bewegungen behandelten Themen häufig hitzig umkämpft und debattiert werden (was auch die Gegenseite von zum Beispiel staatlichen oder wirtschaftlichen Akteuren einschließt), sondern gleichermaßen die von ihnen initiierten Aktionen wie Demonstrationen, Streiks, Sit-ins oder Boykotts von den Beteiligten als aufwühlende Ereignisse erlebt werden.[90] Doch so notwendig die Integration dieser emotionalen Elemente auch ist, um ein umfassenderes und der Wirklichkeit angemesseneres Bild von sozialen Bewegungen zu zeichnen, haftet dieser Perspektive für meine eigene Fragestellung doch ein Nachteil an: Mit ihrer Fokussierung auf soziale Bewegungen beleuchten viele (aber nicht alle) der Studien vor allem die Gefühlswelt der bereits engagierten Akteure. Aufgrund ihres Forschungsgegenstandes interessieren sie sich folglich insbesondere für jene Emotionen, die eine handlungsmotivierende Kraft entfalten können. Es fehlt ihnen hingegen eine systematische Berücksichtigung auch jener Empfindungen, die das Handeln lähmen und Menschen dazu bringen, sich mit den Verhältnissen abzufinden. Um eine Antwort auf die Frage zu finden, welche Ungerechtigkeitserfahrungen motivierend zu wirken vermögen und welche eine gegenteilige Wirkung entfalten, ist es demzufolge angebracht, das Feld der sozialen Bewegungen vorübergehend zu verlassen. Daher werde ich im Folgenden mit der bereits in Punkt 2.4.1 angesprochenen Theorie von Theodore Kemper ein Modell in den Blick nehmen, das den Anspruch hat, aufgrund der Berücksichtigung unterschiedlichster Beziehungskonstellationen eine Vielfalt von emotionalen Reaktionen erfassen zu können. Damit liefert es meines Erachtens einen fruchtbaren Ausgangspunkt für eine systematische Analyse auch jener Empfindungen, die mit Ungerechtigkeiten einhergehen; gleichwohl soll dabei nicht aus dem Auge verloren werden, an welchen Stellen die Theorie Kempers dafür noch ergänzt werden muss.[91]

Ein zentrales Ergebnis im letzten Unterpunkt bestand in der Beobachtung Gamsons, dass die in Ungerechtigkeitserfahrungen zum Ausdruck kommende moralische Empörung umso stärker und intensiver empfunden wird, je konkreter die Verantwortung in Bezug auf die Ursache eines Ereignisses zugeschrieben werden kann (1996: 32). Doch während in der sozialen Bewegungsforschung nun betont wird, dass dies zugleich die Chancen für einen möglichen Widerstand steigert, machen Forschungsfelder jenseits kollektiver

90 Zu den Wegbereitern dieser Entwicklung in der sozialen Bewegungsforschung kann insbesondere James M. Jasper gezählt werden, der in seinem Buch über *The Art of Moral Protest* (1997) nicht nur den moralischen Vorstellungen von Aktivisten nachgeht, sondern eben auch die ihren Protest auslösenden und ihn begleitenden emotionalen Befindlichkeiten beleuchtet (vgl. auch Jasper 1998). In Zusammenarbeit mit Jeff Goodwin und Francesca Poletta wurde von ihm 2001 der erste einschlägige Sammelband *Passionate Politics: Emotions and Social Movements* herausgegeben.

91 Kemper selbst hat in seinem Aufsatz *A Structural Approach to Social Movement Emotions* (2001) gezeigt, wie sein Modell eingesetzt werden kann, um die Vielfalt der in sozialen Bewegungen beobachtbaren Emotionen zu erklären. Die von mir eingenommene Perspektive ist insofern eingeschränkter, als ich mich auf die affektiven Komponenten von Ungerechtigkeitserfahrungen beschränke; zugleich ist sie weiter, da ich auch jene Ungerechtigkeiten berücksichtige, die noch keine Manifestation in sozialen Bewegungen gefunden haben.

Protesthandlungen auf eine andere Reaktion aufmerksam. So lassen die Berichte von Studierenden in einer Untersuchung von Mikula zwar darauf schließen, dass die ihnen widerfahrenen Ungerechtigkeiten zumeist von konkreten anderen Akteuren ausgingen, dennoch gab ein Fünftel von ihnen an, sich nicht gegen sie gewehrt zu haben. Sei es nun, dass ihre Leistungen nicht angemessen bewertet oder ihre Anstrengungen nicht gewürdigt wurden, dass sie für Dinge verantwortlich gemacht wurden, die sie nicht verschuldet hatten oder dass sie in einem unangemessenem Tonfall behandelt wurden: "21 percent of the subjects explicitly reported that they resigned themselves to their fates." (1987: 78) Sie versuchten weder auf der Handlungsebene der Ungerechtigkeit etwas entgegenzusetzen – sei es nun offener Protest, subtiler Widerstand, Rache oder schlicht die Beendigung der Beziehung –, noch versuchten sie, die Geschehnisse kognitiv umzudeuten oder in ihrer Bedeutung herunterzuspielen. "Obviously, people can live with the awareness of injustice and do not necessarily have to persuade themselves that no injustice occured at all when they were unable to do anything about it." (ebd.: 79) Ebenfalls im letzten Unterpunkt wurde festgehalten, dass in die Einschätzung der eigenen Handlungsmöglichkeit – die hier in der Feststellung resultiert, nichts tun zu können – nicht nur die Wahrnehmung der eigenen Position einfließt, sondern diese gleichermaßen auch die Machtchancen des Gegenübers zum Inhalt hat. Mit anderen Worten ist an die Verantwortungszuschreibung zugleich eine Einschätzung jener Machtbeziehung geknüpft, die den Verursacher einer Ungerechtigkeit mit ihrem Opfer verbindet.[92] Mit diesen beiden Elementen – Verantwortungszuschreibungen einerseits und Machtrelationen andererseits – sind nun zwei der zentralen, auch in Kempers Theorie verwendeten Variablen benannt, mit denen sich bereits eine Vielfalt von emotionalen Reaktionen erklären lässt: Denn nach Kemper können Emotionen als das Resultat "realer, vorgestellter oder antizipierter Ergebnisse sozialer Beziehungen" beschrieben werden (1978: 43). Demzufolge müssten auch die in der Untersuchung von Mikula berichteten Ungerechtigkeitserlebnisse bei den Studierenden charakteristische Emotionen nach sich gezogen haben, die sich aus der von ihnen vorgenommenen Schuldzuweisung sowie der damit verbundenen Wahrnehmung der Beziehung zum Verursacher

92 Um die Darstellung möglichst einfach zu halten, beziehe ich mich zunächst nur auf Ungerechtigkeiten, die einer Person selbst widerfahren. Sind es hingegen Ungerechtigkeiten, die anderen Menschen zustoßen, bezieht sich die Einschätzung der Machtchancen folglich auf die Beziehung zwischen dem Verursacher und dem potentiellen Helfer. Ob dieser eine solche Hilfe jedoch überhaupt in Betracht zieht, hängt freilich wiederum von der Beziehung zwischen ihm und dem Opfer ab – ein Aspekt, der in Abschnitt 3.2 im Mittelpunkt stehen wird und hier nur am Rande als die "Statusdimension" sozialer Beziehungen Erwähnung findet. Wie bereits in Punkt 2.4.1 ausgeführt wurde, stellen die macht- und die statusbezogenen Komponenten sozialer Beziehungen für Kemper und Collins (1990) die beiden Basisdimensionen des Sozialen dar.

in ihren machtbezogenen Aspekten gespeist hätten.[93] Wenn ich nun im Folgenden die emotionalen Variationen von Ungerechtigkeitserfahrungen diskutieren werde, verwende ich als Ausgangspunkt zunächst die einfache Konstellation einer Beziehung, die aus zwei natürlichen Personen besteht – und die folglich das von Gamson abgeleitete Kriterium konkreter Verantwortungszuschreibungen bereits erfüllt; kontrastierend werde ich diese Darstellung dann durch weitere Relationen zu korporativen Akteuren und größeren sozialen Zusammenhängen ergänzen.

In dem Analyseschema von Kemper gehören jene Situationen, die als ungerecht erlebt werden, zu jener Gruppe von Ereignissen, in denen Personen das von ihnen erwartete Ausmaß an Anerkennung verwehrt wird. So hält er fest, "that social movements often arise from a sense of grievance and/or of injustice. This points toward issues between some who deny adequate status to others and others who feel they are denied the amount of status they deserve." (2001: 67) Kemper verwendet in diesem Zusammenhang die Formulierung "status", da es sich um Formen der Anerkennung handelt, von denen angenommen wird, dass der andere sie bereitwillig und ohne Zwang gewähren müsste: zum Beispiel in Form der für einen Arbeitseinsatz erwarteten Würdigung oder der zu einem besonderen Anlass erhofften Geschenke.[94] Wie

---

93 Man könnte geneigt sein, diesem Modell einen ebenso kognitivistischen Bias vorzuwerfen, wie den *framing*-Ansätzen im letzten Kapitel. Dies wäre allerdings nur dann berechtigt, wenn man die Theorie Kempers durch eine konstruktivistische "Brille" liest und die Wahrnehmung der Beziehungsdimensionen als ausdrückliche Situationsdefinitionen im Sinne bewusster *framing*-Aktivitäten interpretiert. Doch ist meines Erachtens eine andere Lesart angebracht: Kemper selbst betont, dass Emotionen geradezu automatisch beziehungsweise "naturally" aus den sozialstrukturellen Bedingungen, das heißt aus den Macht- und Statusrelationen heraus entstehen (1990: 227). Dies schließt kulturelle Variabilität keineswegs aus; denn welches konkrete Verhalten als Macht- oder Statushandeln interpretiert oder als angemessene, exzessive oder ungenügende Macht- oder Statushandlung angesehen wird, kann gesellschaftsspezifisch variieren (Kemper 1984: 372; Gerhards 1988: 140f.). Diese kulturspezifischen Schemata wiederum entsprechen eher jenen unbewussten *frames*, von denen auch Goffman spricht; sie geraten als ausdrückliches *framing* nur dann in den Fokus der bewussten Aufmerksamkeit, wenn es Unklarheiten oder Missverständnisse in der Deutung einer Beziehung oder der auf sie bezogenen Handlungen gibt. Im Normalfall werden sie hingegen unbemerkt zur Anwendung gebracht und lassen Akteure mehr fühlen als wissen, wie es um ihre Bindungen bestellt ist. Dies bedeutet zugleich, dass Akteure nicht erst aufwändig nachdenken müssen, bevor sie wissen können, was sie fühlen; ihr Wissen um ihre Beziehungen drückt sich vielmehr unmittelbar in ihren Gefühlen aus. Insofern enthält zwar auch dieses Modell kognitive Elemente, jedoch sind dies jene Kognitionen, die als unbewusste und im Verborgenen bleibende Vorgänge beschrieben werden können (vgl. Punkt 2.4.2).

94 Dies ist meines Erachtens durchaus plausibel, wenn man bedenkt, dass Gerechtigkeit, die in den Augen der Betroffenen auch als eine solche wahrgenommen wird, offenbar nicht erzwungen werden kann: So schildert Rosenblum (2002) verschiedene Fälle, in denen Ungerechtigkeiten vor Gericht zwar ausgeglichen und formal-rechtlich behoben werden, von den

in Kapitel 2 an verschiedenen Stellen hervorgehoben wurde, können Akteure zwar durchaus genaue Vorstellungen davon haben, was ihnen zusteht beziehungsweise was ihnen zukommen sollte, häufig genug sind diese Erwartungen aber auch so selbstverständlich, dass sie unausgesprochen bleiben und erst im Zuge ihrer Enttäuschung eine klare Gestalt annehmen.[95] Um nun Aussagen über die emotionalen Reaktionen auf diese Erfahrungen machen zu können, ist vor allem die folgende Annahme Kempers von Bedeutung: "To accord less status to another than he deserves is to deny the other his due. *This is a form of exercise of power*" (1978: 68; eigene Hervorhebung). Unabhängig von der Art der Beziehung – sei dies nun eine formal und hierarchisch festgelegte Arbeitsbeziehung oder eine informell und auf Gleichberechtigung beruhende Freundschaftsbeziehung – kommt das Vorenthalten der freiwilligen Anerkennung einer Form der Machtausübung gleich, die in eine Herabsetzung der Machtposition des davon Betroffenen mündet. Seine damit verbundene emotionale Befindlichkeit beschreibt Kemper mit den folgenden Worten: "The structural condition of insufficient power also gives rise to an emotion. I call this emotion *fear-anxiety*." (ebd.: 55; Hervorhebung im Original) Diese Furcht ist nach Kemper eine vor allem nach innen gerichtete, auf die eigenen Defizite und Unfähigkeiten bezogene Empfindung. Wenn Akteure nun allerdings nicht sich selbst, sondern wie in Situationen der Ungerechtigkeit ihr Gegenüber als den Verursacher ausmachen, führe dies nicht nur zu einer "Umlenkung" des Gefühls auf den anderen, sondern zugleich zu einer Transformation seines Inhalts: "When other is seen as the agent of one's own insufficiency of structural power, the emotion is still fear-anxiety, but it has a different outcome. To view the other as agent is to assign to him the intent and will to overcome us and to benefit thereby. This leads, I hypothesize, to extrojecting the fear-anxiety as *anger and hostility* against the other." (ebd.: 57; eigene Hervorhebung) Die letztgenannte Vermutung wird im Bereich der sozialpsychologischen Forschung beispielsweise von Tripp und anderen (2007) geteilt, die davon ausgehen, dass Ungerechtigkeiten für die Betroffenen Wut und Ärger mit sich bringen; desgleichen wird in Bezug auf soziale Bewegungen häufig von dem Zorn gesprochen, der ihre Aktivisten antreiben würde.

Jedoch verschenkt eine Fokussierung allein auf diese Hypothese meines Erachtens jenes Potential, das in dem Ansatz von Kemper aufgrund seiner sozialstrukturellen Perspektive eigentlich angelegt ist. Denn die von ihm

---

Opfern aufgrund fehlender Reue und glaubhafter freiwilliger Entschuldigungen seitens der Täter aber weiterhin empfunden werden.

95 Dies eröffnet wiederum die Möglichkeit, dass in Prozessen des *korrektiven Austauschs* und der *accounts* die Erwartungen so angepasst werden, dass die Enttäuschungen nicht länger als gerechtfertigt erscheinen, Ungerechtigkeiten also doch nicht vorliegen (vgl. Punkt 2.1.3 und 2.2.3).

angesprochene Umformung der eigenen Angst in einen nach außen gerichteten Ärger ist keineswegs eine selbstverständliche Reaktion auf die Schuldzuweisung an den Verursacher. So konstatieren Harlos und Pinder in ihrer Studie über Ungerechtigkeitserfahrungen am Arbeitsplatz, dass die Betroffenen – obgleich sie eine solche Verantwortungszuschreibung vornahmen – häufig von Gefühlen der Angst und Furcht sprechen (2000: 265). Dies deutet darauf hin, dass diese Gefühle nur unter bestimmten Voraussetzungen, die an die Wahrnehmung der dauerhafteren, die Beziehung über einen längeren Zeitraum kennzeichnenden Struktur gebunden sind, in andere Emotionen transformiert werden. Oder mit anderen Worten: Ob Furcht und Angst angesichts des eigenen Machtverlusts in Ärger und Wut umschlagen, lässt sich meines Erachtens erst vor dem Hintergrund des Ausmaßes jenes Machtgefälles sagen, das die Beziehung bereits seit längerer Zeit kennzeichnet und in ihrer Geschichte, das heißt den früheren Begegnungen und Interaktionen angelegt wurde. Eine systematische Berücksichtigung dieser beiden von Kemper bereits eingeführten, jedoch nicht konsequent umgesetzten verschiedenen Aspekte von Macht – das heißt zum einen der Wahrnehmung jener konkreten Verhaltensweisen, mit denen Personen andere zu kontrollieren, zu bestrafen oder glaubhaft zu bedrohen vermögen und zum anderen der, man könnte vielleicht sagen "globaleren" Einschätzung der Machtrelation –, vermag ein differenzierteres Bild der in den Ungerechtigkeitserfahrungen enthaltenen emotionalen Reaktionen zu zeichnen.

Führt man sich zunächst eine Beziehung vor Augen, in deren Vergangenheit einer der Beteiligten bereits mehrfach erfolgreiche Machthandlungen gegen den anderen durchsetzen konnte – oder anders formuliert: ihm nicht geahndete Ungerechtigkeiten widerfahren ließ –, so ist meines Erachtens die Vermutung naheliegend, dass sein Opfer auch dann noch Furcht und Angst empfinden wird, wenn es die Verantwortung für das Geschehen dem Gegenüber zuschreibt. Dieses Gefühl kann zunächst als jene von Kemper beschriebene, nach innen gerichtete Empfindung der eigenen Hilflosigkeit zum Ausdruck kommen. Ihren Gehalt scheint diese Emotion jedoch nicht nur aus der aktuellen Situation zu beziehen: Vielmehr bündeln sich in ihr sämtliche in den früheren Begegnungen erlebten Formen des eigenen Unvermögens, sich zur Wehr zu setzen. Mit Collins könnte man dieses Gefühl der eigenen Unfähigkeit auch als eine Variante jener *emotional energy* bezeichnen, die sich seines Erachtens bei jedem Individuum als das langfristige Ergebnis all seiner sozialen Interaktionen manifestiert (1990: 39-42). Sind seine früheren Begegnungen durch Erlebnisse des Scheiterns gekennzeichnet, wurde es wiederholt dominiert oder ausgeschlossen, so resultiert dies in Gefühlen der eigenen Ohnmacht und mangelndem Selbstvertrauen – Empfindungen, die ihrerseits ein Machtgefälle als besonders groß erscheinen lassen können.[96] Hinter der *emotional energy* verbirgt sich aber nicht nur eine affektive Bewertung von Vergangenheit und Gegenwart, vielmehr kommt sie überdies in emotional aufgeladenen Erwartungen bezüglich künftiger Ereignisse zum Ausdruck. Mangelt es einer Person an emotionaler Energie, so hat sie auch weniger Vertrauen, durch eigenes Handeln an ihrer aktuellen oder in der Zukunft liegenden Situation etwas ändern zu können. Die von Kemper angesprochene *fear-anxiety* äußert sich zugleich also als eine "fearful anticipation of future events" (Barbalet 2001: 89). Ein hohes Maß an dieser auf das Kommende gerichteten Angst erzeugt nach Kemper einen affektiven Zustand der Hoffnungslosigkeit, der in emotionalen Reaktionen der Resignation seinen Ausdruck finden kann (1978: 74f.). Diese Antizipation kann allerdings nicht nur die eigene Hilflosigkeit zum Inhalt haben, sondern auch aus jenen vorgestellten Verhaltensweisen resultieren, die vom Gegenüber ausgehen könnten, falls man sich wehren würde. Das kann die Furcht vor seinen potentiellen Vergeltungsaktionen in Form von körperlichen Übergriffen, Demütigungen oder anderen als bedrohlich wahrgenommenen Handlungen sein. Wenn Akteure demzufolge den anderen als Verursacher ihres Leidens ausmachen – und somit zumindest die Chance für sie besteht, ihre Situation als ungerecht und nicht nur unvermeidlich zu erleben –, so scheinen sie seinen Handlungen vor dem Hintergrund eines größeren Machtgefälles doch weniger mit Emotionen wie Wut und Ärger zu begegnen. Ich vermute vielmehr, dass neben den situations- und handlungsbezogenen Varianten von Furcht eine Art generalisierter Angst in Form von Ohnmacht und Hilflosigkeit das Gefühlsleben dominiert. Diese Ohnmacht kann zum einen als der affektive Ausdruck der wahrgenommenen Machtdiskrepanz interpretiert werden, zum anderen prägt sie selbst auch wieder die Einschätzung und weitere Entwicklung der Beziehung. Da sie sich, wie Kemper anmerkte, in einer das eigene Handeln lähmenden Resignation konkretisiert, bestätigt sie in ihrer Hilflosigkeit bloß wieder das bestehende Machtgefälle. In diese Empfindung können zwar durchaus auch Elemente von Ärger einfließen, doch scheinen diese weniger den als machtvoll erscheinenden Gegner, als vielmehr das eigene Unvermögen zu Handeln zum Objekt zu haben.

Umgekehrt sind jene von Kemper beschriebenen Formen der nach außen, das heißt auf den anderen gerichteten Wut vor allem dann zu erwarten, wenn sich die Machtdifferenz als weniger ausgeprägt darstellt. Dies geht wiederum auf das in früheren Interaktionen erworbene Ausmaß an *emotional energy* zurück, das auch auf Seiten des von der Ungerechtigkeit Betroffenen jenes

96 Damit ist die in Punkt 2.4.2 in Anlehnung an Zajonc vorgestellte Annahme angesprochen, die den Stellenwert von Emotionen als unabhängigen Variablen betont und auf ihre Fähigkeit verweist, die bewussten und unbewussten Prozesse der Wahrnehmung selbst prägen zu können.

Vertrauen in die eigene Handlungsfähigkeit schafft, das notwendig ist, um sich gegen die Angriffe zur Wehr setzen zu können. Barbalet charakterisiert dieses Vertrauen als die affektive Basis von *human agency*, das heißt dem Glauben "to make a difference in the world" (2001: 86). Werden aufgrund früherer erfolgreicher Interaktionen *emotional energy* beziehungsweise Vertrauen akkumuliert, so schrumpft zugleich auch das zu dem anderen wahrgenommene Machtgefälle. Einem Angriff auf die eigene Position kann dann mit jenem Ärger begegnet werden, der die Furcht vor den Vergeltungshandlungen des Gegenübers zu überlagern vermag (vgl. Tripp u.a. 2007: 23). Das Objekt dieses Ärgers bezieht sich zwar auf das, was Kemper als die verhaltensbezogene Komponente von Macht – beziehungsweise den konkreten Fall der ungerechten Behandlung – bezeichnen würde, doch hat diese Empfindung ihren Ursprung zugleich in der Wahrnehmung der dauerhafteren, in der Geschichte dieser Beziehung liegenden Macht(a)symmetrie. Welche spezifischen Emotionen demzufolge angesichts einer Ungerechtigkeit empfunden werden, ist meines Erachtens an den Hintergrund der bereits bestehenden Beziehungsstrukturen und ihre Einschätzung durch die Beteiligten gebunden.[97] Wenn ich am Ende des Kapitels nochmals auf soziale Bewegungen sowie individuelle Umgangsformen mit Ungerechtigkeitserfahrungen zurückkommen werde, wird sich zeigen, welche weiteren empirischen Entsprechungen diese analytische Differenzierung in den emotionalen Reaktionen findet. Zuvor muss allerdings noch auf einen Gedanken von Collins hingewiesen werden, der aufgrund der bisherigen Fokussierung auf die Bindung zwischen zwei Personen zu kurz gekommen ist.

Es mag den Anschein haben, als ob der hier skizzierte Ansatz lediglich die immer gleich bleibenden Reaktionen auf Ungerechtigkeiten zu erklären vermag: Wer in einer Beziehung in der Vergangenheit stets Momente des Scheiterns und der eigenen Unfähigkeit erlebte, wird angesichts der eigenen Ohnmachtsgefühle diese Erwartung vermutlich auch in die Zukunft projizieren und die ihm widerfahrenen Ungerechtigkeiten hilflos hinnehmen; wer hingegen auf gelungene Interaktionserfahrungen zurückblicken kann, wird nicht nur genügend Selbstvertrauen aufbringen, um die Angst vor den potentiellen Gegenreaktionen des Anderen überwinden zu können, sondern aufgrund seiner optimistischen Einschätzung auch die Machtdiskrepanz als weniger ausgeprägt wahrnehmen. Vielleicht wird er auch seltener mit Unge-

97 Diese Einschätzungen spiegeln sich nach Collins wiederum in einer bestimmten Ausprägung an emotionaler Energie wider, deren zwei Endpole – wie oben beschrieben – einerseits als Vertrauen oder andererseits als Unsicherheit und Hilflosigkeit charakterisiert werden können. Vergleiche dazu auch die Interpretation der in den Garfinkel-Experimenten zu beobachtenden emotionalen Reaktionen; auch ihre Variabilität lässt sich erst vor dem Hintergrund der Beziehungsgeschichte sowie der in ihnen erworbenen emotionalen Energie erklären (Terpe 1999: Kapitel 6).

rechtigkeiten konfrontiert werden, da sein Gegenüber bereits seine Abwehrhandlungen antizipieren und folglich bestrebt sein kann, zumindest die intentionalen Ungerechtigkeiten zu vermeiden. Solange zweipersonale Beziehungen in sich abgeschlossene soziale Einheiten darstellen, wäre eine solche Beschreibung vielleicht ausreichend. Doch lässt sich die empirische Wirklichkeit besser als ein Netzwerk sozialer Beziehungen kennzeichnen, das den einzelnen Akteur in mehr als nur eine Bindung integriert. Wenn Collins schreibt, dass das für einen Menschen charakteristische Ausmaß an emotionaler Energie das Resultat seiner Interaktionserfahrungen darstellt, so bezieht sich das auf seine früheren Begegnungen mit allen Personen, zu denen er Kontakt hat(te). So mag er zwar in einer seiner Beziehungen Verletzungen und Demütigungen erleben, die seinen Selbstzweifel nähren, in anderen wiederum kann er vielleicht erfolgreich agieren, sei es nun, indem er selbst zu dominieren imstande ist oder indem er von anderen Anerkennung und Bestätigung erfährt. Da aber die *emotional energy* an den eigenen Körper gebunden ist, kann sie auch von einem Beziehungskontext in einen anderen transportiert werden. Das heißt, in gelungenen Interaktionen können Personen folglich mit jenem Selbstvertrauen ausgestattet werden, das ihnen vormals fehlte, um in anderen Situationszusammenhängen den Mut zur Gegenwehr aufzubringen. Umgekehrt kann aber auch die *emotional energy* eines Gegners dadurch in Mitleidenschaft gezogen werden, dass er in anderen Interaktionskontexten Niederlagen und Verluste zu erleiden hatte. In der Beziehung zum Opfer einer Ungerechtigkeit können diese insofern ihren Niederschlag finden, als dass er nun auch dem Betroffenen als weniger mächtig, als angreif- und verletzbar erscheint.

Wenn ich nun im Folgenden nochmals der Frage nachgehe, aufgrund welcher affektiven Aufladung Ungerechtigkeitserfahrungen handlungsmotivierend zu wirken vermögen – und wann sie dies nicht tun –, gilt es zwei Aspekten besondere Berücksichtigung zu schenken: Zum einen der in Anlehnung an Kemper thematisierten Unterscheidung zwischen der Wahrnehmung konkreter Machthandlungen einerseits und der Einschätzung von Machtdifferenzen andererseits; zum anderen der im Anschluss an Collins skizzierten Vorstellung, dass sich Akteure in einem Netzwerk sozialer Beziehungen befinden. Es ist zunächst dieser letztgenannte Aspekt, den sich soziale Bewegungen zu Nutze machen, wenn sie über den Weg des *identity framing* versuchen, die Opfer ungerechter Behandlungen (oder ihnen wohlgesinnte Sympathisanten) anzusprechen. In der *framing*-Forschung wird nun betont, dass der Vorteil einer gemeinsamen Identität vor allem darin bestehe, einen Missstand nicht länger als ein nur individuelles Problem wahrzunehmen. Denn während jede Person die ihr widerfahrenen Ungerechtigkeiten zunächst als individuelles Ereignis erlebt, vermag ein *identity frame* zu zeigen, dass andere Menschen ähnliche Erfahrungen machen. Dadurch erhält die eigene Bewertung der Situation zudem eine externe Validierung, die Weltwahrnehmung wird als eine geteilte bestätigt. Neben diesen – von den Initiatoren durchaus intentional gesteuerten – kognitiven Vorgängen werden durch die mit dem *identity framing* verbundenen Aktivitäten aber auch neue Interaktionszusammenhänge geschaffen. Das mag banal erscheinen, kann für die Betroffenen aber genau jene Formen der wechselseitigen Anerkennung mit sich bringen, die einen Zuwachs an *emotional energy* beziehungsweise Selbstvertrauen bedeuten. Auch ist zu vermuten, dass das im letzten Kapitel angesprochene *agency framing* nur dann erfolgreich ist, wenn die Beteiligten die von den Organisatoren bekundete Einflussstärke der Bewegung selbst spüren: Die bereits erwähnten kleinen, aber erfolgversprechenden Anfangsaktionen können dies für die Nicht-Beteiligten auf kognitivem Wege zu leisten versuchen; für die noch Unentschlossenen und Zweifler scheinen aber die internen Interaktionsrituale mindestens ebenso wichtig zu sein, da sich in ihnen die Bewegung nicht nur ihrer selbst versichert, sondern sie die Teilnehmer überdies mit einem Gefühl der eigenen Macht auszustatten vermögen.

Doch was bedeutet dies nun für die mit den Ungerechtigkeitserfahrungen einhergehenden emotionalen Befindlichkeiten? Hier gilt es die – selbst schon emotional vermittelte – Wahrnehmung der Machtbeziehung in Rechnung zu stellen. In zweipersonalen Beziehungen wird diese Einschätzung wohl vor allem durch die Geschichte der früheren Interaktionen geprägt werden: Die Machthandlung erhält ihre für das Opfer spezifische Bedeutung vor dem Hintergrund der zweipersonalen Beziehungsbiographie. Doch wie die soziale Bewegungsforschung gezeigt hat, kommen als Verursacher einer Ungerechtigkeit nicht nur individuelle Akteure in Betracht. Zwar kann Kemper in der Beobachtung zugestimmt werden, dass auch "[p]ower in the relational or structural sense [...] from successful power acts" abgeleitet wird (2001: 62), doch ist in Situationen, in denen der auslösende Faktor zunächst in den Verhaltensweisen einer individuellen Person gesehen wird, die Wahrnehmung des Machtgefälles auch daran gebunden, *als was* diese andere Person in Erscheinung tritt: Handelt sie als selbständiger natürlicher Akteur? Stellt sie sich als der Repräsentant eines größeren korporativen Akteurs dar? Oder erscheint sie als der – letztlich zufällig – Ausführende jener Verfahren und Ordnungsprinzipien, die ein System in seiner Gesamtheit durchziehen? Mit den beiden letzten Fragen ist nun weniger die Beziehung zu einer anderen natürlichen Person angesprochen, als vielmehr das Verhältnis zu überindividuellen konkreten Zusammenschlüssen oder unspezifischen sozialen Zusammenhängen. Bereits Max Weber hat darauf hingewiesen, dass es diese überindividuellen Phänomene in einem soziologischen Sinn zwar nicht gibt, dass sie für die Analyse sozialen Handelns – und man kann hinzufügen: auch für die Analyse emotionaler Reaktionen – dennoch relevant sind. Denn Akteure orientieren sich in ihren Handlungen eben nicht nur an anderen Menschen, sondern zudem an ihren Vorstellungen, die sie von diesen über sie hinausgehenden Gebilden haben (1972: 7). Insofern sie als Ursache einer

Ungerechtigkeit angesehen werden, fließen die Vorstellungen von ihnen folglich auch in die Einschätzung der zu ihnen bestehenden Machtrelation ein. Neben einer zwei- oder mehrpersonalen Beziehungsbiographie stellen diese Bilder also eine weitere Manifestation der strukturellen Komponente von Macht dar. Zwar merkt auch Kemper an, dass Macht in institutionalisierter Form in Erscheinung treten kann – er spricht dann von "authority" (2001: 61) – doch bleibt dies für seine Betrachtung der Beziehungskonstellationen weitgehend irrelevant. Wenn er schreibt, dass in einer Beziehung die Akteure "individuals or collectivities" (ebd.: 62) sein können, so scheint er nahezulegen, dass es für das emotionale Resultat letztlich egal sei, ob Verantwortungszuschreibungen nun auf Individuen, korporative Akteure oder größere soziale Einheiten vorgenommen werden. Es ist meines Erachtens genau diese Stelle in Kempers Modell, die einer Ergänzung bedarf, möchte man empirisch gehaltvolle Aussagen über die mit den Ungerechtigkeitserfahrungen einhergehenden Emotionen treffen, die sich jenseits personaler Beziehungen abspielen. Da in der emotionssoziologischen Forschung bislang jedoch detaillierte Beschreibungen und Analysen fehlen, die Gefühlszustände zum Inhalt haben, die aus der Orientierung an solchen überindividuellen Gebilden resultieren, stellen meine folgenden Aussagen lediglich Spekulationen dar. Gleichwohl möchte ich versuchen, sie durch einige Beispiele zu plausibilisieren.[98]

Als erstes möchte ich die Hypothese von Gamson aufgreifen, dass jeder noch so erfolgreiche, im Kontext sozialer Bewegungen entwickelte *identity frame* vermutlich keine dauerhaften Wirkungen in Form kollektiver Protesthandlungen zeigen wird, wenn sein Gegenüber ein diffuses strukturelles

98 So hat Kempers Aussage – "with respect to the emotions that power engenders, authority is a grey area" (2001: 61) – eine für mich andere Bedeutung als für ihn. Er möchte damit hervorheben, dass Machtüberlegene und -unterlegene in Autoritätsbeziehungen häufig unterschiedliche Ansichten über die Legitimität beziehungsweise Illegitimität der in Anwendung gebrachten Machtmittel haben. Für mich bringt sie hingegen den Umstand zum Ausdruck, dass es genau in diesem Bereich an systematischen Analysen fehlt: Was empfinden Menschen, wenn sie den Eindruck haben, dass sie es weniger mit einer natürlichen Person zu tun haben, als vielmehr mit den ausführenden Agenten korporativer Akteure oder allumfassender Strukturprinzipien? Wie sieht zum Beispiel ihr Gefühlsleben aus, wenn sie über den Verlust ihres Arbeitsplatzes zwar durch die Person eines Insolvenzverwalters informiert werden, die Schließung des Unternehmens aber wahlweise in den Geschäftspraktiken der Konkurrenz, einer fehlenden Unterstützung durch "die Politik" oder in "der Globalisierung" erkennen? Mit welchen Empfindungen reagiert eine Person, die eine in ihren Augen unangemessene Tätigkeit annehmen oder einen unzumutbaren Arbeitsweg in Kauf nehmen soll, wenn die Sanktionsdrohung in Gestalt der Sachbearbeiter einer bürokratischen Behörde (oder auch nur deren Schreiben) in Erscheinung tritt? Da derartige überindividuelle Gebilde das moderne Leben in all seinen Bereichen durchziehen, ist die Vermutung naheliegend, dass auch die Vorstellung von beziehungsweise die Orientierung an ihnen nicht ohne Folgen für die Gefühlswelt natürlicher Personen bleibt.

"they" bleibt. Denn werden die Ursachen einer Ungerechtigkeit jenseits einer konkreten Machthandlung in den Strukturzusammenhängen und Ordnungsprinzipien eines zwar menschengemachten, aber dennoch unpersönlichen Systems gesehen, so würde der durch *identity* und *agency framing* erzielte Zuwachs an Selbstvertrauen letztlich dadurch konterkariert werden, dass ein klarer Angriffspunkt fehlt, auf den sich die eigenen Gefühle richten können. Die positiven Interaktionserfahrungen im Kontext der Bewegung mögen zwar dazu geführt haben, dass nicht länger Ohnmacht und Hilflosigkeit das Gefühlsleben dominieren, doch scheint es an einer benennbaren Angriffsfläche zu fehlen, auf die sich eine kollektive Empörung richten könnte. Solange das "they" vage und diffus bleibt, scheinen auch die Gefühle nicht zu "wissen" woran sie sich festmachen können. Allerdings sind angesichts solcher Deutungen durchaus andere als kollektive Reaktionen auf der Handlungsebene möglich: So kann die Arbeit vieler Selbsthilfegruppen jenseits ihrer thematischen Ausrichtung als eine interpretiert werden, in der gelungene Interaktionsrituale inszeniert werden, um die emotionale Energie der Beteiligten positiv zu beeinflussen. Wenn nicht länger Hilflosigkeit und Gefühle der Ohnmacht vorherrschen, so kann die neu gewonnene *emotional energy* in individuellen – und nur kollektiv über die Gruppe vermittelten – Verarbeitungsstrategien münden. Doch zielen diese wohl eher darauf ab, einen (kompetenten) Umgang mit den Ungerechtigkeiten zu praktizieren als diese ursächlich zu bekämpfen. Insofern die Betonung zusehends den persönlichen Fähigkeiten, ihrer Aneignung und Übung gilt, könnte dies langfristig auch darin resultieren, die vormaligen Ungerechtigkeiten nicht länger als solche zu empfinden: Denn hinter dem Rücken der Betroffenen hätte mit der Personalisierung von Verantwortung auch eine Umbewertung der Situation stattgefunden.

Einen anderen Entwicklungsverlauf beschreibt Gould (2004): Sie charakterisiert die unter vielen Homosexuellen in den USA vorherrschende Empfindung bis in die 80er Jahre hinein als unterdrückten Ärger, der von der Angst vor sozialer Ablehnung und Schamgefühlen überlagert wurde (ebd.: 171f.). Der Ärger kann als eine Folge der Diskriminierungen interpretiert werden, die sie aufgrund ihrer sexuellen Orientierung erfahren, antizipiert oder bei anderen beobachtet haben. Doch während sie zwar eine Vorstellung davon hatten, dass es "die Gesellschaft" war, die ihnen dieses Leid zufügte, scheinen sie die konkreten Handlungen – am Arbeitsplatz oder bei der Wohnungssuche – doch eher als Ausdruck einer die gesamte soziale Struktur durchziehenden Problemlage angesehen zu haben. Diese scheint ihrerseits keinen klaren Angriffspunkt geboten zu haben, um sich zur Wehr zu setzen. Darüber hinaus wurden die Gefühle des eigenen Ärgers aber auch unterdrückt, denn die Ursache des Problems war zugleich dieselbe Gesellschaft, von der man anerkannt und respektiert werden wollte. Würde man seiner eigenen Wut Ausdruck verleihen, so könnte dies nur stärkere Reaktionen der

Ablehnung provozieren und neben der Ungerechtigkeit zusätzliche Gefühle von Enttäuschung und Hilflosigkeit mit sich bringen.[99] Mit der Verbreitung von Aids und dem damit verbundenen Anstieg der Todesfälle vor allem unter Homosexuellen nahm im Laufe der 80er Jahre nun zunächst eine weitere Quelle der Angst Gestalt an: Doch lässt sich in diesem Zusammenhang von Ungerechtigkeit so lange nicht sprechen, wie die Ursache des Todes in der Krankheit selbst gesehen wurde – einer Krankheit von der es schien, dass sie unweigerlich und unvermeidlich zum Tod führen müsse (vgl. Fußnote 80). Erst als die Häufung der Todesfälle unter Homosexuellen mit den diskriminierenden gesellschaftlichen Strukturen in Verbindung gebracht wurden, eröffnete dies auch die Möglichkeit, die Situation als ungerecht einzuschätzen. Im Vergleich zur vorherigen Situation zeigen die Schilderungen von Gould nun aber, dass Wut und Ärger nicht unspezifisch blieben, sondern sich Ende der 80er Jahre an den konkreten juristischen und politischen Entscheidungen dieser Zeit festmachten (ebd.: 166-172). Es muss aus Perspektive der Betroffenen geradezu als ein Vorteil angesehen werden, dass diese Entscheidungen von benennbaren und lautstark in Erscheinung tretenden Personen getragen wurden, denn nur so vermochten sie auch den Zorn der Betroffenen auf sich zu lenken und zu bündeln.[100] Mit ACT UP entstand schließlich eine Bewegung, der es gelang, die noch vorhandenen Ängste vor einer Ablehnung seitens der Mitbürger (Statusdimension) sowie die Furcht vor angedrohten Repressalien (Machtdimension) zu überwinden. Diese Transformation der Gefühle fand ihren Ausdruck unter anderem in einem veränderten Umgang mit den Todesfällen: Während zuvor individuelle Formen der Trauer prakti-

---

99 Mit dem Verweis von Gould auf die Scham der Betroffenen deutet sich bereits an, dass die emotionalen Dynamiken in Ungerechtigkeitserfahrungen nicht nur aus der Machtdimension sozialer Beziehungen resultieren, sondern gleichermaßen auch jene Statusdimension berühren, die im nächsten Kapitel als *universe of moral obligation* thematisiert wird. Scham kann nach Scheff als eine Verletzung jenes *social bond* interpretiert werden, das die Menschen ursprünglich miteinander verbindet. Schamgefühle können nicht nur entstehen, wenn die Distanz zu anderen Menschen zu gering ist, sondern auch, wenn sie wie in dem von Gould angesprochenen Beispiel zu groß wird. Dann erzeugt die Scham zugleich jene von ihr erwähnte Angst vor der Ablehnung, vor dem Ausschluss und der Nicht-Zugehörigkeit – Gefühle also, die den Ärger über die eigene ungerechte Behandlung auch wieder zu überdecken vermögen.

100 Gould selbst merkt an, dass sich in diesem Fall eine Bewegung zu Zeiten einer politischen Gelegenheitsstruktur ausbildete, die sich für die Betroffenen eigentlich nicht als ein sich öffnendes Fenster darstellte. Doch während sie betont, dass "constricting political opportunities generat[e ...] emotions that facilitate protest" (2004: 164), würde ich dem hinzufügen wollen, dass weniger vollständig neue Emotionen erzeugt wurden, als vielmehr die bereits vorhandenen nun auf ein konkretes Angriffsziel fokussiert werden konnten. So vermutet auch Javeline, dass die während der russischen Lohnkrise zu beobachtenden konkreten Zuschreibungen beziehungsweise "specific attributions" begünstigend auf die Streikaktivitäten wirkten, indem sie den Gefühlen eine klare Angriffsfläche boten (2003b: 109).

ziert wurden, können die von ACT UP inszenierten öffentlichen "Begräbnisse" vor den Toren der Regierungsgebäude nicht nur als ein provokantes Mittel des kollektiven Protests interpretiert werden, sondern überdies als eine neue Art der Verarbeitung der eigenen Ängste und Verluste.[101]

Während das Beispiel von ACT UP nun den Fall einer erfolgreichen, über Jahre andauernden Protestmobilisierung beschreibt, führen doch viele als ungerecht angesehene Verhältnisse weder zu einer organisierten Bewegung noch zu einmaligen oder spontanen kollektiven Aktionen. Und wenn eine Bewegung, Vereinigung oder Initiative existiert, die sich der Bekämpfung spezifischer Ungerechtigkeiten widmet, findet nur ein Bruchteil der davon Betroffenen (vgl. Punkt 2.2.1) oder ihrer Sympathisanten auch den Weg zu ihr. In ihre Entscheidung mögen vielfältige Faktoren einfließen, doch denke ich mit der Wahrnehmung der auslösenden Ursache und den damit einhergehenden emotionalen Reaktionen einen zentralen Unterschied zwischen Engagierten und Außenstehenden benannt zu haben. Obgleich sich das Problem oder der Missstand für beide Gruppen als eine Ungerechtigkeit darstellen kann, scheinen sie dessen Ursachen doch eine jeweils andere Bedeutung beizumessen: Die aus der damit verbundenen Einschätzung von Macht- (und Status-)relationen generierten Emotionen können in Gestalt von Ärger und Wut ihr Handeln mitunter motivieren; in Form von Angst und Hilflosigkeit (oder Scham) können sie dieses aber auch lähmen und den Gedanken an Widerstand entgegenarbeiten.

Ich möchte abschließend mit der Steuergesetzgebung nun noch ein Beispiel anreißen, das sich zur Mobilisierung eines kollektiven Protests (zumindest bislang) überhaupt nicht zu eignen scheint. Dies hat verschiedene Ursachen, die ich hier nicht diskutieren möchte;[102] vielmehr habe ich dieses Thema gewählt, da es die Relevanz der Unterscheidung zwischen den handlungs- und strukturbezogenen Komponenten der Machtdimension nochmals deutlich hervortreten lässt. Denn in der Praxis gestaltet sich die Erhebung von Steuern sowie die Sanktionsandrohung bei Steuerhinterziehung nur in Ansätzen als eine Machthandlung im Sinne einer konkret zu beobachtenden Verhaltensweise. Gleichwohl kann zum Beispiel der Steuerbescheid als eine eklatante Ungerechtigkeit erlebt werden, die von verschiedenen Gefühlslagen begleitet wird. Zwar fehlt in diesem Fall ein direktes, eine Machthandlung

---

101 Damit weist dieses Beispiel überdies darauf hin, dass über das *ob* und das *wie* von emotionalen Ausdrücken freilich auch die Gefühlsnormen einer Kultur, Gesellschaft oder Gruppe bestimmen – ein Forschungsfeld, das insbesondere von den in der Tradition des Symbolischen Interaktionismus stehenden Ansätzen bearbeitet wird (vgl. Turner und Stets 2005: Kapitel 2).

102 So findet man Unmutsbekundungen über die Höhe der Steuerzahlungen vermutlich in allen Bevölkerungsschichten. Jedoch würde sich für einen solch heterogenen Personenkreis die Ausbildung eines gemeinsamen *identity frame* als ausgesprochen schwierig darstellen.

ausführendes Gegenüber, doch setzen sich die Betroffenen in ihrer Reaktion dennoch zu anderen in Beziehung: Dies können "die Regierung", eine bestimmte Partei oder auch nur "die da oben" sein. Nimmt der sich als ungerecht behandelt fühlende Steuerzahler Kontakt mit dem Finanzamt auf, so hat er es dort zwar mit konkreten anderen Menschen zu tun, doch ist die Vermutung naheliegend, dass er diesen im "Normalfall" nur als den Sachbearbeitern einer größeren Behörde gegenübertreten wird. Diese können eine individuelle Verantwortung für die Ungerechtigkeit ablehnen und sich auf die bestehenden rechtlichen Regelungen berufen, die ihrerseits auch nur wieder auf zum Beispiel die Regierungspolitik verweisen.[103] Die dadurch ausgelöste emotionale Gemengelage kann in diesem Fall wahrscheinlich als ohnmächtige Wut oder hilfloser Ärger charakterisiert werden: Wut und Ärger, weil man sich aufgrund der Steuerhöhe um einen Geldbetrag betrogen fühlt, der einem verdientermaßen zustehen sollte; Wut und Ärger auch, weil man sich und seine Leistung dadurch herabgesetzt sieht und andere (oder zumindest von anderen geschaffene Regeln und Strukturen) dafür verantwortlich macht; Ohnmacht und Hilflosigkeit, weil es einem an dem Glauben und dem Vertrauen fehlt, selbst an den auslösenden Faktoren etwas ändern zu können. Angst und Furcht könnten dieses Bild schließlich ergänzen, wenn der Betroffene in Erwägung zieht, sich künftigen Zahlungen durch Steuerhinterziehung zu verweigern. Obgleich dies eine recht holzschnittartige Darstellung ist, sind damit vermutlich dennoch zentrale affektuelle Komponenten des Gefühlslebens jener Akteure benannt, die die Ursachen der ihnen widerfahrenen Ungerechtigkeiten weniger in den Machthandlungen anderer natürlicher Personen sehen, als vielmehr in jenen überindividuellen Einheiten, die als korporative Akteure zwar noch als recht gegenständliche, doch bereits machtvoll erscheinende Gegenspieler in Erscheinung treten können. Gehen auch diese Akteure in der Komplexität weiterer Interdependenzbeziehungen unter, so mag die Struktur zwar noch als menschengemacht erscheinen, die Qualität der durch sie erzeugten Ohnmachtsgefühle dürfte aber jenen Empfindungen nahekommen, die angesichts des Wirkens als unvermeidlich vorgestellter Kräfte ausgelöst werden.

Bevor ich nun mit dem nächsten Kapitel die Dimension der Verantwortungszuschreibung vorübergehend verlassen werde, möchte ich die wichtigsten meiner bis zu dieser Stelle vorgetragenen Überlegungen kurz zusammenfassen, insbesondere aber auf einige offene Punkte und Anschlussfragen hinweisen. Während in Kapitel 2 herausgearbeitet wurde, dass analytisch und empirisch zwei Varianten von Ungerechtigkeitserfahrungen unterschieden

103 Als geradezu gestörte Weltwahrnehmung würde man es wohl ansehen, wenn ein Betroffener diese Verantwortungsketten (beziehungsweise Interdependenzen) vollends verleugnet und den Bearbeiter persönlich zur Rechenschaft zu ziehen versucht.

werden können, sollte in Abschnitt 3.1 gezeigt werden, dass beide – um überhaupt als Ungerechtigkeiten wahrgenommen zu werden – gleichermaßen darauf angewiesen sind, sich in der Sphäre menschlichen Handelns zu ereignen. Soziale Ungleichheiten, Missstände oder Probleme, die auf das Wirken unvermeidbarer Kräfte zurückgeführt werden, mag man zwar bedauern, als Ungerechtigkeit kann man sie allerdings nicht ansehen. Das Wetter, das Schicksal, Glück und Pech, die Natur oder Gott sind keine für moralische Empörung geeigneten Adressaten. Erst wenn die Geschehnisse als menschengemacht gekennzeichnet werden können, eröffnet dies auch die Chance, sie als ungerecht zu erkennen.[104] In Punkt 3.1.2 wurde nun allerdings herausgearbeitet, dass die Grenze zwischen dem Bereich des Intentionalen und der Sphäre des Unvermeidlichen eine fließende ist, auf deren einer Seite das menschliche Handeln in und im Auftrag korporativer Akteure noch recht deutlich erkennbar ist, auf deren anderer Seite jedoch natürliche Personen in komplexen sozialen Zusammenhängen und Prozessen geradezu verloren gehen. Insbesondere die Wirkung der dazwischen beziehungsweise auf der Grenze liegenden Zuschreibungen auf Systeme und Strukturen in Bezug auf die Möglichkeit der Wahrnehmung von Ungerechtigkeit blieb ungewiss – und ist es meine Erachtens auch weiterhin. Zwar wird von mehreren Autoren aus der sozialen Bewegungsforschung darauf hingewiesen, dass auch Schuldzuweisungen an diese abstrakten Einheiten handlungsmotivierende Effekte entfalten können; wirft man jedoch einen Blick auf die Aktivitäten sozialer Bewegungen, so zeigt sich doch meist ihr Bestreben, das Agieren benennbarer menschlicher Akteure und das Wirken ihrer Entscheidungen aufzudecken. An dieser Stelle besteht folglich weiterer Forschungsbedarf, in dessen Mittelpunkt nicht nur die Frage stehen sollte, welche Zuschreibungen die von den (potentiellen) Problemen und Missständen Betroffenen selbst vornehmen, sondern eben auch: Welche Vorstellungen sie mit diesen Ursachen verbinden, ob sie in ihnen eher das Walten übermächtiger und unvermeidlicher Kräfte sehen oder doch das Handeln menschlicher Wesen.[105] Eine differenzierte Erfassung dieser Bilder und Überzeugungen ist auch deswegen so zentral, da sie meines Erachtens zugleich wesentlich für die von den Akteuren in Betracht gezogenen Reaktionsweisen auf erfahrene Ungerechtig-

---

104 Indes bedeutet dies nicht, dass Zuschreibungen auf den Bereich des Unvermeidlichen grundsätzlich ohne Handlungskonsequenzen blieben. Man denke nur an jene religiös motivierten Selbsthilfegruppen, wie sie Robert Wuthnow in *After Heaven. Spirituality in America since the 1950s* beschreibt. Obgleich ihre Anhänger das eigene Schicksal als gottgegeben ansehen, beziehen sie aus dieser Zuschreibung doch eine enorme Handlungskraft, die sie zu Selbstdisziplin und -kontrolle veranlasst und somit ihr Leben vor allem *individuell* bewältigen lässt. Doch ist dies vermutlich nicht mit jener moralischen Empörung gleichzusetzen, die sich aus dem Gefühl einer Ungerechtigkeit speist.

105 Siehe dazu die methodischen Anmerkungen nach Abbildung 3 in Punkt 3.1.2.

keiten sind. Mit Verweis auf den emotionssoziologischen Ansatz von Kemper wurde argumentiert, dass aufgrund der vorgenommenen Verantwortungszuschreibung und der damit implizierten Machtbeziehung zwischen Betroffenem und Verursacher, spezifische Emotionen hervorgerufen werden, die das Handeln eher lähmen und blockieren oder zur Gegenwehr motivieren können. Doch unterscheidet Kemper die handlungs- und strukturbezogenen Komponenten der Machtdimension nur unzureichend und engt seinen Blick vorschnell auf Machthandlungen ein. Zwar ist ihm in der Beobachtung zuzustimmen, dass Macht in konkreten Verhaltensweisen ihren Ausgang nimmt, ehe sie sich in institutionalisierter Form stabilisiert; doch vernachlässigt er den bereits von Max Weber thematisierten Umstand, dass Akteure ihre Handlungen eben auch an ihren Vorstellungen von den größeren sozialen Zusammenhängen ausrichten. Eine systematische Beschreibung von Gefühlszuständen, die nicht durch individuelle Personen, sondern durch korporative Akteure sowie darüber hinausreichende soziale Einheiten ausgelöst werden, steht in der emotionssoziologischen Forschung jedoch noch aus. Doch könnten diese schließlich auch die Analyse emotionaler Dynamiken sinnvoll ergänzen: Denn so wurde am Beispiel von ACT UP nicht nur deutlich, dass sich das Gefühlsleben von Akteuren meist als eine Melange vielfältiger Emotionen darstellt, sondern dass diese sich mit wechselnden Rahmenbedingungen auch zu überlagern oder zu verstärken vermögen. Das mit der Unterscheidung zwischen den macht- und den statusbezogenen Komponenten sozialer Beziehungen vorgeschlagene Analyseraster von Kemper und Collins könnte auch dafür einen fruchtbaren Ausgangspunkt bilden.

3.2 Kategoriale Grenzziehungen als Grundlage sozialer Beziehungen

An verschiedenen Stellen meiner Ausführungen wurde nun schon des öfteren hervorgehoben, dass Ungerechtigkeiten von den Betroffenen zugleich als eine Störung oder Bedrohung ihrer sozialen Beziehungen erlebt werden. In Abschnitt 2.4 wurde argumentiert, dass das Erleben von Ungerechtigkeit als emotional aufwühlende Erfahrung gerade auf diese Ebene der sozialen Bindungen zurückgeht; in Punkt 3.1.4 habe ich versucht zu zeigen, dass auch die spezifischen, mit Ungerechtigkeitswahrnehmungen einhergehenden Emotionen auf typische Beziehungskonstellationen verweisen. Auch in diesem Kapitel wird nun die Beziehungsdimension im Vordergrund stehen, doch während bislang vor allem ihre machtbezogenen Komponenten thematisiert wurden, gilt es im Folgenden jenem Aspekt von Beziehungen nachzuspüren, der sie als Statusbindungen (Kemper, Collins) beziehungsweise als *social bond* (Scheff) auszeichnet.[106]

Der Gedanke, dass Gerechtigkeit und soziale Bindungen im Zusammenhang stehen, ist nicht neu und wurde so auch schon in der soziologisch-empirischen Gerechtigkeitsforschung formuliert. So weist beispielsweise Mau darauf hin, dass "Gerechtigkeitsempfindungen vom Typus der Solidarität abhängen und vice versa", wobei Solidarität sich an der Art der "empirisch vorfindbaren sozialen Beziehungen" bemisst (2002: 130). Ebenso enthalten auch die von Wegener und Liebig (1993) oder von Liebig und Lengfeld (2002) untersuchten Gerechtigkeitsideologien mehr oder weniger deutliche Bezüge zu spezifischen Arten sozialer Beziehungen, in denen diese Anwendung finden oder finden sollten. Bereits ihre Formulierung von den *ordnungs*bezogenen Vorstellungen bringt zum Ausdruck, dass damit unterschiedliche Strukturen sozialer Beziehungen angesprochen sind. Doch sobald dieser Forschungszweig sich den Verteilungsergebnissen und -verfahren zuwendet, gerät dieser Aspekt etwas in den Hintergrund: Mitunter hat es gar den Anschein, als ob Menschen *unabhängig* von ihren Bindungen etwas als (un-)gerecht einschätzen könnten, oder als ob für sie in der Anwendung universaler Gerechtigkeitsprinzipien die Qualität sozialer Beziehungen keine Relevanz mehr hätte (vgl. das dieser Vorstellung entsprechende Konzept des *moral reasoning* in Punkt 2.4.2). In diesem Abschnitt wird sich nun allerdings zeigen, dass diesem Modell eine ausgesprochen voraussetzungsreiche Annahme zugrunde liegt, die ihrerseits auf die Ebene der sozialen Bindungen verweist. Dafür werde ich in Punkt 3.2.1 zunächst anhand einiger Beispiele von Harlos und Pinder (2000) illustrieren, was es bedeutet, dass sich Situationen der Ungerechtigkeit für die Betroffenen immer auch als ein Zustand darstellen, in dem ihre sozialen Beziehungen oder ihre Positionierung innerhalb eines Geflechts sozialer Bindungen auf dem Spiel stehen. Doch während die Autoren diesen Zusammenhang insbesondere mit der von ihnen als *interactional injustice* bezeichneten Variante von Ungerechtigkeit verknüpfen, sehe ich in ihren Beobachtungen einen möglichen Ausgangspunkt für die

106 Siehe zum Verhältnis von Macht- und Statusdimension sozialer Beziehungen sowie dem Konzept des *social bond* die Anmerkung in Fußnote 46. Hier sei nur daran erinnert, dass die Unterscheidung zwischen den macht- und den statusbezogenen Elementen sozialer Beziehungen eine analytische ist, die ihr stets gemeinsames empirisches Auftreten durch einen systematischen Blick zu ordnen versucht. So können die in diesem Abschnitt beschriebenen Auseinandersetzungen um Status (im Sinne von Zugehörigkeit und Nichtzugehörigkeit) auch als Machtkonflikte in Erscheinung treten. Würde man sie allerdings nur als solche deuten, ginge der für die hier interessierende Fragestellung wichtige Aspekt verloren, dass diese Auseinandersetzungen darauf abzielen, anderen Personen in bestimmter – hier noch zu klärender – Hinsicht einen gleichberechtigten Status abzuerkennen oder zuzugestehen. Was wiederum bedeutet, dass sie sich in anderer Hinsicht durchaus weiterhin als machtverschieden darstellen können.

Begründung der Annahme, dass jegliche Formen von (Un-)Gerechtigkeit auf diese Dimension Bezug nehmen. Diese Position werde ich in Anlehnung an die Überlegungen von Autoren wie Helen Fein, Herbert C. Kelman und Zygmunt Bauman argumentativ ausbauen und in ihrer empirischen Relevanz anhand einer Studie von Oliner und Oliner (1988) über die *Rescuers of Jews in Nazi Europe* diskutieren. Denn ihre Untersuchung vermag sehr eindrücklich zu veranschaulichen, was es heißt, wenn soziale Bindungen an den Grenzen eines *universe of moral obligation* (Helen Fein) abbrechen. Im Kontext dieser Ausführungen werde ich zudem auf eine erste mögliche Wechselwirkung zwischen der in Abschnitt 3.1 thematisierten Dimension der Verantwortungszuschreibung und der nun im Vordergrund stehenden Dimension der sozialen Beziehungen eingehen. Im Anschluss daran soll eine nur knappe Diskussion dafür sensibilisieren, dass diese Grenzen auch heutzutage – da wir uns auf dem Weg zu einem die gesamte Menschheit umfassenden *universe of obligation* zu befinden scheinen – keineswegs an Bedeutung verloren haben. Während nun in Punkt 3.2.1 die Ränder dieses "moralischen Universums" selbst thematisiert werden, widmet sich Punkt 3.2.2 stärker den Differenzierungen innerhalb dieser Welt. Denn obgleich den Menschen dieser Welt das Privileg zukommt, überhaupt Gegenstand von (Un-)Gerechtigkeitsvorstellungen zu sein, gestalten sich doch ihre Beziehungen keineswegs in einem Sinne als gleich, der in jeglichen Belangen auch eine gleiche Behandlung gewährleisten würde. Ein Blick auf die Merkmale von Klassifikationssystemen soll dabei Licht auf die Frage werfen, warum es auch innerhalb eines *universe of moral obligation* nicht immer einfach ist, ein endgültiges Urteil über (potentielle) Ungerechtigkeiten zu fällen. Diese Frage wird auch den abschließenden Punkt 3.2.3 begleiten, in dem eine besondere Form sozialer Beziehungen – in der Gerechtigkeitsforschung als "Solidargemeinschaft" bezeichnet – im Mittelpunkt stehen wird. Da sich solche Solidargemeinschaften durch besondere Formen der Verantwortungszuschreibung kennzeichnen lassen, wird wiederum das Verhältnis der beiden Dimensionen zueinander Gegenstand der Betrachtung sein. Dafür werde ich zwei Beispiele von Leo Montada aufgreifen und in Bezug auf ihre verschiedenen Varianten der Möglichkeit von Ungerechtigkeit diskutieren.

3.2.1 Zur Reichweite moralischer Vorstellungen: Die Grenzen des *universe of moral obligation*

In ihrer Studie über Emotionen und Ungerechtigkeitserfahrungen am Arbeitsplatz haben Harlos und Pinder mit der sogenannten *interactional injustice* einen Typus von Ungerechtigkeiten unterschieden, der nach Ansicht der Autoren von prozeduralen oder distributiven Erwägungen abgegrenzt werden kann und sich vor allem auf Formen des wechselseitigen Umgangs bezieht: "interactional injustice focuses [...] on instances of *un*fairness that stem from work relationships, *separate from procedural or distributive concerns*. Thus, unlike justice-based conceptualizations, our research indicates that interactional *in*justice is a unique and substantive source of injustice perceptions." (2000: 258) Die Beispiele für diese Arten des unangemessenen Umgangs sind vielfältig: Sie reichen von verbalen Angriffen in Form lautstarker und wiederholter Kritik, öffentlicher Herabsetzung, dem Gebrauch von Schimpfwörtern, Drohungen und Einschüchterungen bis hin zu physischen Übergriffen. Aber auch Ignoranz oder die Verweigerung von Gesprächen, rigide Formen der Überwachung oder das Ausnutzen persönlicher Schwächen zogen Empörung und eine Verurteilung des entsprechenden Verhaltens nach sich (ebd.: 258f.). Stets war es bei den von ihnen Befragten das Verhalten der Vorgesetzten, das Anstoß erweckte und als ungerechte Behandlung empfunden wurde.[107] Solche Formen der *interactional injustice* sind allerdings nicht auf den Bereich hierarchischer Beziehungen beschränkt, sondern können auch unter Gleichgestellten auftreten. So berichtet Mikula, dass die von ihm untersuchten Studierenden auf die Frage, welche Ereignisse sie als ungerecht erlebten, häufig Situationen schilderten, die sich auf den unpassenden Tonfall einer anderen Person bezogen – und dies unabhängig davon, ob es sich um Vorgesetzte oder Gleichgestellte wie Kommilitonen oder Freunde handelte (1987: 76).

So unterschiedlich nun die jeweils spezifischen, als unangemessen eingeschätzten Formen des Umgangs auch sein mögen, so ist ihnen doch gemeinsam, dass sie die sozialen Beziehungen der beteiligten Akteure in Mitleidenschaft ziehen können. Aufgrund der *auf den anderen bezogenen Handlung* wird in diesen Beispielen allerdings unmittelbar deutlich, dass es Ereignisse *in* den sozialen Bindungen sind. Denn über das nicht angemessene Verhalten wird einer der beiden Personen ein Status abgesprochen, den sie bislang für sich vorausgesetzt hatte und der die Basis für die entsprechende Beziehung darstellte. Wird dieser Status jedoch in Frage gestellt, wird auch die Bindung zwischen den Beteiligten gestört. Nun mag dieser Handlungsaspekt und die Person des Verursachers in anderen als den *face-to-face* Situationen der *interactional injustice* zwar in den Hintergrund treten, gleichwohl sind es noch

107 Damit stellt *interactional injustice* meines Erachtens eine Form von Ungerechtigkeit dar, die eher aus dem Zusammenbruch einer als selbstverständlich angenommenen Normalität resultiert und weniger aus der Verletzung ausformulierter Gerechtigkeitsideale – letztere müssten in ihrem Fall die Gestalt ausdrücklicher Umgangsformen annehmen. Zugleich zeigen die hier erwähnten Beispiele, dass empirische Ungerechtigkeitserfahrungen als eine Mischung aus verschiedenen Typen von Ungerechtigkeiten in Erscheinung treten können: So kann die in einem unangemessenen Tonfall vorgetragene Kritik nicht nur als ungerechte Behandlung im Sinne der *interactional injustice* verstanden werden, sondern darüber hinaus auch als inhaltlich nicht gerechtfertigt eingeschätzt werden.

immer Ungerechtigkeiten in *Beziehungen.* Denn auch Verteilungsergebnisse oder -verfahren werden letztlich als ungerecht erlebt, weil man sich oder andere in einem Netzwerk sozialer Bindungen falsch oder nicht angemessen positioniert sieht. Es fehlt zwar ein direktes Gegenüber, das sich unangemessen verhält, dennoch stellen Akteure in ihrer Vorstellung einen Bezug zu anderen her: sei es zu dem vermeintlichen Auslöser der Ungerechtigkeit (vgl. Punkt 3.1.4) oder zu anderen Personen oder Gruppen, mit denen sie sich vergleichen. Aus diesem Blickwinkel betrachtet, tritt nun besonders deutlich zutage, welcher weiteren Voraussetzung es – neben einer bestimmten Form der Verantwortungszuschreibung – bedarf, damit die Chance zur Wahrnehmung einer Ungerechtigkeit überhaupt gegeben ist: So setzt die Möglichkeit der Verletzung einer *sozialen* Beziehung voraus, dass diese auch als eine solche wahrgenommen wird, das heißt als eine Beziehung zwischen Personen, die sich zumindest in Bezug auf ihren *Status als Menschen* ähnlich sind. So selbstverständlich dem Leser dieses Kriterium auch sein mag, so zeigt doch die Geschichte – und leider auch die Gegenwart – der Menschheit, dass dieser Status nicht immer schon als gleichbedeutend mit der Gattung des *Homo sapiens* angesehen wurde. Denn allzu häufig wurde und wird das Merkmal des "Menschsein"[108] auf der Basis sozial aufgeladener Unterschiede eben nur bestimmten Personen und Gruppen zuteil, während andere, denen es abgesprochen wird, damit zugleich aus dem Bereich der Moral und somit der Möglichkeit von (Un-)Gerechtigkeit ausgegrenzt werden. Moore bringt diesen Zusammenhang mit den Worten zum Ausdruck: je "weniger 'menschlich' das Opfer, desto grausamer und qualvoller" kann es behandelt werden, ohne dass dies als ungerecht angesehen werden würde (Moore 1987: 54). Denn solange ein wie auch immer gezeichnetes Menschenbild auf eine spezifische Gruppe von Personen beschränkt bleibt, wird den davon Ausgeschlossenen der Status eines Menschen vorenthalten. Somit scheitert jedoch die "Möglichkeit der Identifikation mit der notleidenden Person" (ebd.: 66). Da sie offensichtlich als so *anders* angesehen wird, dass man sich nicht mit ihr in Beziehung zu setzen vermag, kann auch ihre Situation nicht als ungerecht empfunden werden.[109]

Dieser theoretische Gedanke einer nur auf einen begrenzten Personenkreis ausgerichteten Welt von Moral und Gerechtigkeit wurde insbesondere von

108 Helen Fein spricht von "human-ness" (1977: 205).

109 Damit soll freilich nicht gesagt werden, dass die von Harlos und Pinder erwähnten Fälle der *interactional injustice* stets darauf abgezielt hätten, dem Opfer den Status des "Menschsein" abzusprechen oder zu entziehen. Solche sehr extremen Handlungsformen werden in Kürze noch Gegenstand der Ausführungen sein. In den meisten von Harlos und Pinder berichteten Beispielen handelte es sich wohl eher um "geringfügigere" Verletzungen auf der Statusdimension, die zwar an der Qualität der Beziehung etwas änderten, jedoch ohne diese vollends zu verleugnen.

Autoren formuliert und begründet, die auf Grundlage historischer und zeitgenössischer Fallstudien der Frage nachgegangen sind, unter welchen Bedingungen gegen einzelne Menschen und Gruppen Gewalttaten zum Einsatz kommen, die auf deren Vernichtung oder völlige Auslöschung hin abzielen. So arbeitet Kelman in Auseinandersetzung mit dem Holocaust sowie dem Massaker von My Lai, begangen von US-amerikanischen Soldaten an vietnamesischen Zivilisten während des Vietnamkrieges, drei Faktoren heraus, die solchen Handlungsweisen Vorschub leisten können. Während sich zwei davon auf den Bereich der Verantwortungszuschreibung beziehen,[110] werden mit dem dritten "processes of dehumanization" angesprochen, die es den Tätern unmöglich machen "to view the relationship in moral terms." (1973: 38). Ihres menschlichen Status beraubt, werden die Opfer aus dem Bereich moralischer Verpflichtungen ausgeschlossen (Kelman und Hamilton 1989: 19). Sie werden zu gesichtslosen Figuren, zu Wesen, die nichts mit der eigenen "Art" gemeinsam zu haben scheinen. Mit der Auflösung des sozialen Bandes gehen jedoch auch spezifische Gefühle ihnen gegenüber verloren, "their death does not move us in a personal way." (Kelman 1973: 49) So verlieren die Täter die emotionale Fähigkeit, "to have compassion for them, to treat them as human beings." (ebd.: 52) Bauman schlägt vor, diesen Bereich moralisch aufgeladener Beziehungen in Anlehnung an Helen Fein als "universe of moral obligation" zu bezeichnen (1992: 41). Während moralische Regeln innerhalb dieses "Universums" Gültigkeit besitzen, verlieren sie außerhalb seiner Grenzen ihre Verbindlichkeit, da dort all jene zu finden sind, die als anders, als von den Menschen der eigenen Gruppe abweichend, wahrgenommen werden. Fein spricht in diesem Zusammenhang von einem "consciousness of kind" und führt aus: "The common conscience is then limited to one's own kind, members of one's class, excluding the other class from the *universe of obligation* – the range of persons and groups toward whom basic rules or 'oughts' are binding." (1977: 7; Hervorhebung im Original) Die von den Autoren herangezogenen Beispiele zeigen sehr deutlich, wie diese Wahrnehmung der "one's own kind" immer wieder an den Grenzen ethnischer, religiöser, nationalstaatlicher oder politischer Unterscheidungs-

---

110 Der von Kelman als *authorization* bezeichnete Prozess führt zu einer Verschiebung oder Abwälzung der Verantwortung auf die Vorgesetzten (Kelman 1973: 38-46; Kelman und Hamilton 1989: 16f.) "Die Gewalt [... wird] durch Befehl von oben *autorisiert*" (Bauman 1992: 35). Der Prozess der *routinization* wiederum führt zu einer Diffusion von Verantwortung (Kelman 1973: 46-48; Kelman und Hamilton 1989: 17f.). Wenn die Handlungen "durch eine regelbestimmte Praxis und exakte Aufgabenzuweisung" zur "*Routinesache*" werden (Bauman 1992: 35), verschwindet die Verantwortung in den rein sachlichen Regelungen der bürokratischen Praxis. In Kapitel 4 werde ich auf diese Mechanismen der Verschiebung von Verantwortung noch einmal zurückkommen.

kriterien halt machte und somit den Ausgeschlossenen den Status eines "richtigen Menschen" absprach.

Wenn Personen nun allerdings auf diese sehr fundamentale Art aus dem Bereich moralischer Verpflichtung ausgeschlossen werden, so stellt sich in Bezug auf ihre Situation die Frage nach der Gerechtigkeit oder Ungerechtigkeit erst gar nicht. Da aus der Innenperspektive des *universe of obligation* keine *soziale* Beziehung zu ihnen besteht, kann auch nichts verletzt werden, das die moralische Empörung entfachen könnte.[111] Selbst wenn Akteure folglich über ausformulierte Gerechtigkeitsideale verfügen, muss deren Verletzung nicht zwingend als ungerecht wahrgenommen werden. Denn zuvor stellt sich die Frage, ob die von der Verletzung Betroffenen denn auch Bestandteil des *universe of obligation* sind.[112] Nach Fein gilt es demzufolge zwischen den mehr oder weniger expliziten Gerechtigkeitsvorstellungen einerseits und der Reichweite dieser Ideen andererseits zu differenzieren: "Thus we ought to distinguish the substantive domain of the rules from the range of people to whom obligation is owed. These people constitute 'the universe of obligation'." (ebd.: 204) Aufgrund dieser auch empirisch zu beobachtenden Trennung werden Abweichungen von den Gerechtigkeitsnormen in Abhängigkeit von der Grenzziehung jeweils anders wahrgenommen und bewertet. "If persons are not defined within the universe of obligation, then offenses against them are not violations of the common conscience." (ebd.: 18) In diesen Fällen hätte man es demzufolge mit Situationen zu tun, die entweder gar nicht in den moralischen Kategorien der Gerechtigkeit wahrgenommen werden[113] oder die als Verteidigung auf (vermeintliche) Angriffe der Grenze als gerechtfertigt erscheinen. Beides kann wiederum seine Entsprechung in jenen von Kelman, Fein oder Bauman beschriebenen gewaltsamen Übergriffen finden, die ohne jene moralischen Skrupel und Entsetzen begangen werden

---

111 Was freilich verletzt werden könnte, ist die Grenze des *universe of obligation* selbst, deren Verteidigung als eine hochgradig moralisch aufgeladene Handlung angesehen werden kann.

112 Vor dem Hintergrund einer ähnlichen theoretischen Perspektive beschreibt Eviatar Zerubavel die Gladiatorenkämpfe im antiken Rom: "[T]here is 'a sharp limit to [...] moral feelings. [...W]hen a being was *outside the sphere of moral concern*, [...] the infliction of suffering [at the games] was merely entertaining. Some human beings – criminals and military captives especially – and all animals fell outside this sphere'. The Romans certainly did not lack moral sentiments. [...] Such sentiments, however, are hardly ever boundless." (1991: 41)

113 Zerubavel sieht dies als Resultat eines "moral focusing" an – eines Prozesses, den er folgendermaßen charakterisiert: "After all, the fine lines separating the relevant from the irrelevant also confine our moral attention to a certain 'circle of altruism' which they help delineate. Any object we perceive as lying 'outside' this circle (that is, 'beyond' our moral horizons) is essentially considered morally irrelevant and, as such, does not even arouse our moral concerns." (1997: 39) In Abgrenzung zu Zerubavel hat das *universe of obligation* von Fein allerdings nicht zwingend etwas mit Altruismus zu tun. Dazu weiter unten mehr.

können, die die Angehörigen der eigenen Gruppe vor eben denselben Handlungen zu schützen vermögen.

Der Ausschluss aus dem Bereich moralischer Verpflichtungen kann allerdings auch andere Formen als die selbst ausgeführten physischen Grausamkeiten annehmen. "[F]rom overt evil to passive unconcern" (Opotow 1990: 13) gibt es eine ganze Bandbreite möglicher Manifestationen dieser Ausgrenzung, und sei es "nur", dass Gewalttaten geduldet werden oder dem Leid anderer mit Gleichgültigkeit begegnet wird. Vor diesem theoretischen Hintergrund lässt sich zum Beispiel die Gruppe der "nonrescuers" aus der Studie von Oliner und Oliner (1988) über das Verhalten der nicht-jüdischen Bevölkerung in den von Nationalsozialisten besetzten Ländern genauer charakterisieren. Einige dieser "nonrescuers" werden von Janusz Reykowski, der auf Interviews dieser Studie zurückgreift, mit folgenden Worten beschrieben: "They were merely observers of these facts. Their reaction was apparently cold and detached [...]. They simply *did not perceive the situation of the Jewish victims as related*, in any way, *to their own world*." (Reykowski 2002: 256; eigene Hervorhebung) Obgleich man diesen Personen keineswegs jegliche Vorstellungen von Moral und Gerechtigkeit absprechen kann, nahmen sie doch die Stigmatisierung und Verfolgung der jüdischen Bevölkerung distanziert zur Kenntnis. Da die Gruppe der Juden offenkundig nicht Bestandteil ihres eigenen *universe of obligation* war, löste das Wissen um ihre Situation auch nicht jene emotionalen Stellungnahmen aus, die erst aus der Bindung an beziehungsweise ein in-Bezug-setzen zu den anderen entstehen kann (vgl. Punkt 2.4.2): Sie wurden von ihrer Notlage nicht berührt, da diese nichts mit ihrer eigenen Welt zu tun haben schien. Im Unterschied dazu lassen die Schilderungen über die Gruppe der "rescuers" vermuten, dass für sie die kategorialen Grenzziehungen – zumindest die religiös beziehungsweise antisemitisch motivierten – irrelevant blieben: "[M]any rescuers revealed a tendency to downplay the importance of group belonging in their attitudes toward other people. [... T]he rescuers more often than the nonrescuers asserted their similarity to several categories of people" (ebd.: 266). Wie in dem Zitat bereits angedeutet wird, fühlten sich die Retter keineswegs nirgendwo zugehörig; im Vergleich zu den Personen der nicht helfenden Kontrollgruppe scheinen sie vielmehr durch vielfältige Einbindungen gekennzeichnet gewesen zu sein. Zugleich hieß das für sie offenkundig, dass Zugehörigkeit nicht mit einer Betonung jener Verschiedenartigkeit zu anderen einherging, die einem Ausschluss aus der eigenen Welt Vorschub zu leisten vermochte. Viel eher betonten sie jenseits der durchaus vorhandenen Differenzen zwischen Individuen deren Ähnlichkeit als Menschen. Dies kommt in der folgenden, bei Oliner und Oliner aufgeführten Interviewpassage sehr schön zum Ausdruck: "Jews [...] were just people. We neither looked down on them nor did we look up to them. We never felt they were any different." (1988: 143f.)[114] In ihrer Konsequenz bedeuteten diese Unterschiede in den Wahrnehmungen, dass das *universe of moral obligation* der Retter deutlich umfassender war als die durch klare Grenzen abgesteckte Welt der Nichtretter: "[R]escuers were significantly more inclusive in noting the groups to whom they felt ethical obligations. In the [...] comments, more representatives of nonrescuers [...] inclusiveness focused on family, friends, elders, church, and country but did not extend further" (ebd.: 165). Während bei den "rescuers" also von einer grenzübergreifenden Wahrnehmung von Ähnlichkeiten und Gemeinsamkeiten gesprochen werden kann, standen bei den "nonrescuers" die scheinbar fundamentalen Verschiedenartigkeiten und darauf basierende Abgrenzungen im Vordergrund: "Rescuers were significantly more predisposed to see others as like themselves [...]. Nonrescuers were more inclined to emphasize their distinctiveness from others." (ebd.: 176) Auf das Kriterium der Ähnlichkeit beziehungsweise Verschiedenartigkeit werde ich im folgenden Punkt 3.2.2 nochmals zurückkommen.

Zunächst möchte ich an dieser Stelle aber die Charakterisierung einer weiteren und, wie nach den Ergebnissen der Autoren zu urteilen ist, sehr großen Gruppe hinzufügen. Denn ihre Reaktionsweisen vermögen nicht nur die je spezifischen Wirkungen von kategorialen Grenzziehungen beziehungsweise Zugehörigkeiten einerseits und Schuldzuweisungen beziehungsweise Verantwortungszuschreibungen andererseits zu illustrieren, vielmehr können sie überdies ein erstes Licht auf die Wechselwirkungen zwischen den beiden Dimensionen werfen. Dieser Personenkreis teilt mit den oben beschriebenen "nonrescuers" zwar das Merkmal, den Verfolgungen und Angriffen auf die jüdische Bevölkerung tatenlos gegenübergestanden zu haben, gleichwohl berichten sie ebenso wie die "rescuers" sowohl von Gefühlen der Anteilnahme angesichts dieses Leids als auch von Gefühlen des Hasses auf die Nationalsozialisten (ebd.: 144f.). Ihre Empfindungen des Mitleids und der Empathie weisen darauf hin, dass sie im Unterschied zu den anderen "nonrescuers" durchaus etwas mit den Opfern verband (ebd.: 174); erst weil sie sich zu ihnen in Beziehung setzten und sich als einer gemeinsamen Welt zugehörig empfanden, vermochten sie die ihnen widerfahrenen Gewalttaten und Ungerechtigkeiten überhaupt als unmoralisch zu verurteilen. Dennoch führten die damit einhergehenden Emotionen weder für sich genommen noch in Gemeinschaft mit den Gefühlen der auf die Nationalsozialisten bezogenen Feindseligkeit zu jenen unterstützenden und helfenden Handlungsweisen, die die "rescuers" auszeichneten. Den entscheidenden Unterschied sehen Oliner

---

114 Ein anderer Helfer beließ es bei der schlichten Feststellung: "For us, people were just people." (Oliner und Oliner 1988: 150) Und eine weitere Person kommentierte ausführlicher: "I have always considered all people regardless of their nationality, ethnic origins or race, religion, and so on, as members of one great family: mankind." (ebd.: 159)

und Oliner in einer für diese Gruppe typischen emotionalen Gemengelage, die sie mit folgenden Worten beschreiben: "Despite their hostility toward Nazis, the majority of bystanders were overcome by fear, hopelessness and uncertainty." (ebd.: 146) Ihre Passivität war also weniger dem Umstand geschuldet, dass ihnen das Schicksal jüdischer Personen schlicht egal gewesen wäre, vielmehr wurde ihr Mitgefühl durch Empfindungen der Angst und Hoffnungslosigkeit überlagert. Die potentiell motivierenden Wirkungen der aus den (tatsächlichen oder vorgestellten) sozialen Bindungen zu den Betroffenen resultierenden Emotionen wurden durch die auf die vermeintliche Ursache bezogenen Gefühle blockiert. Das konnte die Furcht vor den antizipierten Sanktionen und Vergeltungsaktionen sein, die ihnen oder ihren Angehörigen im Fall einer Entdeckung gedroht hätten – was eine Schuldzuweisung auf konkrete Akteure und deren Machthandlungen voraussetzt (vgl. Punkt 3.1.4). Das konnten aber auch Gefühle der Ohnmacht und Hilflosigkeit sein, die aus den Verantwortungszuschreibungen auf ein unspezifiziertes "they" (ebd.: 244) oder die unbestimmten "conditions of war" (ebd.: 241) resultierten. Das Leid der Opfer wurde somit zwar in einem vagen Sinn als menschengemacht und ungerecht erkannt, doch konnten die unspezifischen Zuschreibungen auf übermächtig erscheinende "andere" oder die "Verhältnisse" nur passive und resignative Reaktionen nach sich ziehen. So charakterisieren Oliner und Oliner die für diese Personen typische Weltwahrnehmung denn auch mit den Worten: "*Mighty others control their destiny* and make them act against their will. They are *powerless pawns* and the principal victims of an unjust world." (ebd.: 244; Hervorhebung im Original)

Die Möglichkeit der Differenzierung zwischen diesen beiden Gruppen der "nonrescuers" zeigt nun meines Erachtens sehr anschaulich, warum es sinnvoll und notwendig ist, die zwei Dimensionen von Ungerechtigkeit – Verantwortungszuschreibungen einerseits und kategoriale Grenzziehungen beziehungsweise Reichweite moralischer Vorstellungen andererseits – zu unterscheiden. Denn obwohl beide Gruppen in ihrer Tatenlosigkeit gegenüber den Verfolgungen und Ausgrenzungen keine Varianz in den äußeren Ausdrucksformen zeigten, weisen doch ihre jeweils spezifischen Motivlagen auf sehr unterschiedliche, daran anknüpfende Entwicklungsrichtungen hin: So könnte sich die zuletzt beschriebene Gruppe der emotional berührten Personen für eine Protest- oder Widerstandshandlung durchaus anschlussfähig zeigen, insofern es gelingen würde, sie in ihren Wahrnehmungen bezüglich der Ursachen des Leidens anzusprechen und zu beeinflussen. Denn wenn sie konkrete andere Akteure als Verursacher erkennen würden, eröffnet dies zumindest die Chance – doch eben nur die Chance und keineswegs die Gewissheit –, dass ihre angesichts der unspezifischen Zuschreibungen empfundenen Gefühle der Hilflosigkeit gedämpft werden. Diese Vermutung gründet auf der in Unterpunkt 3.1.3.2 vorgestellten These Gamsons, dass "concreteness in the target" die Wahrscheinlichkeit einer Protesthandlung zu erhöhen vermag, insofern die damit implizierte Verminderung des Machtgefälles weniger Ohnmacht als vielmehr Ärger zu entfachen imstande ist. Gleichwohl zeigt der hier geschilderte Zusammenhang auch wieder, dass nicht jeder konkreten Zuschreibung ein handlungsmotivierendes Potential innewohnt: Denn es kann noch immer jene lähmende Angst zurück bleiben, die aus den befürchteten Machthandlungen konkreter Personen erwächst (vgl. Punkt 3.1.4).

Infolge einer solchen Weltwahrnehmung besteht nun allerdings auch die Gefahr, dass sich eine für die Opfer unheilvolle Dynamik entfaltet: Wie insbesondere die Arbeiten von Melvin J. Lerner zeigen, neigen Menschen angesichts der eigenen Hilf- und Machtlosigkeit dazu, den oder die von einer Ungerechtigkeit Betroffenen abzuwerten (vgl. Lerner und Simmons 1966; Lerner 1980, 2002). Lerner interpretiert diese Reaktion als den Versuch der Akteure, ihren Glauben an eine gerechte Welt ("believe in a just world") aufrechtzuerhalten. Dieses Bestreben lässt sich meines Erachtens zudem durch eine für sie spezifische emotionale Reaktion erklären: Denn wenn dem Opfer die eigene Hilfe verweigert wird, entspricht dies zugleich einer Handlung, die dem Betroffenen jenen Status verwehrt, von dem man meint, dass er ihm eigentlich zugestanden werden müsste. Wie bereits in Punkt 3.1.4 ausgeführt wurde, erkennt Kemper in einer solchen Zurückhaltung freiwilliger Anerkennung eine Verhaltensweise, die der Ausübung von Macht gleichkommt. Die daraus resultierenden emotionalen Befindlichkeiten beschreibt er als eine Melange aus Scham – aufgrund der Verweigerung von "Status" beziehungsweise Zugehörigkeit – und Schuldgefühlen, die aus der eigenen Machthandlung (die sich hier als eine Nicht-Handlung darstellt) erwachsen (1978: 68). Gleichermaßen interpretiert Scheff Gefühle der Scham als einen Ausdruck gestörter sozialer Beziehungen, "as a signal of threat to the social bond" (1994: 43). Diese Emotionen wirken allerdings nur dann handlungsmotivierend, wenn sie von den Akteuren erkannt und eingestanden werden.[115] Die Arbeiten von Scheff hingegen deuten darauf hin, dass insbesondere der affektive Gehalt *un*eingestandener Schamgefühle in andere Bahnen gelenkt wird und schließlich in Emotionen wie Ärger und Wut seinen Ausdruck findet. Mit Kemper kann diese Veränderung in der Gefühlslandschaft der Akteure als eine Verschiebung in der Dimension der Verantwortungszuweisung interpretiert werden: Während die anfängliche Sympathie mit den Opfern auf Zuschreibungen zurückgeht, die in äußeren Faktoren wie den "Verhältnissen" oder anderen Menschen die Ursache für das Leid der Betroffenen erkennen, verweisen Scham- und Schuldgefühle angesichts der unterlassenen Hilfeleistungen auf die eigene Verantwortung; Ärger und Wut schließlich erwach-

---

115 So weisen auch Oliner und Oliner darauf hin, dass zumindest ein Teil der "rescuers" durch die Antizipation von Scham- und Schuldgefühlen zum Handeln motiviert wurde (1988: 199).

sen aus einer Schuldzuweisung, die meint, die Opfer selbst als Verursacher ihrer Lage ausmachen zu können.[116] Letzteres entspricht nun wiederum der von Lerner konstatierten Abwertung der Opfer, die aus dem Bemühen hervorgeht, den eigenen Glauben an eine gerechte Welt bewahren zu können. Die damit verbundene Personalisierung von Verantwortung kann meines Erachtens zwei – zumindest analytisch unterscheidbare – Zustände annehmen, die empirisch wohl aber fließend ineinander übergehen. Wird die Ursache der misslichen Lage eines Opfers in seinen *Handlungen* erkannt, so resultiert dies vermutlich "nur" darin, dass seine Situation nicht länger als ungerecht wahrgenommen wird. Der andere scheint sie aufgrund seines eigenen *Tuns* selbstverschuldet zu haben, sodass auch die ihm widerfahrenen Nachteile gerechtfertigt erscheinen. Doch bleibt er, dieser Umbewertung ungeachtet, Bestandteil des eigenen moralischen Universums, wodurch künftige ihn betreffende Ereignisse noch das Potential in sich tragen, als ungerecht empfunden zu werden. Wird die Ursache seiner Lage hingegen in seinen *Charaktereigenschaften* gesehen beziehungsweise in Merkmalen, die seinem *Wesen* zu eigen scheinen, können eben diese Kriterien zugleich zur Grundlegung einer kategorialen Unterscheidung herangezogen werden, die ihn aus dem Bereich der eigenen moralischen Verpflichtungen verbannt.[117] Wenn zum Beispiel in dem als grundsätzlich "böse" eingeschätzten Wesen einer Person zugleich die Quelle ihrer benachteiligten Lage gesehen wird, dann rechtfertigt dieser Grund zugleich jene Ausgrenzung, die auch in künftigen Übergriffen keine Ungerechtigkeit mehr zu erkennen vermag. Diese Kennzeichnung entspricht nun der oben vorgestellten Gruppe der "nonrescuers", die der Notlage und Verfolgung der jüdischen Bevölkerung nicht nur tatenlos, sondern zugleich ohne jegliche emotionale Regung gegenüberstand. Die als fundamental eingeschätzte und moralisch aufgeladene Andersartigkeit der Juden scheint jenes soziale Band zerstört zu haben, dessen es bedurft

---

116 Vergleiche zu den mit Sympathie und Ärger einhergehenden Verantwortungszuweisungen auch die Ausführungen von Weiner (2006).

117 Ich folge mit dieser Unterscheidung zwischen Handlungen einerseits und Wesensmerkmalen andererseits einer Darstellung von Jon Elster in *Alchemies of the Mind* (1999: 74). Er vermutet, dass Zuschreibungen auf das, was Menschen *tun* und Zuschreibung auf das, was Menschen (vermeintlich) *sind*, unterschiedliche Wirkungen in den emotionalen Reaktionen zeitigen. Während handlungsbezogene Zuschreibungen eher Ärger nach sich ziehen würden, könnten charakter- oder wesensbezogene Zuschreibungen in einer auch ausgrenzenden Verachtung münden (ebd.: 65, 143f, 153, 305). Dies liegt meines Erachtens daran, dass diese Wesensmerkmale meist selbst schon mit einer moralischen Konnotation verbunden sind und somit als *gut* oder *böse*, als *höher-* oder *minderwertig* empfunden werden (vgl. zur noch immer aktuellen Relevanz dieser Unterscheidung die Anmerkung in Fußnote 122). Es ist naheliegend, diese Überlegung Elsters mit dem Modell von Kemper zu kombinieren – eine zweifelsohne vielversprechende Forschungsperspektive, die den Rahmen der vorliegenden Arbeit jedoch überschreiten würde.

hätte, um mit Gefühlen des Mitleids oder der Empörung reagieren zu können. Eine so begründete Passivität birgt nun allerdings die Gefahr in sich, selbst in aktive Formen der Ausgrenzung umzuschlagen – sei es in Gestalt von ausdrücklichen und wohl formulierten Begründungen, die den Ausschluss zu legitimieren (und zu legalisieren) versuchen, sei es in Gestalt von Beschimpfungen, Denunziationen oder gewalttätigen Übergriffen. Nur sehr knapp möchte ich an dieser Stelle folglich festhalten, dass sich Fragen der Gerechtigkeit oder Ungerechtigkeit erst dann stellen, wenn sie sich auf die Verhältnisse und Situationen innerhalb oder auf die Grenzen eines *universe of obligation* beziehen. An dessen Reichweite entscheidet sich also, ob Gerechtigkeit überhaupt eine Rolle spielt, das heißt "whether it is relevant at all" (Opotow 1990: 2).[118]

Es mag nun den Anschein haben, als ob die Frage nach den Grenzen eines moralischen Universums heutzutage nicht mehr jene Dringlichkeit und Relevanz besitzt, die sie noch Mitte des zwanzigsten Jahrhunderts zu haben schien. Denn befinden wir uns nicht, wenn schon nicht im Endzustand, so doch aber auf dem Weg zu einem die gesamte Menschheit umfassenden *universe of moral obligation*? Immerhin wurde mit der Deklaration der Menschenrechte im Jahr 1948 durch die Vereinten Nationen sowie die in den Folgejahrzehnten ergänzten Konventionen zumindest formal ein *universe of obligation* geschaffen, dessen Geltungsbereich den Anspruch hat, alle Menschen unabhängig von ihren sonstigen Zugehörigkeiten einzuschließen und das 2003 mit der Einrichtung des Internationalen Gerichtshofes in Den Haag auch eine institutionelle Absicherung erhielt.[119] So spricht zum Beispiel Norbert Elias von der Entwicklung eines "globalen Verantwortungsgefühls für das Schicksal von Individuen in Not", das eine "von ihrer Staats- oder Stammeszugehörigkeit, ihrer Gruppenidentität überhaupt" unabhängige Wirkung entfalte (1987: 225). Und gewiss können auch die Aktivitäten von Organisationen wie Amnesty International als Indikatoren eines solch "wachsenden weltweiten Verantwortungsgefühls" (ebd.: 226) gedeutet werden. Gleichwohl lassen gerade die Formulierungen von Elias erkennen, dass es sich bei diesen Prozessen noch immer um "neuartige" Entwicklungen handelt, die allenfalls

---

118 Mit Susan Opotow wurde hier eine Autorin aus dem Bereich der Sozialpsychologie zitiert, in dem die Frage nach dem *universe of obligation* als eine nach dem "scope of justice" beziehungsweise der "moral community" oder als Problem der "moral exclusion" thematisiert wird (vgl. den Überblick von Hafer und Olson 2003). Ebenso wie bei Fein liegt auch diesen Ansätzen der Gedanke zugrunde, dass Gerechtigkeit oder Ungerechtigkeit keineswegs in allen sozialen Beziehungen von Bedeutung sind. So schreibt beispielsweise Deutsch: "[J]ustice is not involved in relations with others – such as, heathens, 'inferior races', heretics, 'perverts' – who are perceived to be outside one's potential moral community or opposed to it." (1975: 141f.)

119 Einen Abriss zur Entwicklung der Menschenrechte in ihrer heutigen Fassung gibt Fritzsche (2004).

als "Frühformen eines [...] weltweiten Ethos" bezeichnet werden können (ebd.: 225). Elias interpretiert sie mit Rückgriff auf seine figurationstheoretischen Überlegungen (vgl. 2000: 11, 141ff.) als das Resultat sich verlängernder Interdependenzketten (vgl. 1987: 219f.); doch gewährleisten faktische Abhängigkeiten, wie sie durch wirtschaftlichen Austausch oder politische Vereinbarungen und Institutionen geschaffen werden noch nicht, dass damit notwendig auch jene *sozialen* Bindungen einhergehen, die ein *universe of moral obligation* kennzeichnen. Denn seine Grenzen bemessen sich weniger an den bereits bestehenden Institutionen oder den begründungstheoretischen Versuchen, ein solches Universum zu schaffen,[120] als vielmehr an dem in alltagsweltlichen Vorstellungen zum Ausdruck kommenden Menschenbild.[121] Zwar zieht auch Helen Fein die theoretische Möglichkeit in Betracht, dass es einen Bereich moralischer Verpflichtungen geben könne, der "the whole human race" (1977: 204) einbezieht; doch sind es gerade ihre Arbeiten sowie die von Kelman und Bauman, die deutlich machen, dass ein so umfassendes Menschenbild keineswegs selbstverständlich ist. Die empirischen Beobachtungen von Moore wiederum zeigen, dass nicht alle Forderungen, die im Namen der "Menschheit" formuliert werden, notwendig auch *für alle Menschen* gestellt werden. So beriefen sich zwar die Handwerker in der Revolution von 1848 oder die deutschen Arbeiter in den Aufständen von 1919 auf ihre Rechte als *Menschen* (1987: 213, 294, 429ff.), doch enthielten diese Forderungen die implizite Beschränkung auf die "Angehörigen der nationalen Gemeinschaft" (ebd.: 304). Es ist folglich anzunehmen, dass ähnliche Verletzungen außerhalb des Nationalstaates nicht dieselbe moralische Empörung erzeugt hätten, die sie innerhalb seiner Grenzen zu entfachen vermochten.

---

120 Einen kritischen Überblick der verschiedenen Positionen findet man beispielsweise bei Hirsch (2005: Kap. 2.2).

121 Der spannungsvolle Zusammenhang von Menschenrechten und Menschenbildern wird von Schmidt (2006) thematisiert. So verweist er zwar ebenso wie andere Autoren darauf, dass mit der *Virginia Bill of Rights* von 1776 "die unserem heutigen Verständnis entsprechenden Menschenrechte [...] erstmals begrifflich gefasst und verfassungsrechtlich verankert wurden" (ebd.: 9f.), jedoch macht ein "Blick auf die nordamerikanische Geschichte nach 1776 [...] deutlich, dass die vermeintlich unteilbaren, individuellen und universellen Rechte an besondere Menschenbilder gekoppelt waren und bestimmten gesellschaftlichen Kreisen vorbehalten blieben. 'Rasse', 'Klasse' und 'Geschlecht' spielten dabei und spielen zum Teil noch heute eine zentrale Rolle." (ebd.: 51) Schmidt bezieht sich damit unter anderem auf einen Beitrag von Martschukat (2006), der das Verhältnis von Menschenrechten und Menschenbildern am Beispiel der Geschichte der afroamerikanischen Bevölkerung in den USA untersuchte und festhält: "Wenn also die Möglichkeiten, schriftlich fixierte Menschen- und Bürgerrechte in Anspruch zu nehmen, nicht für alle Menschen gleich sind, dann rücken die historisch-spezifischen Menschenbilder in eine zentrale Position. Denn es sind diese Menschenbilder, die ganz wesentlich bestimmen, wer in welcher Gesellschaftsordnung als Bürger und mithin als (vollwertiger) Mensch anerkannt wird" (ebd.: 241).

Für die empirische Sozialforschung birgt dieser Umstand – dass von *Menschheit* geredet wird, wo doch häufig nur eine *begrenzter Personenkreis* gemeint ist – besondere Schwierigkeiten in sich, die ich hier nicht lösen, sondern am Beispiel einer Studie von Staerklé und Clémence (2004) lediglich kurz umreißen möchte. Ist man an den alltagsweltlichen – und zumeist unausgesprochenen – Vorstellungen dieser Menschenbilder interessiert, erscheint eine Operationalisierung unangemessen, die sich auf die Erfassung der Zustimmung oder Ablehnung zu verschiedenen Menschenrechten beschränkt. Denn eine solche Abfrage resultiert offenkundig nur in Ergebnissen, wie sie Staerklé und Clémence dokumentieren: "Not surprisingly, results show that participants adhered almost without reservation to the rights proclaimed in the UDHR [Universal Declaration of Human Rights]" (2004: 395). Dies sagt nun allerdings wenig darüber aus, ob mit dieser Zustimmung auch die Vorstellung eines Menschenbildes einhergeht, das jenseits der Gattungszugehörigkeit auf keine weiteren Kriterien zurückgreift. Dass dem vermutlich nicht so ist, deutet ein weiteres Ergebnis ihrer Studie an: Denn obgleich den Menschenrechten nahezu bedingungslos zugestimmt wurde, verurteilte man ihre Verletzung doch keineswegs mit derselben Eindeutigkeit (ebd.). Offenbar nahmen die Befragten Einschränkungen vor, die den Geltungsbereich der Rechte betrafen. Insofern zeigt die Untersuchung, dass es aussagekräftiger sein kann, sich den Reaktionen auf potentielle Menschenrechts*verletzungen* zu widmen und weniger den Aussagen über ihre Zustimmung. Leider sind Staerklé und Clémence diesen Einschränkungen nicht weiter nachgegangen, sodass unklar bleibt, auf Grundlage welcher Kriterien sie vorgenommen wurden.

Doch zeigen ihre Überlegungen in Bezug auf ein weiteres Resultat, woran sich künftige Studien orientieren könnten: In der Liste der von ihnen untersuchten Menschenrechte kam dem Verbot von Folter und unmenschlicher Behandlung eine besondere Bedeutung zu, da seine Verletzung von den Befragten eindeutiger verurteilt wurde, als die Zustimmung zu ihm hoch war. "[T]he condemnation of this violation [...] was stronger than the agreement with the corresponding right [... P]articipants seem to apply [it] in a consistent way to concrete facts." (2004: 395, 397) An der Reichweite dieser Vorstellung scheinen die Autoren allerdings selbst Zweifel zu hegen, denn sie räumen ein, dass bei Verwendung eines anderen Szenarios beziehungsweise einer anderen Abfrage die Ablehnung von Folter und unmenschlicher Behandlung auch hätte schwächer ausfallen können. In ihrem Beispiel wurden die Opfer der Misshandlungen als Personen dargestellt, die sich den Anweisungen eines Vorgesetzten widersetzten und die denselben "kulturellen" (hier: nationalstaatlichen) Hintergrund wie die Befragten besaßen. An diesem Szenario könnten zwei Veränderungen vorgenommen werden, die meines Erachtens erste Hinweise auf die unausgesprochenen Menschenbilder geben könnten. Würde man den "kulturellen" Hintergrund der Opfer – wie zum

Beispiel ihre Nationalität, ihre ethnische Zugehörigkeit oder ihre Religion – variieren, könnte dies direkt die Reichweite des *universe of obligation* widerspiegeln.[122] Eine Veränderung der von den Opfern begangenen Taten würde sich hingegen stärker auf den Zusammenhang zwischen Verantwortungszuschreibungen und der Reichweite moralischer Vorstellungen beziehen. Staerklé und Clémence verbinden damit die Erwartung, "that individuals would give up their formal adherence when confronted with individuals having committed more reprehensible acts than the mere refusal to comply with an order or a request." (ebd.: 397). Denn die nahezu einstimmige Verurteilung einer Verletzung des Folterverbots könnte teilweise auch darauf zurückgehen, dass bereits die im Beispiel geschilderte Verweigerung einer Anweisung von den Befragten als moralisch wertvolle Handlung angesehen wird – dies ist zumindest naheliegend, wenn sie das Beispiel mit Befehlen assoziierten, die selbst wiederum die Schädigung anderer mit sich bringen könnten. Würde man die Befehlsverweigerung hingegen durch Handlungen ersetzen, die das Opfer entweder selbst als den Verursacher seiner Lage kennzeichnen und/oder die als moralisch verwerflich gelten, könnte auch dies eine weniger eindeutige Ablehnung des Folterverbots nach sich ziehen.[123] Eine an Phänomenen der Ungerechtigkeit interessierte Sozialforschung müsste in der Konzeption ihrer Erhebungsdesigns folglich neben den bereits in früheren Kapiteln diskutierten methodischen Fragen (vgl. Punkt 2.2.1 und 2.4.2) diese zumeist im Verborgenen bleibenden Menschenbilder in Rechnung stellen. Denn nur so könnte sie auch empirisch gehaltvolle Aussagen darüber formulieren, ob sich heutzutage Vorstellungen einer an keine weiteren Kriterien gebundenen "menschlichen Behandlung" ausgebildet haben oder ob noch immer bestimmte Merkmale zur Begrenzung des *universe of obligation* herangezogen werden.[124]

---

122 Denkt man etwa an die im großen Stil bislang ausbleibenden Reaktionen auf die Gefangenenlager in Guantanamo, so lässt sich vermuten, dass dies – neben anderen Faktoren – Zuschreibungen geschuldet sein könnte, die auf Grundlage solcher Merkmale operieren. Wie in Fußnote 117 bereits angedeutet wurde, sind mit solchen Kennzeichen häufig moralisch aufgeladene Vorstellung von bestimmten unveränderlichen "Wesensmerkmalen" verbunden. Zugleich zeigt dieses Beispiel jedoch auch, wie schwierig es ist, diese Vorstellungen aufzudecken – denn sind sie doch wenig schmeichelhaft für das Selbstverständnis aufgeklärter Individuen.

123 So lassen meines Erachtens zum Beispiel die Diskussionen um die Erlaubnis zur Folter oder Folterandrohung in Polizeiverhören im Kontext von Kindesentführungen diese Annahme plausibel erscheinen. In diesen Fällen können offenbar die Tatmerkmale – die vermutlich an den Opfern vorgenommenen Handlungen – gemeinsam mit der Verantwortungszuschreibung auf den Täter selbst, einen Ausschluss aus dem *universe of obligation* nach sich ziehen und in der Folge Handlungen rechtfertigen, die andernfalls als moralisch verwerflich angesehen würden.

124 Die *öffentlich* geführte Diskussion um das "Menschsein" bezieht sich derzeit vor allem auf Bereiche, die zunehmend den Möglichkeiten medizinischer Eingriffe unterliegen. So spie-

3.2.2 Differenzierungen im *universe of obligation*: Weitere Implikationen für die Wahrnehmung von (Un-)Gerechtigkeit

Während es nun im letzten Punkt vor allem um die Reichweite eines moralischen Universums ging, werden in diesem Kapitel seine internen Abstufungen in den Blick genommen. Denn auch wenn man sich in den Grenzen eines *universe of obligation* bewegt, bedeutet dies nicht zwangsläufig, dass jede Abweichung von einem Gerechtigkeitsideal oder jeder Zusammenbruch der gewohnten Routinen auch als ungerecht erlebt werden. Dies ist darauf zurückzuführen, dass sich die sozialen Beziehungen innerhalb dieser Welt wiederum ausgesprochen differenziert gestalten und in je spezifischen Formen der wechselseitigen Behandlung zum Ausdruck kommen können. Das moralische Universum lässt sich also durch weitere Abgrenzungen und Unterscheidungen charakterisieren, durch die jeweils bestimmte Personengruppen sowie ihre Beziehungen unter- und miteinander als gleich oder verschieden gekennzeichnet werden.

In der sozialpsychologischen Forschung wurde dieser Gedanke vor allem von Michael Wenzel ausgearbeitet. Nach Wenzel basieren Urteile über Gerechtigkeit oder Ungerechtigkeit auf Prozessen der sozialen Kategorisierung. Akteure greifen auf solche kategorialen Unterscheidungen zurück, um sich ihrer eigenen Identität sowie der Art ihrer Beziehungen zu versichern: "social categorisations are used to understand the identity of, and relationships between, people in a given situation" (2004: 221f.) In der sogenannten "primary category" finden sich all jene Personen wieder, deren Lage überhaupt moralischen Erwägungen unterzogen wird (ebd.: 226). "This categorization defines the boundaries of the justice problem" (2000: 159). Sie umfasst folglich alle Personen, die in Punkt 3.2.1 als dem *universe of moral obligation* zugehörig beschrieben wurden. Diese Kategorisierung basiert nach Wenzel auf der Wahrnehmung von Ähnlichkeit(en), das heißt all den in der *primary category* erfassten Personen wird ein Merkmal zugeschrieben, das sie einander ähnlich macht. Werden sie also "predominantly categorised in terms of the primary category, their similarity is accentuated" (2004: 229). Aufbauend auf dieser sehr fundamentalen Ähnlichkeit – die sich, wie bereits ausgeführt wurde, an einem bestimmten Menschenbild festmachen kann – werden meist jedoch weitere Kriterien herangezogen, auf deren Grundlage sich wiederum ausge-

---

geln die Auseinandersetzungen um Abtreibung oder Stammzellforschung moralische Konflikte wider, die sich um die Frage drehen, ab welchem Zeitpunkt der Embryo als ein Mensch gelten kann, ab wann folglich ein menschliches Leben getötet oder nur ein "Objekt" vernichtet wird. Nur am Rande möchte ich hier erwähnen, dass die Frage nach dem *universe of obligation* keineswegs nur auf menschliches Leben beschränkt ist, wie die von Tier- oder Umweltschützern angestoßenen Debatten zeigen (vgl. auch Deutsch 1975: 142; Clayton und Opotow 2003: 299).

wählte Personenkreise als ähnlicher erweisen im Vergleich zu anderen Personen(-gruppen). Wenzel geht folglich von "categorisation processes at different levels of inclusiveness" aus (ebd.: 225), durch die verschiedene kleinere und enger gefasste *universes of moral obligation* entstehen können (vgl. Abbildung 4).

Abbildung 4: Dimension der kategorialen Grenzziehungen und der sie konstituierenden *universes of moral obligation*

Auf der Basis verschiedener Merkmale werden somit weitere Bereiche der Zugehörigkeit geschaffen, die zugleich die Grundlage für gleichartige oder eben ungleichartige Beziehungen der Personen in der gemeinsamen Welt des *moral universe* darstellen. "[T]he primary category may be differentiated so that potential recipients are subcategorized and perceived as belonging to different, less-inclusive categories." (2000: 159) Diese Subkategorien und die darauf beruhenden Typen von Beziehungen begründen wiederum eine gleiche oder ungleiche Behandlung. Für die Bindungen innerhalb der Subkategorien können also jeweils andere Standards gelten als für Beziehungen, die über ihre Grenzen hinausreichen. Mit Charles Tilly kann an dieser Stelle darauf hingewiesen werden, dass kategorialen Unterscheidungen geradezu die Eigenschaft anhaftet, Beziehungen herzustellen und zu gestalten: "categories take relational forms. [...] A category consists of a set of actors who share a boundary distinguishing all of them from and relating all of them to at least one set of actors visibly excluded by that boundary. A category simultaneously lumps together actors deemed similar, splits sets of actors considered dissimilar, and defines relations between the two sets" (1998: 62).

Das in Punkt 3.2.1 geschilderte gemeinsame *universe of obligation* zeichnete sich nun dadurch aus, dass die Beziehungen zwischen den Zugehörigen und den Ausgeschlossenen aus der Innenperspektive entweder vollends bedeutungslos blieben oder aber ihnen der Charakter von *sozialen* Bindungen zwischen einander ähnlichen Menschen abgesprochen wurde. Während ein Angriff auf diese Grenze für die darin Eingeschlossenen eine nicht gerechtfertigte moralische Überschreitung darstellen würde, kann ihre Aufrechterhaltung in den Augen der Außenstehenden gerade als Ungerechtigkeit erfahren werden. Anhand einiger von Moore verwendeter Beispiele kann nun recht schön illustriert werden, dass sich Ungerechtigkeiten auch an einer Verletzung der Grenzziehungen *innerhalb* des weiter gefassten *universe of obligation* und den darauf basierenden Zugehörigkeiten entzünden können – also zwischen den jeweils kleineren *universes of obligation*. Dies sei zunächst exemplarisch am Beispiel der Zünfte veranschaulicht, einer Gruppe von Personen, die offensichtlich sehr klare Vorstellungen davon besaß, wer zu ihnen gehörte und wer nicht: "Niemand, der nicht Zunftmitglied war, konnte innerhalb der Stadtgrenzen irgendeine wirtschaftliche Funktion ausüben, die zu einer Zunft gehörte. Geschah derlei, so brach bei den Zunftmitgliedern die heftigste moralische Empörung aus." (1987: 184) Die als Eindringlinge empfundenen Nichtmitglieder maßten sich folglich im Netz der sozialen Beziehungen eine Position an, die ihnen aus Sicht der Zunftmitglieder nicht zustand. Mit der Ausübung bestimmter wirtschaftlicher Tätigkeiten nahmen sie für sich in Anspruch, jene Formen des wirtschaftlichen Austauschs eingehen zu können, die allein den Angehörigen der Zunft zukamen. Für dieses Vergehen wurden sie mit verschiedenen Schimpfnamen versehen (ebd.), die deutlich machen, dass die Verletzung der Grenze als ein moralischer Übergriff angesehen wurde. Den Eindringlingen wurde damit die Würde und Ehre abgesprochen, die den Positionen innerhalb der Zunft vorbehalten blieb und die eben jene gesonderte Behandlung von Mitgliedern und Nichtmitgliedern zu rechtfertigen schien.

In anderen Fällen traten diese Grenzverletzungen als Konflikte in Erscheinung, die vor allem als *interactional injustice* empfunden wurden – nun aus Perspektive der Ausgeschlossenen. So erschien den deutschen Arbeitern von

1848 die bislang praktizierte Art der Anrede nicht länger angemessen und sie verlangten "nun mit *Sie* anstelle des familiären *Du* angeredet" zu werden (ebd.: 223). Die Forderung nach dieser als respektvoll angesehenen Ansprache kann als Zeichen dafür interpretiert werden, dass ihnen genausoviel Anerkennung entgegengebracht werden sollte wie jenen Personenkreisen, denen diese Anrede bislang vorbehalten war. Umgekehrt empörte die neue Praxis gerade jene "altmodischen Konservativen" (ebd.: 223), die diese Umgangsform nur auf ihresgleichen angewendet wissen wollten. Sie empfanden deren Ausweitung auf eine größere Personengruppe offensichtlich als eine Verletzung der Qualität sozialer Beziehungen, die sie weiterhin als unterschiedlich zwischen ihresgleichen und den Arbeitern wahrnahmen. Eine unterschiedslos gebrauchte Anrede auf vormals ungleich gestellte Personengruppen würde eben die in ihren Augen wichtige Differenz verwischen. Während die Arbeiter mit ihrer Forderung auf die Gemeinsamkeit beziehungsweise Ähnlichkeit abzielten, versuchten die konservativen Kreise mit deren Ablehnung gerade ihre Exklusivität zu wahren. Ähnliche Formen einer als ungerecht empfundenen Behandlung berichtet Moore von den deutschen Arbeitern im Vorfeld des Ersten Weltkrieges. Sie beklagten die fehlende Begrüßung von Vorgesetzten oder Inhabern (ebd.: 283). Die Bergarbeiter wiederum empörte überdies die Weigerung der Grubenbesitzer mit ihnen in Lohnverhandlungen zu treten (ebd.: 331). Dies entsprach zwar der bis in das beginnende zwanzigste Jahrhundert gängigen Praxis der Lohnfestsetzung allein durch den Arbeitgeber (ebd.: 257), wurde von den Bergarbeitern jedoch als Missachtung ihres Status als eines akzeptierten Verhandlungspartners empfunden. Während Vorgesetzte und Arbeitgeber mit all diesen Interaktionsformen versuchten, soziale Beziehungen auch weiterhin differenziert zu gestalten, zielten die Forderungen der Arbeiter gerade auf die Aufhebung dieser Unterschiede ab.

Weitere Beispiele der *interactional injustice* lassen erkennen, dass die Arbeiter jedoch nicht darauf bedacht waren, alle Grenzziehungen zu überwinden und folglich alle Beziehungen anzugleichen. Dies lässt sich unter anderem an jenem Teil der deutschen Arbeiterschaft von 1848 beobachten, den die an ihm vorgenommene Etikettierung als Proletariat empörte: "Die Bezeichnung 'Proletarier' erweckte, sobald sie auf diese Arbeiter angewandt wurde große Errregung. [...] Diese Arbeiter fürchteten in der Tat nichts mehr, als ins Proletariat hinabgestoßen zu werden." (ebd.: 223) Mit eben diesem Proletariat wollten sie sich nicht gleichgesetzt wissen, eine Ähnlichkeit mit ihm wiesen sie entschieden von sich. Mit einer gleichlautenden Kennzeichnung würde diese von ihnen vorgenommene Differenzierung sozialer Beziehungen jedoch verschwimmen. Ähnlich gelagert ist der Unmut der Bergarbeiter vor 1914 über eine für sie neu eingeführte Berufsbezeichnung. Während sie bislang unter dem Titel der "Bergleute" firmierten, sah die neue Berufsordnung für sie den Begriff der "Berg'arbeiter'" vor (ebd.: 326, Fußnote 18), eine Gleichsetzung mit allen anderen Arten von Arbeitern, die wiederum ihr Zugehörigkeitsgefühl verletzte und den in ihren Augen spezifischen sozialen Beziehungen innerhalb und zu ihrer Gruppe nicht gerecht wurde.

Der Verweis auf die bereits erwähnten – aber zunächst verweigerten – Lohnverhandlungen zeigt, dass sich andere Klagen der Arbeiter stärker auf jene Aspekte bezogen, die in der empirischen Gerechtigkeitsforschung als Verteilungsergebnisse thematisiert werden. Doch wird in den Schilderungen von Moore wiederum deutlich, dass damit gleichermaßen die Ebene der sozialen Bindungen berührt wird. Denn die ökonomischen Forderungen zielten nach Moore vor allem darauf ab, sich einen Lebensstil finanzieren zu können, der als ehrbar und anständig angesehen wurde (ebd.: 181,185, 325). Zu einem solchen Leben gehörte es, sich als eine von anderen unabhängige Person darstellen zu können. Insofern empfanden die deutschen Arbeiter Anfang des zwanzigsten Jahrhunderts die in ihren Augen zu niedrigen "Löhne [als] eine Manifestation ihrer Abhängigkeit [...] und folglich [als] eine Einschränkung ihrer Autonomie" (ebd.: 255). Der geringe Verdienst erschien ihnen als Anzeichen der mangelnden Anerkennung ihres Status als freie Individuen. Dies bedeutet nicht, dass sie gar keine sozialen Beziehungen hätten mehr eingehen wollen, sondern vielmehr, dass sie für sich in Anspruch nahmen, in der Wahl und Ausgestaltung dieser Beziehungen so frei zu sein, wie es vorher nur einem kleinen Kreis von Personen zugestanden wurde.[125]

Auf Grundlage dieser Beispiele von Moore kann folglich zunächst festgehalten werden, dass sich auch innerhalb der Grenzen eines *universe of obligation* Ungerechtigkeiten häufig daran entzünden, dass Personen die spezifische Qualität ihrer sozialen Bindungen verletzt sehen. Ob eine bestimmte Situation als ungerecht angesehen wird, hängt also immer auch davon ab, in welcher sozialen Beziehung die Akteure zueinander stehen: Was in Bezug auf den einen als ungerecht erscheinen mag, kann in Bezug auf einen anderen als vollkommen angemessen gelten, da je nach Qualität der Bindung andere Kriterien zur Beurteilung der Situation herangezogen werden. Diese Qualitäten basieren auf der Wahrnehmung von kategorialen Unterschieden, wobei die dadurch geschaffenen Grenzen kenntlich machen, wem welche

---

125 Da ökonomische Austauschprozesse immer auch etwas über die Qualität sozialer Beziehungen zum Ausdruck bringen, ist für Moore der Bereich der Wirtschaft kein moralfreier Raum. Vielmehr möchte er gerade eine Sichtweise schärfen, die es ermöglicht, "einen ökonomischen Sachverhalt mit moralischen Maßstäben wahr[zunehmen]" (1987: 548). Da finanzielle Ansprüche seines Erachtens selten um ihrer selbst Willen gestellt werden, kommt es gerade darauf an, auf der Ebene der sozialen Beziehungen nach den handlungsmotivierenden Momenten dieser Forderungen zu suchen. Zu diesem Thema hat Viviana Zelizer eine interessante historische Studie vorgelegt, in der sie nachzeichnet, wie das vermeintlich anonyme Zahlungsmittel Geld je nach sozialem Kontext unterschiedliche Bedeutungen annehmen kann. Und dies liegt gerade daran, "[that] money is attached to a variety of social relations rather than to individuals." (1994: 25)

Form der Behandlung zukommen sollte. Als ungerecht kann dann sowohl die Grenzziehung selbst als auch ein Angriff auf sie empfunden werden. Als entscheidend für die Wahrnehmung von Ungerechtigkeit erweist sich aus dieser Perspektive folglich das Gespür für eben solche Grenzen: entweder weil man sie aufgehoben oder aber verstärkt und verteidigt sehen möchte. Man könnte auch wie Gamson von den Konflikten zwischen kleiner oder enger gefassten *universes of obligation* sprechen: "In most societies, the boundaries of some of these universes of obligation are often hotly contested and changing." (1995: 4) Ebenso wie die von Moore beschriebenen Arbeiter eine klare Vorstellung von diesen Grenzen zu haben schienen, weist Gamson darauf hin, dass "[s]ocial movements that challenge cultural codes [...] typically challenge these boundaries of obligation." (ebd.) Auch ihren Aktivitäten liegt folglich häufig die Wahrnehmung und Fokussierung auf solche Grenzziehungen zugrunde.[126]

Während nun die Beispiele von Moore sowie die Anmerkungen von Gamson darauf aufmerksam machen, dass kategoriale Unterscheidungen ein wichtiges Element für die Initiierung und Aufrechterhaltung kollektiver Protestaktionen darstellen, möchte ich im Folgenden die Perspektive wechseln und der Frage nachgehen, welche Schwierigkeiten sie zugleich für die Wahrnehmung von (Un-)Gerechtigkeiten mit sich bringen können. Ein Blick auf die Eigenschaften von Kategorien- beziehungsweise Klassifikationssystemen erscheint dafür vielversprechend; zuvor muss allerdings kurz auf eines ihrer zentralen Kennzeichen eingegangen werden. Aus der Forschung zu sozialen Bewegungen ist bekannt, dass sich ihre Erfolge unter anderem daran bemessen, wie gut es ihnen gelingt, ihre potentiellen Mitglieder in genau einem oder einer geringen Auswahl von Identitätsmerkmalen anzusprechen. Umgekehrt ist damit gesagt, dass es offenbar einiger Anstrengungen bedarf, diese Merkmale beziehungsweise kategorialen Unterscheidungen sowie ihre Konsequenzen im alltäglichen Leben für die Akteure sichtbar zu machen. Dies resultiert aus dem für sie spezifischen Charakter, der sie als selbstverständliche und in die Normalität der Alltagswelt eingebettete Elemente der Wahrnehmung ausweist. Da sie zur Welt des *taken for granted* gehören, werden sie meist gar nicht mehr zur Kenntnis genommen: "classifications, however imbricated in our lives, are ordinarily invisible." (Bowker und Star 2000: 2) Gerade weil sie so vertraut und in die alltägliche Praxis

---

126 In der sozialen Bewegungsforschung wird dieser Aspekt insbesondere von den sogenannten *Collective Identity*-Ansätzen beleuchtet oder aber im Kontext der *Framing*-Ansätze als *identity framing* thematisiert (vgl. Unterpunkt 3.1.3.2). Auch Wenzel weist darauf hin, dass diese kategorialen Unterscheidungen und die sich darauf begründenden Zugehörigkeiten die Grundlage der eigenen Identität darstellen. Entzünden sich Ungerechtigkeiten an diesen Grenzziehungen, werden sie zugleich als Gefährdungen der eigenen Identität wahrgenommen (2004: 248).

integriert sind, entgehen sie entweder selbst der Aufmerksamkeit (ebd.: 47) und werden als gegeben hingenommen (ebd.: 35) oder man bleibt in Bezug auf ihre Folgen blind (ebd.: 3) und übersieht, dass bestimmte soziale Verhältnisse oder Ereignisse gerade auf ihr Wirken zurückzuführen sind.[127] Daraus lässt sich nun ableiten, dass Akteure im normalen Fluss des Alltags – wenn alles der gewohnten Routine folgt – mehr fühlen als wissen, wo sie selbst oder andere Personen hingehören. Die der Zugehörigkeit zugrundeliegenden kategorialen Unterschiede stellen für sie eher unbewusste kognitive *frames* dar und diese Schemata werden "not only cognitively perceived but also felt at the visceral level." (Clayton und Opotow 2003: 298) Im alltäglichen Leben zeigt sich folglich die "Kenntnis" beziehungsweise das "Wissen" um den eigenen Platz und die Qualität der eigenen Beziehungen zu anderen vor allem in dem Gespür für die mitunter kleinen, aber dennoch relevanten Grenzen, die einzuhalten man bemüht ist, will man "sich nicht deplaziert fühlen" (Bourdieu 1997: 165). Die kategorialen Unterscheidungen können allerdings zum Gegenstand der eigenen bewussten Überlegungen werden, wenn etwas Außergewöhnliches passiert und die normale Alltagswelt zusammenbricht oder wenn sie bereits – wie im Fall mancher sozialer Bewegungen oder politischer Diskussionen – als Gegenstand sozialer Konflikte thematisiert werden (Bowker und Star 2000: 2f.). Da sich (Un-)Gerechtigkeit aus der hier vorgeschlagenen Perspektive daran bemisst, ob die von einem Leid betroffene Person sich selbst einem *universe of obligation* zugehörig empfindet oder von anderen als zugehörig wahrgenommen wird, ist es für die Möglichkeit der Wahrnehmung von Ungerechtigkeit folglich bedeutsam, wie *eindeutig* die Frage nach der Zugehörigkeit beantwortet werden kann. Die folgenden Eigenschaften von Klassifikationssystemen können ein Licht darauf werfen, welche Schwierigkeiten damit verbunden sein können.

Wie in der weiter oben bereits verwendeten Formulierung Wenzels von den "categorisation processes at different levels of inclusiveness" (2004: 225)

127 Diese Blindheit führen Bowker und Star darauf zurück, dass viele kategoriale Unterscheidungen von Anbeginn zu der Welt gehören, in die eine Person hineingeboren wird. In Auseinandersetzung mit und Aneignung dieser Welt erwirbt sie eine "naturalized familiarity" (2000: 35) mit ihnen und reproduziert sie in der eigenen Praxis stets aufs Neue. Damit formulieren die beiden Autoren einen ähnlichen Gedanken wie Bourdieu, wenn er darauf hinweist, dass die "großen sozialen Gegensätze [...] dazu [tendieren], sich im Denken und Reden in Gestalt konstitutiver Opposition von Wahrnehmungs- und Unterscheidungsprinzipien niederzuschlagen, also selbst zu Kategorien der Wahrnehmung und Bewertung beziehungsweise zu kognitiven Strukturen zu gerinnen" (1997: 162). Verwandeln sich aber soziale Unterscheidungen auf diese Weise "sukzessiv in Denkstrukturen und Prädispositionen" (ebd.), können "[v]on der geschichtlichen Logik erzeugte Differenzen [...] als in der Natur der Dinge liegend erscheinen" (ebd.: 160). Ebenso schreiben auch Bowker und Star, dass Akteure mit zunehmender Vertrautheit, den kontingenten Charakter der Kategorien vergessen (2000: 295) und diese als quasi natürliche Unterscheidungen wahrnehmen.

schon anklang, gibt es verschiedene Kriterien beziehungsweise Merkmale, an denen sich kategoriale Unterscheidungen festmachen können. Die erste Frage besteht also darin, *auf welches Merkmal* Akteure zurückgreifen – in Bezug *auf welches Kriterium* sie Ähnlichkeiten feststellen –, um sich über die Ebene ihrer sozialen Beziehung zu anderen zu versichern. Dies bedeutet zugleich, dass Wenzel davon ausgeht, dass es nicht nur *eine* dauerhafte und stabile Grenze gibt, sondern situationsspezifisch unterschiedliche Kriterien in den Fokus der Aufmerksamkeit rücken können (ebd.: 248). Es handelt sich eben nicht mehr nur um *ein* homogenes *universe of obligation*, in dem Fragen der Gerechtigkeit per se eine Rolle spielen, sondern um ein in sich differenziertes und abgestuftes Netz sozialer Beziehungen. Ebenso weist auch Tilly darauf hin, "[that] actors occupy multiple categories" (1998: 67). Doch gerade weil sie selbst und andere nicht nur einer, sondern vielen verschiedenen Kategorien angehören, kann es Unsicherheiten darüber geben, welches Merkmal die für die Einschätzung einer Situation relevante Zugehörigkeit widerspiegelt. Und während in manchen Kontexten eine bestimmte Unterscheidung ausschlaggebend sein mag, kann sie in einem anderen Zusammenhang als völlig nebensächlich erscheinen.[128] Ist es ungerecht, wenn das Erbe der Eltern unterschiedlich unter den Geschwistern aufgeteilt wird? Wer die Ähnlichkeit der Geschwister auf Basis des Verwandtschaftsgrades betont, wird die Frage vermutlich bejahen. Wer ihre Verschiedenartigkeit in Bezug auf die Nähe zu den Eltern und die damit eventuell verbundene Pflege hervorhebt, für den kann dieses Merkmal bedeutungslos sein. Ein Dritter wiederum mag das gemeinsame Kennzeichen "Geschwister" zwar als wichtig erachten, meint aber andere Verschiedenartigkeiten unterstreichen zu müssen, wie zum Beispiel den Umstand, ob es sich um Kinder aus der gemeinsamen Partnerschaft handelt oder nicht. Im normalen Alltag können all diese Merkmale bereits zu Unterschieden im wechselseitigen Umgang geführt haben; gleichwohl kann es in Konfliktsituationen für die Betroffenen schwierig sein, die aus ihrer Perspektive relevanten Kriterien zu benennen. Dies kann zum einen an den vorherrschenden kulturellen Meinungen darüber liegen, welche Merkmale überhaupt eine Rolle spielen sollten; Scham oder Schuldgefühle könnten so die als unangemessen erscheinenden Kriterien auch weiter hinter einem Schleier des Schweigens verbergen. Zum anderen resultiert die Schwierigkeit ihrer ausdrücklichen Benennung aus ihrer grundlegenden Eigenschaft, im normalen Alltagsleben eine Existenz im Verborgenen zu führen. Bereits

128 Neben den bereits weiter oben angesprochenen Merkmalen von Staatsangehörigkeit, Ethnie und Religion können des Weiteren Kennzeichen wie Geschlecht, Klasse/Schicht/Milieu, regionale Zugehörigkeit, Alter, Heiratsstatus, Erwerbsstatus, Bildung, Sprache, Verwandtschaftsgrad oder Gesundheitszustand als relevant erachtet werden. Und auch dies stellt noch keine erschöpfende Liste möglicher Unterscheidungsmerkmale dar.

damit sind ihrer Ausformulierung in Gestalt eines expliziten Wissens – wie anderen Elementen des *taken for granted* auch – Grenzen gesetzt.[129]

Das angesprochene Beispiel führt nun bereits zu zwei weiteren Eigenschaften, die Unsicherheiten und Zweifel im Umgang mit kategorialen Unterscheidungen mit sich bringen können. Denn nach Bowker und Star zeichnen sich Klassifikationssysteme durch eine ihnen inhärente Ambiguität aus: "There is no such thing as an unambiguous, uniform classification system. [...] Classification schemes always represent multiple constituencies. They can do so most effectively through the incorporation of ambiguity – leaving certain terms open for multiple definitions" (ebd.: 2000: 322, 324). Dies wiederum bedeutet, dass auch jedes noch so ausgefeilte Kategoriensystem stets Raum für Interpretationen und Deutungen lässt: "This in turn means that there is room in the constitution of any classification system with organizational and political consequences" (ebd.: 322). Die damit verbundene Uneindeutigkeit von Zuordnungen kann zunächst daraus resultieren, dass viele Merkmale, die zur Grundlegung einer kategorialen Unterscheidung herangezogen werden, weniger dichotome als vielmehr *kontinuierliche Variablen* darstellen. So weist zum Beispiel Gamson darauf hin, dass Zugehörigkeit häufig keine Frage des *entweder/oder*, sondern des *mehr oder weniger* ist (1995: 3). Desgleichen merkt auch Zerubavel an: "[M]embership in categories is basically a matter of degree and the transition from member to nonmember gradual rather than abrupt." (1991: 74) Tilly veranschaulicht denselben Sachverhalt an folgendem Beispiel: "You can be more or less a Muslim, even to the point where other Muslims deny your Muslimness" (1998: 66). Diese Eigenschaft von Klassifikationen kann Akteure im Ungewissen darüber lassen, an welcher Stelle der relevante Schnitt vorzunehmen ist. Für sie stellt sich also die Frage: Ab wann gehört jemand dazu? Und ab wann hat jemand "zu wenig" von einem Merkmal oder einer Eigenschaft, sodass er nicht mehr als zugehörig angesehen werden kann? Wann sprechen Personen zum Beispiel davon, dass jemand zur "Familie" gehört oder in der "Nachbarschaft" wohnt? Oder wann gilt ein Zugezogener nicht mehr als "Neuling" sondern als "Alteingesessener"?[130] Auch Differenzierungen, die auf den ersten Blick als klare dichotome Unterscheidung anmuten, können sich bei ein-

129 Siehe dazu die Anmerkungen über Garfinkel in Unterpunkt 2.2.2.2.

130 Die Gemeindestudie von Elias und Scotson (1990) schildert eindrucksvoll, welch folgenreiche Konsequenzen das Klassifizierungsmerkmal der Wohndauer zeitigen kann. Ebenso spielt es in den rechtlichen Bestimmungen zum Erwerb einer Staatsbürgerschaft oder der Aufenthaltsgesetzgebung eine wichtige Rolle. Der kontinuierliche Charakter der "Dauer" wird in diesen Kontexten meist durch willkürliche Zeitpunktsetzungen verschleiert, wie beispielsweise in der Regelung, dass Personen ohne deutsche Staatsbürgerschaft den Anspruch auf Einbürgerung erwerben, wenn sie – neben einer Reihe anderer Voraussetzungen – "seit acht Jahren [i]hren gewöhnlichen rechtmäßigen Aufenthalt in Deutschland" haben (vgl. http://www.einbürgerung.de; Zugriff: 9.03.2007).

gängiger Betrachtung eher als ein abgestuftes Kontinuum darstellen; so verweist Tilly auf "persons of mixed race" sowie "transsexuals" (ebd.: 8) und Bowker und Star veranschaulichen an der Geschichte der Tuberkolose, wie kompliziert sich die Zuordnung von Patienten in die Kategorien "krank versus nicht krank" gestaltete (2000: 26f.). Neben die Schwierigkeit, welche Merkmale überhaupt herangezogen werden sollten, um über die Zugehörigkeit zu einem *universe of obligation* und somit die Möglichkeit bestimmter (Un-)Gerechtigkeiten überhaupt urteilen zu können, tritt mit dem kontinuierlichen Charakter von Merkmalen folglich mitunter das Problem hinzu, über deren Ausmaß beziehungsweise über ihr "wieviel davon" bestimmen zu müssen.

Die Ambiguität von Klassifikationen ist darüber hinaus dem Umstand geschuldet, dass manche der Merkmale, die eine kategoriale Unterscheidung begründen, selbst bereits auf mehr als nur eine Eigenschaft verweisen und somit weniger ein- als vielmehr *multidimensionale Variablen* darstellen (Gamson 1995: 3). Zugehörigkeit bemisst sich dann an einer Merkmalskombination, über deren einzelne Komponenten und Gewichtungen wiederum Unsicherheit bestehen kann. Diesen Sachverhalt spricht auch Wenzel an, wenn er schreibt: "Even if people refer to the same inclusive identity, which motivates them to seek justice within its boundaries, they may have different ideas of what that identity means" (2004: 250). Versteht sich zum Beispiel eine Person als "EU-Bürger", so könnte sie neben der Staatsbürgerschaft in einem Land der Europäischen Union damit einen kulturellen Wertekanon verbinden, der selbst wieder auf eine Reihe unausgesprochener und uneindeutiger Eigenschaften Bezug nimmt. Am Beispiel der deutschen Staatsbürgerschaft als einem erworbenem Merkmal lässt sich sehr schön zeigen, dass gleich ein ganzes Bündel an Eigenschaften die Zugangsvoraussetzung für diese Form der Zugehörigkeit darstellt: So werden neben der Aufenthaltsdauer von mindestens acht Jahren unter anderem die Kriterien der selbständigen Sorge für den eigenen Lebensunterhalt, "ausreichende Deutschkenntnisse" sowie das Bekenntnis zur "freiheitlich-demokratischen Grundordnung des Grundgesetzes der Bundesrepublik Deutschland" genannt.[131] Einige dieser Merkmale lassen selbst wieder Spielraum für weitere Interpretationen; und überdies ist es möglich, dass Akteure in ihren alltäglichen Handlungen die Idee der "Staatsbürgerschaft" noch durch zusätzliche Kriterien ergänzen oder um einige der genannten kürzen. Vor dem Hintergrund kategorialer Unterscheidungen, die auf Grundlage von mehr als nur einem Merkmal gebildet werden, können sich wiederum Schwierigkeiten im Umgang mit jenen Personen ableiten, die Bowker und Star als "residual categories, or, the 'other[s]', or not elsewhere classified" bezeichnen (2000: 11). Aufgrund der

131 Siehe die Quelle in Fußnote 130.

sie kennzeichnenden Merkmalsausprägungen scheinen sie weder auf die eine noch auf die andere Seite der Grenzziehung zu gehören, sodass letztlich wieder Zweifel darüber bestehen können, ob bestimmte Gerechtigkeitsstandards auf sie angewendet werden sollten oder nicht.

Dieses Kapitel abschließend möchte ich nun festhalten, dass offenkundig auch innerhalb eines *universe of moral obligation* auf Grundlage vielfältiger Kriterien Unterscheidungen zwischen Personengruppen getroffen werden können. Die aus den kategorialen Grenzziehungen resultierenden Zugehörigkeiten erzeugen jeweils für die Personen auf der einen Seite der Trennlinie eine spezifische Qualität der sozialen Beziehung, die den Bindungen nach der anderen Seite hin nicht anhaftet. Im normalen Alltagsgeschehen werden diese Grenzen, die ihnen zugrundeliegenden Merkmale und die aus ihnen hervorgehenden Beziehungsformen in der Regel als gegeben angenommen: Personen haben häufig eher ein Gefühl als stets ein klares Bewusstsein vom eigenen und dem Platz anderer im Geflecht der sozialen Beziehungen. Gleichwohl prägen diese Unterscheidungen ihr Handeln und werden durch diese praktizierte Anwendung stets auf Neue erzeugt. Sie können allerdings zum Gegenstand der bewussten Aufmerksamkeit werden, wenn sich wie im Fall der Abweichung von einem Gerechtigkeitsideal Konflikte einstellen oder wenn die Routinen des Alltags durch unvorhergesehene Ereignisse durchbrochen werden. Doch ob ein intuitiv gefälltes Ungerechtigkeitsurteil oder die zunächst vage Vermutung, dass die Geschehnisse ungerecht sein könnten, auch Bestätigung erfährt, ist neben den vorgenommenen Verantwortungszuschreibungen an die wahrgenommenen Zugehörigkeiten gebunden. In diesem Abschnitt sollte nun deutlich geworden sein, dass die den Zugehörigkeiten zugrundeliegenden kategorialen Unterscheidungen jedoch nicht immer eine zweifelsfreie Zuordnung erlauben. So können Akteure nicht nur unschlüssig darüber sein, *welche Merkmale* überhaupt herangezogen werden sollten; überdies kann ihr *kontinuierlicher Charakter* sowie ihre *multidimensionale Beschaffenheit* Unsicherheiten nach sich ziehen, in deren Konsequenz das Urteil über eine potentielle Ungerechtigkeit auch wieder verworfen werden kann. Die eigenen oder die von anderen formulierten Unmutsbekundungen oder Gerechtigkeitsforderungen könnten sich vor diesem Hintergrund als ungerechtfertigte Ansprüche herausstellen.

3.2.3 Eine besondere Form sozialer Beziehungen: Solidargemeinschaften und Verantwortungszuschreibungen

Im Unterschied zu den vorangehenden Abschnitten zielen meine Ausführungen hier nun weniger darauf ab, gänzlich neue oder zusätzliche Antworten auf die Frage zu finden, welche Hindernisse einem Ungerechtigkeitsurteil im Weg stehen können; vielmehr werde ich auf die in den letzten Kapiteln erarbeiteten Argumente zurückgreifen, um eine spezifische Form sozialer Beziehungen zu betrachten, der in der soziologischen Gerechtigkeitsforschung besondere Aufmerksamkeit entgegengebracht wird. Das Anliegen der folgenden Ausführungen besteht also darin, die für die Möglichkeit der Wahrnehmung von Ungerechtigkeiten zentralen Dimensionen der Verantwortungszuschreibung und der Zugehörigkeit auf einen bestimmten Typ sozialer Beziehungen anzuwenden. In den Arbeiten von Leo Montada tritt er unter der Bezeichnung der "Solidargemeinschaft" in Erscheinung; Liebig und Lengfeld sprechen auch von "Kollektivismus" und betonen damit die "solidarische[n] Beziehungen" der Mitglieder (2002: 124). Jenseits dieser "Solidarität" leitet sich die außergewöhnliche und sie von anderen Beziehungsarten unterscheidende Qualität dieser Bindungen aus der für sie charakteristischen Verbindung zur Dimension der Verantwortungszuschreibung ab. Montada bringt diesen Zusammenhang mit folgenden Worten zum Ausdruck: "Innerhalb von Solidargemeinschaften begründen unverdiente Nachteile [...] einen Anspruch auf Ausgleich, der in vielen Gesellschaften existiert und in informellen oder formellen Ordnungen [...] geregelt ist." (1995: 317) Das Besondere von Solidargemeinschaften ergibt sich folglich daraus, dass ihre Mitglieder auch solche Situationen und Verhältnisse als ungerecht empfinden können, die als das Resultat unvermeidlicher Kräfte erscheinen. Die Ungerechtigkeit entzündet sich in diesen Fällen allerdings weniger an der *Ursache* als vielmehr an den fehlenden, als falsch oder nicht ausreichend eingeschätzten Verhaltensweisen jener Akteure, denen die *Verantwortung für die Abhilfe* oder Abfederung unverschuldeter Nachteile zugeschrieben wird. In modernen Solidargemeinschaften wie dem Wohlfahrtsstaat werden die Mittel für solche Maßnahmen zum Beispiel "durch Umverteilungen von Einkommen, Gewinnen und Vermögen gewonnen. Die Umverteilungen können von Lohnverzichten bis Steuererhöhungen und Sonderabgaben reichen." (Montada 1994: 82) Die einer solchen auf die Instrumente des Wohlfahrtsstaates ausgerichteten Orientierung entsprechende "Gerechtigkeitsideologie" bezeichnen Liebig und Wegener auch als "Etatismus" (1995). Kommen nun die für diese Maßnahmen als zuständig angesehenen Institutionen und Akteure ihren Aufgaben jedoch nur unzureichend nach, oder verweigern sie einen Ausgleich vollständig, kann ungeachtet der als unvermeidlich wahrgenommenen Ursache eine Ungerechtigkeit vorliegen. Diese Einschätzung speist sich dann allerdings weniger aus der Verantwortungszuschreibung auf die auslösenden Faktoren, als vielmehr aus der Schuldzuweisung an die für die Behebung der Nachteile verantwortlich gemachten Akteure.[132] Bevor ich nun auf die damit verbundenen Konse-

132 Es ist vor allem Montada, der diese Unterscheidung zwischen den zwei verschiedenen Formen der Verantwortungszuschreibung – einerseits in Bezug auf die Ursache, andererseits in Bezug auf die Abhilfe eines Problems – sauber herausgearbeitet hat (1995: 317, 1991: 25). Bei Liebig und anderen hingegen wird sie durch die vorschnelle Unterstellung

quenzen in Bezug auf die Möglichkeiten der Wahrnehmung von Ungerechtigkeit zu sprechen komme, möchte ich den Zusammenhang von Solidargemeinschaften – als einer spezifischen Form der kategorialen Grenzziehung – und Verantwortungszuschreibungen zunächst in Anlehnung an Montada anhand von zwei Beispielen illustrieren.

Das erste Beispiel bezieht sich auf die Frage, wie die im Anschluss an die Wiedervereinigung geleisteten finanziellen Transferleistungen von West- nach Ostdeutschland beurteilt werden können. In Abhängigkeit von der wahrgenommenen Ursache für die schlechtere wirtschaftliche Lage in den neuen Bundesländern sowie der vorgenommenen Grenzziehung der Solidargemeinschaft, kann dieses Urteil variieren. So könnte die Verantwortungszuschreibung, wie Montada ausführt, folgendermaßen ausfallen: "Durch Zuordnung zum sowjetischen Herrschaftsbereich hat die Bevölkerung der ehemaligen DDR eine im Vergleich zu Westdeutschland unverschuldete drastische Benachteiligung erfahren. [...] Die besseren Chancen im Westen waren nicht verdient. Es war das Glück oder die Gnade der geographischen Lage" (1995: 321).[133] Mit dem Glück oder dem Zufall der regionalen Zugehörigkeit werden nun Kräfte angesprochen, die in Punkt 3.1.1 als für den Bereich des Unvermeidlichen charakteristisch eingeführt wurden. Auf Grundlage der dort vorgestellten Überlegungen von Moore und Shklar müsste – in einer *ersten Variante* – die Schlussfolgerung gezogen werden, dass die Situation der schlechter gestellten Ostdeutschen nicht als ungerecht

---

unterlaufen, es sei der Staat selbst, der ursächlich für die Ungleichverteilung verantwortlich sei. Zwar stellt auch dies eine mögliche Wahrnehmungsform dar, doch ist sie eben von jener zu unterscheiden, die im Staat nur den für die Abhilfe verantwortlichen Akteur erkennt. Allerdings kann eine solche Vorstellung mit der Zeit durchaus dem Eindruck Vorschub leisten, dass der Staat selbst der Verursacher der Ungleichheit ist. Die von Montada vorgenommene Differenzierung zwischen der ursächlichen und der auf die Abhilfe bezogenen Verantwortung wird auch von anderen Autoren vorgenommen. So schreibt beispielsweise Shanto Iyengar: "Causal responsibility focuses on the origin of the problem, while treatment responsibility on who or what has the power either to alleviate or to forestall alleviation of the problem" (1989: 879; vgl. auch Javeline 2003a: 21f.). Weiner spricht von "onset or offset responsibility" (2003: 169).

133 Montada führt auch eine Reihe von Argumenten an, die auf der Ebene der Verantwortungszuschreibung dazu führen, die Lage in der ehemaligen DDR als selbstverschuldet darzustellen: Sei es nun, dass darauf verwiesen wird, dass "Teile der Bevölkerung [...] den DDR-Staat [...] gewollt haben" oder "die Verantwortlichen und die Profiteure des alten Systems" als Verursacher ausgemacht werden (1995: 324f.). In diesem Fall stellt sich die Frage der Ungerechtigkeit freilich nicht, da die Opfer zugleich auch als Täter wahrgenommen werden. "Je mehr Vorwürfe der Selbstverschuldung der Lage durch den DDR-Staat und ihrer Bürger und je mehr Belege für eine breite Tolerierung des Regimes, wenn nicht gar Identifikation der Bevölkerung mit dem Regime geglaubt werden, um so mehr wird der Opferstatus in Frage gestellt." (ebd.: 326) Wird in dieser Form "die Verantwortung für die gegebenen Nachteile den Schlechtergestellten selbst zugeschrieben [...], wird keine Ungerechtigkeit wahrgenommen." (ebd.: 324)

eingeschätzt wird, da niemandem die Schuld für die unterschiedlichen Verhältnisse zugeschrieben werden kann. Die Lage der Ostdeutschen mag bedauerlich sein, da sie jedoch das Resultat einer willkürlichen Zuordnung ist und keiner Person ein falsches Handeln vorgeworfen werden kann, erscheint sie auch nicht als ungerecht. Vielmehr könnte gerade der Lastenausgleich zwischen beiden Regionen Empörung nach sich ziehen und den Vorwurf von Seiten der westdeutschen Bevölkerung mit sich bringen, dass sie für etwas in die Verantwortung genommen werden, das sie nicht selbstverschuldet haben. Aus dieser Perspektive könnten sie es als ungerecht empfinden, für etwas aufkommen zu müssen, das ihnen nicht zu Lasten gelegt werden kann. Die Vorstellung einer eigenen westdeutschen Solidargemeinschaft ist für diese Form der Ungerechtigkeitswahrnehmung nicht notwendig, da sie sich allein an der vorgenommenen und als falsch eingeschätzten Verantwortungszuschreibung entzünden kann. Unabhängig von ihrer Identifikation mit Westdeutschland könnten sie sich als Person ungerecht behandelt fühlen. Eine basal zugrundeliegende kategoriale Zuordnung – im Sinne eines umfassenden *universe of moral obligation* – könnte gleichwohl vorliegen und sich an verschiedenen Kriterien festmachen. So könnte dieses moralische Universum neben der ostdeutschen Bevölkerung auch die gesamte Menschheit einschließen. Nur würde es sich eben auf die Vorstellung beschränken, dass die darin eingeschlossenen Personen nicht für Situationen belangt werden sollten, die sie nicht verschuldet haben. Eine Solidargemeinschaft, die darüber hinaus wechselseitig für die unverschuldeten Nachteile des jeweils anderen aufkommt, muss diese Welt nicht sein.

Insofern sich aber die westdeutsche Bevölkerung als eine in diesem weiten moralischen Universum enger gefasste Solidargemeinschaft begreift – das wäre die *zweite Variante* –, muss ihre Empörung ob des Lastenausgleichs eher als der Ausdruck eines wahrgenommen Angriffs auf die Grenzen dieser Gemeinschaft interpretiert werden: Während sie den darin Eingeschlossenen einen Ausgleich für unverschuldete Benachteiligungen zugestehen würden, käme die Forderung nach Transferleistungen für Ostdeutschland dem Anspruch gleich, Personen zu Mitgliedern werden zu lassen, die als nicht zugehörig empfunden werden. Die Hilfeleistungen würden somit eine in ihren Augen relevante kategoriale Unterscheidung zwischen Ost- und Westdeutschen aufheben und alle Personen in den Zuständigkeitsbereich für die Abhilfe unverdienter Nachteile integrieren. Das Ungerechtigkeitsempfinden könnte sich in diesem Fall sowohl auf die ostdeutsche Bevölkerung richten als auch auf jene Akteure aus dem Kreis der westdeutschen Solidargemeinschaft, die eine Entscheidung zugunsten der Transferleistungen durchgesetzt haben. Das Ungerechtigkeitsurteil würde sich wiederum verändern, wenn beide Regionen als zusammengehörig im Sinne einer Solidargemeinschaft wahrgenommen werden – die *Variante drei*. Wird eine "Verantwortungsgemeinschaft Deutschland" zugrunde gelegt, werden die Grenzen der Solidargemeinschaft also von vornherein weiter gezogen, "dann sind die Nachteile im Osten auszugleichen" (1995: 321). In einer solchen Situation wären nun jene Akteure gefragt, denen die Verantwortung zugeschrieben wird, entsprechende Maßnahmen zur Abhilfe der unverschuldeten Nachteile zu initiieren. Würden sie dies unterlassen, könnte es als ungerecht eingeschätzt werden, die Benachteiligten sich selbst zu überlassen. Die kausale Ursache der ungleichen Situation wäre zwar auch aus dieser Perspektive die noch immer zufällige regionale Zugehörigkeit, mit der Solidargemeinschaft und ihren Institutionen treten nun aber weitere Akteure in Erscheinung, denen die Verantwortung für die Abhilfe der zufälligen Nachteile zugeschrieben werden kann. So werden die Ursachenzuschreibungen auf diffuse Kräfte wie Zufall oder Glück durch konkrete Verantwortungszuweisungen an die Institutionen der Solidargemeinschaft ersetzt.

Das zweite Beispiel zur Illustration des Zusammenhangs von Verantwortungszuschreibungen und Solidargemeinschaften in Ungerechtigkeitswahrnehmungen betrifft die Bewertung von Arbeitslosigkeit. Die ersten beiden Einschätzungen kommen zunächst ohne den Bezug zu einer Solidargemeinschaft aus: Wenn Arbeitslosigkeit den Betroffenen *erstens* selbst zugeschrieben wird (z.B. ihren nicht passfähigen Qualifikationen, ihrer mangelnden Mobilitätsbereitschaft oder ihrem fehlenden Engagement), stellt sich die Frage der (Un-)Gerechtigkeit ihrer Lage nicht, da sie als selbstverschuldet erscheint. Bei Helena Flam findet sich der Verweis auf eine US-amerikanische Studie, die deutlich macht, dass diese Form der Zuschreibung freilich nicht nur in Bezug auf andere Personen vorgenommen wird, sondern auch als Selbstzuschreibung wirksam sein kann. Die in der Studie interviewten Manager führten ihre Arbeitslosigkeit auf persönliches Scheitern zurück: "Since they believe in self reliant individualism, meritocracy, mastery of one's own destiny and the American myth of success, they cannot but *blame themselves* for what happened." (2002: 96; eigene Hervorhebung) Sieht man sich jedoch selbst als den Verursacher dieser Lage an, so lässt sich die Situation nicht als ungerecht einschätzen. Wird die Arbeitslosigkeit hingegen *zweitens* als das Resultat von Marktmechanismen angesehen, mag sie nun zwar als unverdient, nach Montada aber noch immer nicht als ungerecht erscheinen. Denn wie er zu Bedenken gibt, ist die "*invisible hand*, der Adam Smith 'die Verantwortung' für das Funktionieren des Marktes zuschrieb, [...] als Adressat für Empörungen über Funktionsmängel und Ungerechtigkeiten denkbar ungeeignet." (Montada 1995: 319). In ihrer Übermächtigkeit scheinen die Marktmechanismen letztlich genauso unvermeidlich wie das Wetter zu sein, das man zwar "unschön" oder "schlecht", aber eben nicht ungerecht nennen kann.[134] Solche Zuschreibungen findet auch Flam in der bereits erwähnten Studie über arbeitslose Manager; im Unterschied zu den oben beschriebenen Schuldzuweisungen auf die eigenen Unfähigkeiten verortete eine weitere Gruppe von Betroffenen ihre Situation im Kontext größerer ökonomischer Entwicklungen. Sie hatten den Eindruck, "that 'they are caught up in larger currents of *economic change.* Many perceive themselves as victims of *social forces beyond their control.* [...] Insofar as larger forces are at fault, the unemployed person is not to be blamed.'" (Newman 1988 in Flam 2000: 187; eigene Hervorhebung) Flam verweist darauf, dass diese Form der Verantwortungszuschreibung zwar das eigene Selbstwertgefühl vor Verlusten zu schützen vermag, doch folgt man der Annahme Montadas, erlebten sie ihre Lage wohl eher als ein Unglück, nicht aber als eine Ungerechtigkeit.

Sind nun diese beiden Formen der Verantwortungszuschreibung anzutreffen – einmal in Gestalt der Personalisierung von Verantwortung auf die Betroffenen selbst, das andere mal in Gestalt eines Verweises auf die letztlich unbeherrschbaren Kräfte des Marktes – könnte Ungerechtigkeit nur dann zu einem Thema werden, wenn wiederum an andere Akteure die Forderung herangetragen wird, für die aus der Arbeitslosigkeit resultierenden Nachteile der Betroffenen aufkommen zu müssen. Sie würde sich in diesem Fall an einer als falsch angesehenen Verantwortungszuschreibung entzünden, die an Stellen versucht Verpflichtungen einzuholen, die in den Augen der Akteure gar nicht bestehen. Die moralische Verpflichtung in einem solchen *universe of obligation* würde vielmehr darin bestehen, niemanden für die selbst- oder unverschuldeten Benachteiligungen anderer zur Verantwortung zu ziehen. Gänzlich anders würde die Einschätzung hingegen *drittens* vor dem Hintergrund einer Solidargemeinschaft ausfallen: Insofern die Ursachen der Arbeitslosigkeit nicht als selbstverschuldet angesehen werden, sondern auf das Wirken von Faktoren zurückzugehen scheinen, die außerhalb der Einfluss-

---

134 Allerdings kann es in dieser Einschätzung durchaus kulturelle Variationen geben, wie die Aktivisten aus den Reihen der globalisierungskritischen Bewegungen zeigen (vgl. Punkt 3.1.3.2). Sie scheinen in diesen Marktmechanismen – so abstrakt sie auch sein mögen – durchaus menschengemachte Strukturzusammenhänge zu erkennen, die somit zugleich das Potential von Ungerechtigkeiten in sich tragen. Um die Wirkungen dieser unpersönlichen Prozesse auf die Ungerechtigkeitsurteile letztlich abschätzen zu können, müsste man sich folglich zunächst – wie in Punkt 3.1.2 ausgeführt – ein genaueres Bild von den Vorstellungen der Akteure über diese überindividuellen Gebilde und Vorgänge verschaffen. Gleiches gilt für die von Montada ebenfalls dem Bereich des Unvermeidlichen zugeordneten demographischen und konjunkturellen Entwicklungen, die "Strukturprobleme einer Volkswirtschaft", die "zu hohe[n] Kosten des Faktors Arbeit", die "ungünstige Lohnstruktur", die "internationale[n] Wettbewerbsnachteile" (1997: 21) sowie die "politische[n] Krisen" und die "Erschöpfung natürlicher Ressourcen" (1994: 63). Um die Darstellung aber möglichst einfach zu halten, teile ich hier die Annahme von Montada, dass diese Ursachen ähnlich den Wirkungen von Zufall, Natur oder Gott als unvermeidlich angesehen werden.

möglichkeiten der Betroffenen liegen, müsste gerade eine Verweigerung von Hilfeleistungen zur Überwindung oder Abfederung der Nachteile als ungerecht eingeschätzt werden. Dies ist der bereits oben erwähnten, in modernen Gesellschaften häufig anzutreffenden Vorstellung geschuldet, die in den Solidarsystemen des Wohlfahrtsstaates die zur Abhilfe unverschuldeter Nachteile zuständigen Institutionen erkennt. Werden sie der ihnen zugeschriebenen Verantwortung nicht gerecht (indem sie zum Beispiel die Zahlung des Arbeitslosengeldes verweigern oder dessen Höhe kürzen), treten sie zugleich an die Stelle der unvermeidlichen Faktoren und verdrängen diese als Ursachen der Benachteiligung. In Gestalt der Institutionen der Solidargemeinschaft kann nun mehr oder weniger eindeutigen Akteuren ein falsches oder unzureichendes Handeln vorgeworfen werden und den Anlass für das Vorliegen einer Ungerechtigkeit liefern. Analytisch und empirisch von dieser Form der Ungerechtigkeit zu unterscheiden sind *viertens* jene Wahrnehmungen, die "die *Bekämpfung* der Arbeitslosigkeit als Aufgabe des Staates" ansehen (Montada 1994: 60; eigene Hervorhebung). Eine solche Forderung setzt implizit voraus, dass der Staat nicht nur für die Behebung unverschuldeter Nachteile seiner Mitglieder zuständig ist, sondern zudem einen eigenen Anteil an deren Verursachung trägt. Seine eigenen politischen Rahmenbedingungen scheinen die Arbeitslosigkeit (mit-)verschuldet zu haben. In diesem Fall würde sich die Verantwortungszuschreibung nicht (nur) auf den Staat als institutionellen Träger der Solidargemeinschaft richten, der für die Abhilfe der Benachteiligung zuständig ist, sondern auch auf den Staat als Verursacher und somit zugleich direkte Quelle der Ungerechtigkeit. Die Vorstellung einer Solidargemeinschaft wäre in diesem Fall nicht zwingend notwendig, vielmehr könnte der Staat als nur ein korporativer Akteur neben potentiell anderen Kräften in Erscheinung treten, die in den Augen der Akteure jeweils ihren Anteil zur Erzeugung von Arbeitslosigkeit beitragen.

Welche Schlussfolgerungen können aus diesen Beispielen nun für die Möglichkeiten der Wahrnehmung von Ungerechtigkeit abgeleitet werden? Zunächst können – wie bei allen anderen kategorialen Grenzziehungen auch – Zweifel und Unsicherheiten über jene Kriterien bestehen, die eine Solidargemeinschaft abgrenzen. In den Beispielen von Montada war es meist die Staatsbürgerschaft, die als entscheidendes Merkmal herangezogen wurde. Im letzten Kapitel habe ich jedoch schon ausgeführt, dass auch über dieses auf den ersten Blick eindeutige Kriterium unterschiedliche Ansichten bestehen können und sich im Einzelfall die Entscheidung über Zugehörigkeit oder Nicht-Zugehörigkeit und somit über den Anspruch auf Ausgleich unverschuldeter Nachteile schwierig gestalten kann. Darüber hinaus kann auch in Bezug auf Solidargemeinschaften, von den "categorisation processes at different levels of inclusiveness" (Wenzel 2004: 225) gesprochen werden, das heißt in modernen Gesellschaften sind Menschen in der Regel nicht nur in eine, sondern in viele verschiedene Solidargemeinschaften eingebunden: Das kann neben dem Staat mit seinen Institutionen, die vor unverschuldeten Nachteilen aus Arbeitslosigkeit, Krankheit oder Alter absichern sollen, zum Beispiel auch die Familie oder die Zugehörigkeit zu einem Tarifsystem sein. Letzteres möchte ich kurz erläutern, da die neueren Entwicklungen in der bundesdeutschen Tariflandschaft verdeutlichen, dass auch Solidargemeinschaften keine selbstverständlichen und unveränderlichen Einheiten darstellen. So wird von Großgewerkschaften wie Verdi in der Regel eine Solidargemeinschaft beschworen, die alle abhängig Beschäftigten eines Unternehmens zusammenschließt. Das von ihnen propagierte Motto "Ein Betrieb, eine Gewerkschaft" beziehungsweise "Ein Betrieb, ein Tarifvertrag" bringt dies sehr anschaulich zum Ausdruck. Kleine Gewerkschaften wie der Marburger Bund stellen hingegen genau diese Grenzziehung in Frage und plädieren für berufsgruppenspezifische Vertretungen, die weniger das gemeinsame Merkmal der "abhängigen Beschäftigung" betonen als vielmehr die Verschiedenartigkeit der einzelnen Berufsgruppen.[135] Der Konflikt zwischen den beiden Gewerkschaften im Sommer 2005 und 2006 zeigt nun zum einen, dass es in Solidargemeinschaften nicht nur um eine Absicherung vor unverschuldeten Nachteilen gehen kann, sondern auch um einen Ausgleich unverschuldeter – man könnte auch sagen: unverdienter – Vorteile. So beklagten Vertreter von Verdi im Zuge der Auseinandersetzung, dass der Marburger Bund versuche, den Ärztemangel nur als "taktischen Vorteil für eine Berufsgruppe" zu verwenden, anstatt ihn zum "Nutzen für alle im Krankenhaus Beschäftigten" einzusetzen.[136] Für Verdi erschien der "Ärztemangel" folglich als ein zufälliges und somit zugleich unverdientes "Glück", dessen Vorteile aus diesem Grund auch allen Mitgliedern der bislang bestehenden Solidargemeinschaft zukommen sollte. Zum anderen macht dieser Konflikt deutlich, dass Akteure sehr unterschiedlicher Ansicht darüber sein können, welche Merkmale überhaupt zur Begründung einer Solidargemeinschaft herangezogen werden sollten: Ist es das Kriterium, "abhängig beschäftigt" zu sein oder doch eher der

135 Dies kommt in den zwei folgenden Interviewpassagen mit dem Vorsitzenden des Marburger Bundes sehr schön zum Ausdruck: "[E]s macht doch eigentlich keinen Sinn, alle Arbeitsbedingungen im öffentlichen Dienst vom Leuchtturmwärter in der Deutschen Bucht bis zum Chefarzt in Berlin in einem Tarifvertrag abzubilden, lasst uns doch mal einen eigenen spezifischen Tarifvertrag für Ärzte machen." (http://www.dradio.de 19.10.2005; Zugriff: 05.04.2007) Und auch die folgende Aussage hebt ungeachtet der Sympathiebekundung für andere Beschäftigtengruppen die Einzigartigkeit der eigenen Berufsgruppe hervor: "Wir sollen [gemäß den Forderungen von Verdi; Anmerkung S.T.] die Gehälter der Ärzte in einem Proportionalfaktor zu den Gehältern der Krankenschwestern definieren. Ich liebe die Krankenschwestern als Partnerinnen im Team in der Arbeit. Die machen eine tolle Arbeit. Die verdienen auch, dass sie toll bezahlt werden. *Aber deren Gehalt hat mit meinem Gehalt nichts zu tun.*" (http://www.dradio.de 19.08.2006; Zugriff: 05.04.2007)

136 http://www.verdi-im-klinikum-stuttgart.de/ "Krankenhaus info EXTRA" vom 28.06.2006 (Zugriff: 05.04.2007)

Beruf? Sind sie sich in dieser Form uneins über die relevanten Merkmale, könnte dies in der Konsequenz auch bei ihren (potentiellen) Mitgliedern Zweifel und Unsicherheiten nähren. So konstatierten einige Beobachter der Auseinandersetzung im Sommer 2006, dass der "Tarifstreit zwischen Marburger Bund und Verdi [...] nur Chaos" bringe und die "Frage, wer jetzt für wen Tarifverhandlungen führt oder führen darf, [...] bei diesem Durcheinander kaum noch ernsthaft beantwortet werden" könne.[137] Dass es dem Marburger Bund weitestgehend gelungen ist, eine für die Ärzte gesonderte Vertretung durchzusetzen, war denn auch keineswegs gewiss. So bestand selbst zu Zeiten einer hohen Protestmobilisierung die Möglichkeit auch anderer Formen der Grenzziehung, unter anderem in dem Moment, als jene Stimmen laut wurden, die vor den negativen Folgen der neuen Regelungen für Berufseinsteiger und Assistenzärzte warnten.[138]

Von diesem Beispiel abstrahierend kann demzufolge festgehalten werden, dass für Solidargemeinschaften – ebenso wie für Zugehörigkeiten zu anderen *universes of obligation* – die Herstellung und Aufrechterhaltung einer Grenzziehung einen nie abgeschlossenen Prozess darstellt. Vielmehr können sich in seinem Verlauf – unter anderem aufgrund von Verantwortungsdiskussionen – die Trennlinien stets auf ein Neues verschieben und bestehende Zugehörigkeiten aufbrechen. Während in Punkt 3.2.1 am Beispiel der "nonrescuers" aus der Studie von Oliner und Oliner gezeigt wurde, wie Auseinandersetzungen über die Ursache eines Ereignisses zu Grenzverlagerungen bis hin zum völligen Ausschluss aus einem *universe of moral obligation* führen können, handelt es sich im Kontext von Solidargemeinschaften häufig eher um Diskurse über die Zuständigkeiten bei der Abhilfe einer als ungerecht erscheinenden Situation. So lassen sich die in letzter Zeit vermehrt auftretenden Konflikte zwischen den in den 90er Jahren dominierenden Großgewerkschaften und den nun entstehenden kleinen berufsgruppenbezogenen Arbeitnehmervertretungen auch als Auseinandersetzungen um Verantwortlichkeiten bei der Behebung unverschuldeter Problemlagen (oder unverdienter Vorteile) interpretieren. Eine daraus resultierende Neuordnung von solidargemeinschaftlichen Grenzziehungen kann darüber hinaus durch Diskussionen vorangetrieben werden, die in anderen Bereichen die Zuständigkeit des Staates infrage stellen: Wenn die Absicherung vor Altersarmut oder vor den Unwägbarkeiten einer aus Krankheit resultierenden eingeschränkten Arbeitsfähig-

137 http://www.arbeitsgemeinschaft-finanzen.de/weblog/20060801/ (Zugriff: 05.04.2007)

138 So wurde die Befürchtung geäußert, dass die vom Marburger Bund angestrebte Umsetzung der Richtlinie des Europäischen Gerichtshofs zur Anerkennung der Bereitschaftsdienste als volle Arbeitszeit sich zu Ungunsten der jungen Ärzte auswirken könnte, da sie bislang durch diese Dienste ihr Gehalt aufbessern und/oder schneller die für einen beruflichen Aufstieg notwendige Anzahl an Operationen erreichen konnten (http://www.dradio.de 18.03.2006; Zugriff: 05.04.2007).

keit zur Privatangelegenheit erklärt wird, kann dies – hinter dem Rücken der Akteure – zu einer Auflösung oder zumindest Verunsicherung ob der vormals bestehenden Solidargemeinschaft führen. Da all diese Verantwortungsdiskurse zudem auf den Rückgriff von Merkmalen angewiesen sind, die Grenzen erst zu konstituieren vermögen, können sich bei den Beteiligten fortwährend auch Zweifel ob der in ihren Augen relevanten Kriterien einstellen. Da diese Merkmale zudem, wie in Punkt 3.2.2 ausgeführt wurde, meist von kontinuierlichem Charakter und multidimensionaler Beschaffenheit sind, kann dies stets auch Unsicherheiten darüber nach sich ziehen, auf welche Personen welche Gerechtigkeitsvorstellungen eigentlich Anwendung finden können, das heißt: wer von welchen Ungerechtigkeiten überhaupt betroffen sein kann und wer nicht. Im normalen Alltagsgeschehen bleiben diese Eigenschaften der eine kategoriale Trennung begründenden Merkmale jedoch meist im Verborgenen, sodass Akteure eher fühlen als wissen, wem welche Zugehörigkeiten zukommen. Dieses implizite Wissen – dessen sie sich solange gewiss sein können, wie es nicht hinterfragt wird und die Qualität eines *taken for granted* behält – fließt nicht nur in ihre "negativen" Ungerechtigkeitsempfindungen ein, sondern es ist ebenso Bestandteil ihrer "positiven" Ungerechtigkeitsurteile, die sich vor dem Hintergrund einer Verletzung ihrer ausformulierten Gerechtigkeitsvorstellungen ergeben. Umgekehrt bedeutet dies, dass das "Bild", welches sie von ihren eigenen und den Beziehungen anderer haben, besonders deutlich in ihren spontanen Ungerechtigkeitserfahrungen zum Ausdruck kommt. Die oben beschriebenen Unsicherheiten können sich hingegen vor allem dann einstellen, wenn Personen mit der Forderung konfrontiert werden, ihre Reaktion zu erklären oder wenn sie bestrebt sind, sich das Geschehen selbst verständlich zu machen. In diesen Begründungsversuchen kann es aufgrund des stets mehrdeutigen und deswegen interpretationsoffenen Charakters von Klassifikationssystemen zu Zweifeln ob der Zuordnung und der ursprünglich auf ihrer Grundlage gefällten Ungerechtigkeitseinschätzung kommen. Bereits im ersten Teil meiner Arbeit habe ich diese "Korrektur" beziehungsweise Änderung eines anfänglichen Ungerechtigkeitsempfindens als das Resultat von Deutungsprozessen beschrieben, die entweder imstande sind – wie im Fall des *korrektiven Austauschs* – Gerechtigkeit wiederherzustellen oder – wie bei der Anwendung von *accounts* – das Geschehen in die Normalität der Alltagswelt zurückzuführen. Im nun abschließenden Kapitel 4 werde ich auf diese Mechanismen zurückkommen.

4 Von der Schwierigkeit, etwas als ungerecht wahrzunehmen

In diesem Kapitel möchte ich nun zunächst die zentralen Punkte meiner Argumentation Revue passieren lassen, um darauf aufbauend eine These zu formulieren, die sich der Möglichkeit der Wahrnehmung von Ungerechtigkeiten unter den spezifischen Bedingungen moderner Gesellschaften zuwendet. Die darin zum Ausdruck kommende und an verschiedenen Stellen meiner Arbeit bereits anklingende Vermutung, dass es Akteuren ungeachtet der Erkenntnis von der Menschengemachtheit sozialer Problemlagen Schwierigkeiten bereiten kann, über das Vorliegen von Ungerechtigkeiten endgültig zu entscheiden, scheint jedoch im Widerspruch zu den in verschiedenen Bereichen zu beobachtenden – und in der Einleitung bereits angesprochenen – "Gerechtigkeitsdiskursen" zu stehen: Legen diese doch den Eindruck nahe, dass es um die Formulierung gerechtigkeitsbezogener Ansprüche und die Feststellung von Ungerechtigkeiten weniger kompliziert bestellt ist, als von mir befürchtet. Aus diesem Grund möchte ich in meinen abschließenden Gedanken der Frage nachgehen, wieso die (Un-)Gerechtigkeitssemantik auch angesichts der von mir vermuteten Probleme in einer Vielzahl aktueller Diskussionen anzutreffen ist. Doch werde ich darauf weniger letzte Antworten geben können, als vielmehr das Augenmerk bereits in jene Richtungen lenken, die meines Erachtens einen vielversprechenden Ausgangspunkt für weitere Analysen darstellen.

In Kapitel 2 dieser Arbeit habe ich zunächst unter Rückgriff auf die soziologisch-empirische Gerechtigkeitsforschung sowie die historischen Arbeiten von Barrington Moore – ergänzt durch die Überlegungen von Judith Shklar und Axel Honneth – eine Konzeption von Ungerechtigkeit erarbeitet, derzufolge sich die vielfältigen Erscheinungs- und Ausdrucksformen von Ungerechtigkeit in zwei große Klassen unterscheiden lassen: Während sich die soziologisch-empirische Gerechtigkeitsforschung in der Tradition moralphilosophischer Theorien insbesondere jenen Ungerechtigkeiten zuwendet, die als die Abwesenheit beziehungsweise das Gegenteil von Gerechtigkeit begriffen werden können, macht der historisch-interpretative Ansatz von Moore auf Ungerechtigkeitserfahrungen aufmerksam, die sich jenseits der Abweichung von ausformulierten Gerechtigkeitsidealen in rein "negativen" Unmutsbekundungen erschöpfen. Diese Ungerechtigkeiten können als ein Zusammenbruch jener Alltagsroutinen gekennzeichnet werden, die Harold Garfinkel als die Normalität des *taken for granted* beschrieben hat und die von Randall Collins – ungeachtet ihrer Unausgesprochenheit und Selbstverständlichkeit – als Elemente einer moralisch aufgeladenen Wirklichkeit charakterisiert wurden. Es war dieses zweite Verständnis von Ungerechtigkeit, das den Blick zugleich dafür zu öffnen vermochte, dass Ungerechtigkeiten von den davon Betroffenen oder von den mit ihnen Sympathisierenden als emotional aufwühlende Ereignisse empfunden werden. Gleichwohl gilt diese Kennzeichnung auch für Ungerechtigkeiten, die aus dem Verstoß gegen beziehungsweise aus der Verletzung unserer ausdrücklichen Gerechtigkeitsvorstellungen resultieren: Denn fehlt die emotionale Aufladung – die den Beteiligten signalisiert, dass sie selbst mit den Geschehnissen in Verbindung stehen – dann fehlt zugleich jene Stellungnahme, die den distanzierten und bloß konstatierenden Beobachter einer Ungerechtigkeit erst zu involvieren und unter Umständen auch zu motivieren vermag. Bereits in Kapitel 2 wurde jedoch darauf hingewiesen, dass keineswegs jede Abweichung von einem Gerechtigkeitsideal noch jeder Zusammenbruch der Normalität die Einschätzung nach sich ziehen, die Verhältnisse oder Ereignisse seien ungerecht; und selbst eine schon gefällte Einschätzung oder Bewertung kann sich retrospektiv noch als unbegründet herausstellen. Die Mechanismen des *korrektiven Austauschs* (Goffman) beziehungsweise der *accounts* (Scott und Lyman) wurden hier als Prozesse vorgestellt, die den Weg zu einem endgültigen Ungerechtigkeitsurteil blockieren oder dieses revidieren können. Vor diesem Hintergrund kann das Kapitel 3 als der Versuch verstanden werden, jene Elemente aufzuspüren, an denen diese Mechanismen ansetzen und folglich die daraus resultierenden Einschätzungen zu prägen vermögen.

In meiner Arbeit habe ich nun mit der Dimension der Verantwortungszuschreibung sowie der Dimension der kategorialen Grenzziehungen zwei dieser Elemente benannt – doch möchte ich damit keineswegs den Anspruch verbinden, es handele sich um die einzig möglichen Komponenten, die in ihrer Wirkung die Chancen zur Wahrnehmung von Ungerechtigkeiten beeinflussen; andere Fragestellungen könnten hier durchaus weitere Aspekte aufdecken. Gleichwohl lassen sich meines Erachtens die beiden hier thematisierten Dimensionen als zentrale Weichen auf dem Weg zu einer Ungerechtigkeitseinschätzung nicht nur theoretisch begründen, sondern anhand empirischer Beobachtungen auch als wirksam bestätigen. So spielt die Dimension der Verantwortungszuschreibung zwischen den Polen der Unvermeidlichkeit und der Intentionalität nicht nur in den historischen Betrachtungen von Moore oder den Überlegungen Shklars eine entscheidende Rolle; vielmehr konnte auch ein Blick auf die soziale Bewegungsforschung zeigen, dass erst die *Menschengemachtheit* sozialer Verhältnisse diese zum Gegenstand moralischer Bewertungen werden lässt. Solange Ungleichheiten oder andere Problemlagen auf das Wirken unvermeidlicher Kräfte – sei dies nun Gottes Wille, die Natur der Dinge oder das Schicksal – zurückzugehen scheinen, mögen sie zwar durchaus als bedauerlich, aber eben nicht als ungerecht eingeschätzt werden. Insofern wurde mit der spezifischen Verantwortungszuschreibung auf menschliche Akteure eine erste Bedingung benannt, die die Möglichkeit einer Ungerechtigkeitserfahrung erst eröffnet. Diese Annahme findet auch in den aus der Sozialpsychologie stammenden Untersuchungen von Mikula Bestätigung, der diesen Umstand mit den Worten beschreibt, "that experiences of injustice often presuppose more than the mere perception that somebody's entitlement or deserving has been violated. How people evaluate and react to the perception of violated entitlement also depends on their *attributions* of the given state of affairs." (Mikula 2003: 794; eigene Hervorhebung) Erst wenn diese Attributionen beziehungsweise Zuschreibungen menschliche Akteure als Verursacher eines Problems ausmachen, besteht auch die Chance, die Ereignisse als ungerecht zu beurteilen. "If no one is to blame, there is no social injustice." (Folger und Cropanzano 2001, zitiert nach Mikula 2003: 794) Mikula erkennt darin "an interesting asymmetry between justice and injustice. While the fulfilment of entitlements seems to provide a sufficient condition for experiencing justice, feelings of injustice may presuppose *more* than the mere violation of entitlements." (ebd.: 807; eigene Hervorhebung) Ungelöst blieb in diesem Zusammenhang allerdings die Frage, wann das Kriterium der Menschengemachtheit als erfüllt angesehen werden kann: Während ein Autor wie Leo Montada das Wirken von Marktmechanismen oder die Konstitution einer Gesellschaft als "kapitalistisch" oder "sozialistisch" als unpersönlich und abstrakt dem Bereich der Unvermeidlichkeit zugehörig kennzeichnet, werden in der sozialen Bewegungsforschung auch die großen gesellschaftlichen Struktur- und Systemzusammenhänge als menschengemacht dem Bereich des Intentionalen zugeordnet. Beide Deutungen sind möglich; doch muss sich eine empirisch gehaltvolle Ungerechtigkeitsforschung der Aufgabe widmen, diese überindividuellen Gebilde in jenen Bedeutungsgehalten zu erfassen, die sie in den alltagsweltlichen Auffassungen der Akteure selbst haben. Denn diese Vorstellungen beeinflussen nicht nur ihre Einschätzung der Verhältnisse als unvermeidlich oder ungerecht, sie prägen überdies ihre emotionalen Reaktionen auf das Geschehen: Und Empfindungen wie Ohnmacht und Furcht oder Ärger und Wut können wiederum die auf der Handlungsebene zu beobachtende Wirkung mitbedingen, indem sie eher einen resignativen Rückzug nahelegen oder einen sich zur Wehr setzenden Protest anregen.

Doch nicht nur aufgrund dieser Verantwortungszuschreibung erweist sich Ungerechtigkeit als eine Einschätzung, die ausgesprochen voraussetzungsreich ist. Mit der Dimension der kategorialen Grenzziehungen wurde vielmehr ein weiteres Element benannt, das nur in einer bestimmten Ausprägung auch das Urteil nach sich zu ziehen vermag, die Verhältnisse oder Geschehnisse seien ungerecht. Denn diese Grenzen markieren den Geltungsbereich einer ausdrücklichen Gerechtigkeitsnorm oder einer unausgesprochen bleibenden Erwartung von einer angemessenen Behandlung; und nur denen von diesen Vorstellungen erfassten Personen kommt auch das Privileg zu, überhaupt nach moralischen Maßstäben beurteilt zu werden. Für jene, die sich außerhalb ihres Anwendungsbereichs befinden, stellt sich die Frage nach der potentiellen (Un-)Gerechtigkeit ihrer Lage erst gar nicht. Helen Fein spricht in diesem Zusammenhang von der Reichweite moralischer Vorstellungen, "the range of people to whom obligation is owed. These people constitute 'the universe of obligation'." (1977: 204) Anhand der Studie von Oliner und Oliner über die *Rescuers of Jews in Nazi Europe* konnten die sehr folgenreichen Wirkungen dieser Unterscheidung zwischen den in einem moralischen Universum Eingeschlossenen und den Außenstehenden illustriert werden: Denn letztere sind weder vor jenen gewaltsamen Übergriffen geschützt, die in der Welt des *moral universe* Anlass zu Entrüstung und moralischer Empörung geben würden, noch bleiben sie vor jener passiv bleibenden Gleichgültigkeit bewahrt, die bei den Zeugen des Geschehens in ihrer eigenen Welt Gefühle der Scham und der Schuld angesichts der eigenen Untätigkeit auslösen könnten. Doch auch innerhalb der Grenzen eines *universe of moral obligation* werden Gerechtigkeitsvorstellungen nicht unterschiedslos auf alle darin Zusammengeschlossenen angewendet. Vielmehr können auf der Basis einer Vielfalt von Merkmalen zusätzliche Unterscheidungen getroffen werden, die weitere und enger gefasste moralische Welten schaffen, die nach innen eine gleiche, nach außen hingegen eine ungleiche Behandlung rechtfertigen. Die Solidargemeinschaft stellt dabei nur eine unter vielen, wenngleich auch eine besondere Form des Zusammenschlusses dar, verspricht sie doch einen Ausgleich für jene Ungleichheiten und Nachteile zu schaffen, die von den Betroffenen nicht selbstverschuldet wurden. Obgleich nun viele der Merkmale und Kennzeichen, durch die Zugehörigkeiten erst konstituiert werden, in der Normalität des Alltagsgeschehens unausgesprochen im Verborgenen bleiben und eher gefühlt denn ausdrücklich "gewusst" werden, kann es doch im Zuge von Konflikten und Auseinandersetzungen zu Unsicherheiten über das "ob" und das "wie" ihrer Anwendung kommen. Und diese Zweifel können sich schließlich in Einschätzungen niederschlagen, denen nicht länger die Gewissheit spontaner oder intuitiv getroffener Ungerechtigkeitsurteile anhaftet.

Es ist nun wenig überraschend, dass diese beiden Elemente – die Verantwortungszuschreibungen einerseits und die Zugehörigkeiten andererseits – zentrale Bestandteile der Mechanismen des *korrektiven Austauschs* und der *accounts* darstellen. Allerdings widmen sich Goffman sowie Scott und Lyman nahezu ausschließlich der Frage, wie Akteure die ihnen zugewiesene Verantwortung für ein Geschehen zu relativieren oder vollständig abzuweisen vermögen (Goffman 1982: 143, 161; Scott und Lyman 1968: 47). Dies gelingt ihnen, indem sie entweder die Verantwortung anderen individuellen oder korporativen Akteuren zuschieben – womit die Möglichkeit von Ungerechtigkeit weiterhin gegeben ist –, oder indem sie auf Umstände wie "den Zufall" oder "die biologische Prägung" verweisen, die außerhalb ihrer Kontrolle liegen und ein moralisches Urteil wenig sinnvoll erscheinen lassen. Die von den Autoren vorgeschlagenen Typologien von "Erklärungen" – die von Scott und Lyman jedoch etwas missverständlich als "excuses", also als "Entschuldigungen" bezeichnet werden – bedürfen meines Erachtens folglich einer Ergänzung um den Bereich jener Rechtfertigungen, die dem Anwendungsbereich einer Gerechtigkeitsvorstellung gelten. Denn während mit den Verantwortungszuschreibungen die Seite des Verursachers beziehungsweise des Auslösers einer potentiellen Ungerechtigkeit angesprochen wird, fragt die Dimension der kategorialen Grenzen nach der Zugehörigkeit des Opfers und stellt fest, ob und nach welchen Gerechtigkeitsvorstellungen seine Lage überhaupt beurteilt werden kann. Vielleicht ließen Goffman sowie Scott und Lyman diesem Typus von Erklärungen weniger Aufmerksamkeit zukommen, da sie insbesondere an den Ausgleichshandlungen in Situationen von Angesicht zu Angesicht interessiert waren. Doch haben bereits meine Ausführungen am Ende von Punkt 2.1.3 am Beispiel der Darstellung geschlechtsspezifischer Entlohnungspraktiken gezeigt, dass Erklärungen auch dann zur Anwendung kommen können, wenn es sich um die Beurteilung von Verhältnissen außerhalb des Bereichs mikrosozialer Interaktionen handelt. Ebenso gibt es in der politikwissenschaftlichen Forschung eine Reihe von Arbeiten, die sich insbesondere dem strategischen Einsatz von Erklärungen widmet. Bezeichnungen wie "Blame-Avoiding-Strategies" (Weaver 1986) oder "Blame-Management-Strategies" (McGraw 1991) deuten allerdings schon an, dass auch hier die Dimension der Verantwortungszuschreibung im Vordergrund steht. All diese Autoren verweisen darauf, dass politische Akteure in Reaktion auf antizipierte oder bereits vorgenommene Schuldzuweisungen von Wählern, politischen Gegnern oder Interessengruppen mit Praktiken reagieren, die die eigene Verantwortung einzuschränken oder gänzlich abzuwenden vermögen. Stone (1989) erkennt in den sogenannten "causal stories" eine sehr häufig in der Politik anzutreffende Form der Darstellung von Ereignissen oder Zuständen, da sie bei den Rezipienten ganz bestimmte Vorstellungen über kausale Verursachung erzeugen und somit zugleich ihre vorgenommenen Verantwortungszuschreibungen prägen. Auch wenn in diesen Ansätzen die Dimension der kategorialen Grenzziehungen nicht thematisiert wird, so lenken sie doch den Blick darauf, dass in politischen Diskursen nicht nur die Chancen zur Zuweisung von Verantwortung beeinflusst werden, sondern dass diese Prozesse zudem von Verschiebungen im Bereich der Grenzziehung zwischen Unvermeidlichkeit und Intentionalität begleitet werden können. Im Folgenden möchte ich einige dieser Entwicklungen auf der Ebene der Verantwortungszuschreibungen skizzieren und in ihrem Verhältnis zur Dimension der Zugehörigkeit darstellen; darauf aufbauend lassen sich jeweils ihre vermuteten Wirkungen auf die Möglichkeiten zur Wahrnehmung von Ungerechtigkeiten ableiten.

Bereits im Kontext meiner Ausführungen zu den sozialen Bewegungen in Punkt 3.1.3.2 habe ich darauf hingewiesen, dass die Trennlinie zwischen dem Bereich des Unvermeidlichen und des Intentionalen nicht nur als eine fließende, sondern zudem als eine mitunter hochgradig umkämpfte Grenze begriffen werden muss. In der sozialen Bewegungsforschung wird dies mitunter von der optimistischen Feststellung begleitet, dass in modernen Gesellschaften wesentlich mehr Bereiche des Lebens dem Einfluss intentional handelnder Akteure unterliegen, folglich als menschengemacht und potentiell der Veränderung zugänglich dargestellt werden können. So konstatiert Jasper: "These boundaries shift over time, often subject to political conflict. [...] Many outcomes that we once accepted as natural catastrophes we now blame humans for, and expect governments to protect us against." (1997: 119) Doch nicht alles, was sich vormals als unvermeidlich darstellte, nahm die Gestalt unerwartet hereinbrechender Naturkatastrophen an; viele Aspekte des Lebens wurden einfach aufgrund ihrer Selbstverständlichkeit als dem "Lauf der Dinge" zugehörig empfunden – sei es nun, dass Frauen sich um Hausarbeit und Kinder zu sorgen hatten oder der Nachwuchs des "Proletariats" allenfalls eine Lehre, aber eben keine akademische Ausbildung anzustreben hatte. In den historischen Betrachtungen Moores, den Darstellungen der amerikanischen Bürgerrechtsbewegung oder der Frauenbewegung wird sehr anschaulich gezeigt, wie diese Gegebenheiten, sobald sie ihren Charakter des Selbstverständlichen verloren, nicht länger als unvermeidliche Ungleichheiten hingenommen wurden, sondern nun – aufgrund der Zurechnung auf intentional handelnde andere – als ungerechte Ungleichheiten erlebt werden konnten. Obgleich die befreiende Wirkung dieser neuen Deutung hier keineswegs bestritten werden soll, möchte ich doch auf einige Tendenzen aufmerksam machen, die ebenfalls mit dem Umstand verbunden sind, dass heutzutage offenbar einfacher als früher das Handeln menschlicher Akteure hinter den Geschehnissen unserer Zeit erkannt werden kann. Dies betrifft zunächst einen Prozess, den man als "Multiplizierung von Verantwortung" charakterisieren könnte und der Anlass zu dem gibt, was Hood als "high-blame environment" (2004: 4f.) bezeichnet hat. Diese Entwicklung mag zunächst den Eindruck erwecken, als ob Ungerechtigkeiten sich in einer solchen Umwelt ebenfalls leichter feststellen ließen – denn findet man einen Schuldigen, so liegt zumindest die Möglichkeit einer ungerechten Behandlung nahe. Doch wie die oben erwähnten Arbeiten aus der politikwissenschaftlichen Forschung andeuten, lassen die als Verursacher gekennzeichneten Akteure die Schuldzuweisungen nicht einfach auf sich beruhen; vielmehr sind sie häufig bestrebt, andere Schuldige zu finden, um sich selbst – nicht nur moralisch, sondern mitunter auch finanziell – zu entlasten. So kann eine Regierungspartei die aufgrund anhaltend hoher Arbeitslosenzahlen als notwendig dargestellten Beitragserhöhungen für die Arbeitslosenversicherung oder die Kürzung der Bezugshöhe und -dauer des Arbeitslosengeldes mit den "politischen Fehlentscheidungen" ihrer Vorgänger begründen, auf die "überzogenen Lohnforderungen der Gewerkschaften" verweisen oder die Schuld bei den nur dem kurzfristigen Eigeninteresse verpflichteten Finanzinvestoren in Gestalt der "Heuschrecken" erkennen. Da dieses Vorgehen nun keine nur den politischen Akteuren typische Eigenart ist, sondern auch Privatpersonen oder

Wirtschaftsakteure auf sie zurückgreifen, kann es zu einem wahren "blame game" (Hood 2002) kommen, in dem die Betroffenen letztlich nicht mehr mit Gewissheit angeben können, wem oder was die Verantwortung für ihre Lage zukommt. Mit der "Multiplizierung von Verantwortung" kann folglich zugleich die Gefahr einer "Diffusion von Verantwortung" einhergehen, deren Effekte Javeline wie folgt beschreibt: "[A]ggrieved individuals discount the role of a given cause in producing a given effect if other plausible causes are also present [...], but at a certain level, this discounting can make all actors seem insufficiently guilty of causing the problem at hand and therefore frustrate attempts to attribute blame more precisely." (2003a: 98) In ihrer Konsequenz könnte eine solche Verantwortungsdiffusion die eigene Situation im weitesten Sinne zwar noch als menschengemacht erscheinen lassen, doch folgt man der Annahme Montadas, neigen Betroffene angesichts von sehr komplexen Interdependenzgeflechten jedoch dazu, das Geschehen als letztlich unvermeidlich hinzunehmen – eine Deutung, die eher verminderte denn gesteigerte Chancen von Ungerechtigkeitswahrnehmungen vermuten lässt.

Diese Prozesse einer "Multiplizierung und Diffusion von Verantwortung" können darüber hinaus durch Entwicklungen begünstigt werden, die von der Ebene der kategorialen Grenzziehungen ausgehen. Bereits am Ende von Abschnitt 3.1.2 habe ich darauf hingewiesen, dass die Verlagerung politischer Entscheidungsprozesse auf überstaatliche Ebenen wie die der Europäischen Union der Wahrnehmung von klaren Zuständigkeiten abträglich sein kann. Auf der einen Seite scheint zwar das Merkmal der Staatsangehörigkeit – zumindest im Rahmen der EU – ein immer seltener als relevant erachtetes Kriterium zu sein, wenn es um die Formulierung gerechtigkeitsbezogener Ansprüche und die Verteilung von Ressourcen geht; ein Hinweis darauf, dass sich hier ein neues *universe of moral obligation* ausbildet, dessen Grenzen die vormaligen nationalstaatlichen Trennlinien sukzessive durchlässiger werden lassen. Insofern den darin Zusammengeschlossenen ein gemeinsames Fundament geteilter Gerechtigkeitsvorstellungen zukommt, sollte dies auch die Chancen für zum Beispiel die Feststellung ungerechter Ungleichheiten zwischen den Regionen eröffnen. Auf der anderen Seite ist mit dieser Entwicklung jedoch eine zunehmende "Diffusion politischer Entscheidungskompetenzen über verschiedenen Ebenen (von lokal bis supranational, aber auch horizontal zwischen verschiedenen Institutionen auf gleicher Ebene)" verbunden (Koopmans 2000: 26). Koopmans spricht im Zusammenhang dieser Ausdifferenzierung von Politik auch von einer "Multiplizierung der Adressierungsmöglichkeiten" (ebd.: 29) und weist insbesondere auf die damit verbundenen Schwierigkeiten für die Aktivisten sozialer Bewegungen hin: "[D]ie Dekonzentration politischer Entscheidungskompetenzen [führt] auch dazu, dass es für Bewegungen schwieriger wird, Verantwortliche auszumachen, und es zugleich für politische Eliten einfacher wird, Verantwortung abzuschieben." (ebd.: 30) Doch während Koopmans in dieser Entwicklung auch eine Chance für soziale Bewegungen erkennt, in den neu entstehenden "Nischen" einen Platz finden zu können, möchte ich die Vermutung formulieren, dass sich die Situation für die von einer potentiellen Ungerechtigkeit Betroffenen als ausgesprochen unübersichtlich darstellt. Lässt man neben der Europäischen Union überdies noch die neu entstandenen Institutionen und Akteure auf globaler Ebene in die Betrachtung einfließen, so verstärkt dies meines Erachtens "zunächst einmal die Ohnmacht des Einzelnen im Verhältnis zu dem, was sich auf der Spitzenebene der Menschheit abspielt" (Elias 1987: 223). Denn soziale, politische und wirtschaftliche Verflechtungen mögen zwar auf menschliche Akteure zurückgehen, doch scheinen sie in ihrer Komplexität eigenen undurchschaubaren Gesetzmäßigkeiten zu folgen, sodass die aus ihnen resultierenden Ungleichheiten eher als unvermeidliche Gegebenheiten des Lebens hingenommen und weniger als veränderbare Ungerechtigkeiten begriffen werden.

Im letzten Absatz habe ich nun im Zusammenhang mit der Entstehung einer neuen kategorialen Grenzziehung auf EU-Ebene bereits die Möglichkeit angesprochen, dass die darin integrierten Personen zum Gegenstand ähnlicher gerechtigkeitsbezogener Erwägungen werden. Doch ist dies kein Prozess einer einfachen Verlagerung der nationalstaatlichen Gerechtigkeitsstandards auf eine "höhere" Stufe, sodass nun auf mehr Menschen zutrifft, was vormals allenfalls in den Grenzen eines Nationalstaates galt. Denn die Europäische Union kann (noch) nicht in dem Ausmaß als eine Solidargemeinschaft bezeichnet werden, wie es ihre einzelnen Mitgliedsstaaten in jeweils unterschiedlichem Grade sind oder waren. Vielmehr lässt sich zeitgleich in einigen von ihnen eine Entwicklung beobachten, die je nach Perspektive als "Umbau" oder "Abbau des Sozialstaates" bezeichnet wird und vor dem Hintergrund meiner Überlegungen als ein Prozess der "Personalisierung von Verantwortung" charakterisiert werden kann. So können in der Bundesrepublik die sogenannten "Hartz IV"-Reformen, die "Riester-Rente" oder die Pläne zur Umstrukturierung des Gesundheitssystems als Entwicklungen beschrieben werden, in deren Folge Arbeitslosigkeit, die Absicherung im Krankheitsfall oder die Versorgung im Rentenalter in die persönliche Verantwortung der potentiell davon Betroffenen übergeben werden. Persönliche Vorsorge – sei es durch eigene Qualifikationsanstrengungen, die Bereitschaft zur Mobilität, private Zusatzrentenversicherungen oder eine Lebensführung, die auf Ernährung und Bewegung achtet – soll vor künftigen Problemen, die aus Arbeitslosigkeit, Alter oder Krankheit resultieren könnten, schützen. Zugleich können diese Maßnahmen in Zukunft aber auch als die ausschlaggebenden Ursachen für diese Lebenslagen angesehen werden: Arbeitslosigkeit scheint dann den eigenen unzureichenden Bildungsaspirationen geschuldet zu sein, Armut im Alter mag als das Ergebnis einer nur mangelhaften Vorsorge in Zeiten des Erwerbslebens gedeutet werden und Krankheit kann auf einen nachlässigen Umgang mit der eigenen Gesundheit hinweisen.

Die aus einer unterschiedlichen Betroffenheit von diesen Problemlagen resultierenden Ungleichheiten zwischen den Angehörigen der Solidargemeinschaft müssten dann allerdings ihrem eigenverantwortlichen Handeln zugerechnet werden – doch Ungleichheiten, die auf selbstverschuldete (unterlassene) Handlungen zurückgehen, sind eben keine Ungerechtigkeiten mehr, sondern allenfalls bedauerliche, zumeist aber gerechtfertigte und legitime Ungleichheiten. Auch diese hier nur knapp skizzierten Aspekte eines Prozesses der "Personalisierung von Verantwortung" lassen folglich die Vermutung plausibel erscheinen, dass die Chancen zur Wahrnehmung von Ungerechtigkeiten – zumindest jener, die vormals im Rahmen von Solidargemeinschaften als solche gedeutet wurden – eher abnehmen denn steigen. Zugleich können diese Verantwortungsdiskurse offenkundig auch die Gefahr in sich bergen, die Vorstellungen von der Notwendigkeit einer Solidargemeinschaft zu zerstören, die den Ausgleich unverschuldeter Nachteile zu gewährleisten versucht: Denn wo es Ungleichheiten nur aufgrund selbstverschuldeter Unterlassungen sowie eigenverantwortlicher Leistungen gibt, bedarf es ihrer Institutionen nicht länger.[139]

In modernen Gesellschaften lässt sich nun noch eine weitere Form der "Diffusion von Verantwortung" beobachten, die auch den Angehörigen von Solidargemeinschaften im Kontakt mit deren Institutionen nicht fremd ist. Damit sind Entwicklungen angesprochen, die mitunter den Anschein einer "Professionalisierung von Verantwortung" vermitteln (sollen), im Kontext der hier interessierenden Fragestellung jedoch treffender als "Technisierung" oder "Entpersonalisierung von Verantwortung" bezeichnet werden können. In Anlehnung an die bereits in Fußnote 110 erwähnte *routinization* von Arbeitsaufgaben (Kelman 1973) lässt sich dieser Vorgang als ein Prozess kennzeichnen, in dessen Verlauf die Verantwortung in den rein sachlichen Regelungen einer bürokratischen Praxis untergeht. Denn die in Bürokratien typische Distanz zwischen dem Bearbeiten von Anweisungen und den Konsequenzen des eigenen Handelns kann auf Seiten des Ausführenden eine Ent-

---

139 Nur am Rande möchte ich darauf hinweisen, dass bereits Max Weber eine Glaubensvorstellung beschrieb, die sich durch die eigentümliche Kombination von zwei verschiedenen, aber doch eng miteinander verbundenen Formen von Verantwortungszuschreibung auszeichnete: Auf der einen Seite besteht sie aus einer Vorstellung, die den "Weltprozeß [...] durch seine eigene Automatik" als "unvergänglich" und unabänderlich ansah (1976: 318f.). Heutzutage hat es mitunter den Anschein, als ob die globalen Wirtschaftsverflechtungen und die Mechanismen des Marktes diesen "Weltprozeß" antreiben. Auf der anderen Seite charakterisierte er diese Glaubensvorstellung durch eine Verantwortungszuschreibung, derzufolge "[d]er Einzelne [...] sein eigenes Schicksal im strengsten Sinne ausschließlich selbst [schafft]." (ebd.) In einer solchen Welt kann es nun streng genommen Ungerechtigkeiten nicht geben, da alles zugleich als unvermeidlich und als selbstverschuldet erscheint. Bei der von Weber beschriebenen Glaubensvorstellung handelt es sich übrigens um den Hinduismus.

moralisierung des eigenen Tuns bewirken. Aufgrund der Regeln und dem nur undeutlichen Zusammenhang zwischen Regelbefolgung und Handlungskonsequenz scheint der Einzelne der Verantwortung für sein eigenes Tun enthoben zu sein, er scheint in einem moralfreien Raum zu agieren (Bauman 1992: 38f.). Während in Kelmans und Baumans Betrachtungen nun insbesondere die Seite der Täter im Vordergrund stand, bleibt meines Erachtens diese "Entpersonalisierung von Verantwortung" auch für die von einer solchen regelbestimmten Praxis Betroffenen nicht folgenlos. Aus ihrer Perspektive können die bürokratisch getroffenen Entscheidungen – zum Beispiel die Ablehnung finanzieller Unterstützungen oder die Kürzung ihrer Bezugsdauer – als Resultat von zwar menschlichen Handlungen erscheinen, für die aber niemand die volle Verantwortung zu übernehmen bereit ist. Vielmehr scheint die Verantwortung für die Entscheidung in den unpersönlichen und "objektiven" Bemessungsrichtlinien zu liegen; die auf ihrer Grundlage vollzogenen Berechnungen können einen Betroffenen scheinbar zweifelsfrei jenen Kategorien zuordnen, die seinen Anspruch als berechtigt oder ungerechtfertigt ausweisen. Während somit den bloß Ausführenden dieser Regeln die moralische Dimension ihres Handelns verschlossen bleiben kann, erscheint mir die Annahme plausibel, dass sich auch den Betroffenen die bürokratischen Regelungen als so unabänderlich darzustellen vermögen, dass sie in ihrem Charakter jenen Unvermeidlichkeiten gleichen, die in anderen Kontexten als "Marktmechanismen" oder "Systemzwänge" in Erscheinung treten. Demzufolge legen meines Erachtens auch diese Entwicklungen die Schlussfolgerung nahe, dass es um die Chancen zur Wahrnehmung von Ungerechtigkeiten weniger günstig bestellt ist, als es die aufgeklärte Erkenntnis von der Menschengemachtheit sozialer Verhältnisse vermuten lässt.[140]

---

140 Diese "Technisierung von Verantwortung" lässt sich meines Erachtens auch in jenem Verlangen nach "objektiven" Maßzahlen und Indizes erkennen, wie es in den letzten Jahren in einer Flut von Evaluationen, Monitorings und Prüfungen zum Ausdruck kommt; Scott und Light sprechen gar von einer "craze for audits" (2004: 124). Ein ausgesprochen interessanter Forschungsbereich ist in diesem Zusammenhang das Feld der sogenannten *corporate social responsibility*, werden ihre Instrumente doch häufig als Mittel eingesetzt, um den Umgang von Unternehmen mit als moralisch sensibel angesehenen Themen zu bewerkstelligen. So reagierten viele Unternehmen auf die ihnen zugeschriebene Verantwortung für die Arbeitsbedingungen in den Zulieferbetrieben der weniger entwickelten Weltregionen mit einem Ansatz, der zunächst die – häufig gemeinsam mit NGOs erarbeitete – Konzeption international anerkannter Zertifikate vorsah (vgl. Shamir 2005a, 2005b). Auf deren Grundlage sollte dann – so die Hoffnung – eine "objektive" und "neutrale" Bewertung möglich sein; Verantwortung wurde so jedoch zu einer rein technischen Angelegenheit. Wie eine solche Zertifizierung vonstatten geht, illustriert Bendell (2001) am Beispiel einer Bananenplantage in Costa Rica; eine zusammenfassende Darstellung der in diesen Zertifizierungsprozess einfließenden moralischen Entscheidungen gibt Bendell (2005). Denn für diese "objective, nonpartisan, evenhanded, and palpably scientific" auftretenden Maßzahlen gilt wie für andere Indizes auch: "Beneath this appearance, of course, the technique is deeply

Angesichts dieser Überlegungen ist es nun geradezu erstaunlich, dass im öffentlichen Diskurs das Thema der Gerechtigkeit – oder eben der Ungerechtigkeit – ungeachtet der hier skizzierten Hürden einen zentralen Platz einnimmt. Während ich diese Arbeit fertig stelle, sind Berichterstattung und Kommentare in den Medien geprägt durch die bevorstehenden Olympischen Spiele in China, dessen Umgang mit den eigenen Bürgern, die sich den Missständen im Land zur Wehr setz(t)en, beklagt wird. Man fordert Gerechtigkeit für inhaftierte oder unter Hausarrest stehende kritische Journalisten und Menschenrechtsaktivisten. Die noch vor wenigen Wochen geführte Debatte über die Durchführung fairer und nicht durch Dopingmittel verzerrter Spiele ist darüber verstummt. Die innenpolitische Diskussion in der Bundesrepublik wiederum ist gekennzeichnet von einer in Aussicht gestellten Rentenerhöhung um drei Prozent, die je nach Perspektive als zu niedrig oder als eine nicht zu rechtfertigende Belastung der jüngeren Generationen beurteilt wird; überhaupt hat es den Anschein, als ob die Generationengerechtigkeit eines der großen Themen der Zukunft sein wird. Darüber hinaus ist die Gerechtigkeit des bundesdeutschen Bildungssystems ein immer wiederkehrender Topos, wird ihm doch stets aufs Neue bescheinigt, dass in ihm Herkunft und nicht nur Leistung über Bildungswege und -erfolge bestimmen. Jenseits nationalstaatlicher Grenzziehungen wiederum werden "Globalisierung" und "Klimaentwicklung" als Probleme thematisiert, welche die Gerechtigkeit zwischen den Weltregionen und den Generationen zum Inhalt haben. Doch wie lässt sich diese Allgegenwart von Gerechtigkeitsdiskursen erklären? Warum greifen Akteure in ihren öffentlichen Stellungnahmen so häufig auf die Gerechtigkeitssemantik zurück, wenn sie ihrem Missfallen über die Verhältnisse oder Geschehnisse unserer Zeit Ausdruck verleihen wollen? Schließlich wären auch andere als gerechtigkeitsbezogene Motive denkbar: So könnte sich ein Engagement für Menschen in Not auch aus dem Mitleid mit ihnen speisen – eine Empfindung, die meines Erachtens sowohl eine "Vorstufe" als auch eine Komponente von Ungerechtigkeitsgefühlen sein kann –, oder der Unmut ob der eigenen mageren Rente könnte dem Neid auf jene entspringen, denen es besser zu gehen scheint. Eine erschöpfende Diskussion dieser Fragen würde den Rahmen der vorliegenden Arbeit jedoch sprengen und liegt bereits jenseits der hier interessierenden Fragestellung. Doch sollen die folgenden abschließenden Überlegungen zumindest andeuten, in welche Richtungen sich an dieser Stelle fruchtbar anknüpfen ließe.

---

political." (Scott und Light 2004: 126) Und so halten die beiden zuletzt zitierten Autoren auch fest: "Discretion and politics are made to disappear by techniques that are, at bottom, completely saturated with discretionary choices and political assumptions now shielded effectively from public view." (ebd.: 127) Zu dieser Öffentlichkeit zählen freilich auch diejenigen, deren Situationen durch solche Maßzahlen einer Beurteilung unterzogen werden.

Zunächst könnte die Omnipräsenz von Gerechtigkeitsdiskursen freilich dem Umstand geschuldet sein, dass die angedeuteten Entwicklungen in der Dimension der Verantwortungszuschreibung weniger die von Montada angenommenen und auch von mir befürchteten Effekte entfalten und ungeachtet ihrer Undurchsichtigkeit und Komplexität einen menschengemachten Charakter behalten. Diese Frage kann letztlich nur empirisch geprüft werden. Gleichwohl erscheint es geradezu rätselhaft, dass gesellschaftliche Probleme – auch in sozialen Bewegungen – häufig als Fragen der Gerechtigkeit thematisiert werden: So verweisen zum Beispiel Poletta und Amenta darauf, dass in den Selbstdarstellungen der aktiv Engagierten Emotionen wie Hass, Neid oder auch Langeweile als Handlungsmotive nicht vorkommen (2001: 313). Doch sind dies nicht die einzigen Empfindungen, die ihren Bemühungen im Namen der Gerechtigkeit zu fehlen scheinen. Auch Mitleid oder Mitgefühl spielen offenbar bei dem in sozialen Bewegungen organisiertem Einsatz für die Verbesserung der Lebenslage anderer nur eine untergeordnete Rolle, was erstaunlich ist, angesichts der Dominanz dieser Emotionen bei jener von Oliner und Oliner beschriebenen Gruppe der "rescuers" (1988: 168f.). Hier ist meines Erachtens der Gedanke naheliegend, dass die *Gefühlskultur* einer Epoche oder auch einer Organisation (vgl. Flam 2000: Kap. 2) ihre Wirkungen entfalten kann, indem sie bestimmte Emotionen als angemessene Motive "vorgibt" und deren öffentliche Darstellung erlaubt und unterstützt, andere hingegen als unangemessen ablehnt. So könnte das Mitleid mit einem Paternalismus assoziiert werden, der heutzutage angesichts des Ideals der Gleichberechtigung nicht länger die Grundlage einer Beziehung darstellen sollte. Zugleich gilt es an dieser Stelle in Erinnerung zu rufen, dass die Beschreibung der eigenen Motive unter Verwendung eines gerechtigkeitsbezogenen Vokabulars häufig erst das Ergebnis einer Praxis darstellt, in der in kritischer Auseinandersetzung mit anderen gelernt wurde, den eigenen moralischen Vorstellungen in Gestalt wohl formulierter Gerechtigkeitsideale Ausdruck zu verleihen. Dies gilt freilich auch für jene in sozialen Bewegungen engagierten Personen, die zum Zeitpunkt ihres Eintritts nicht immer schon über klare und durchdachte Ziele verfügen. So sollte meine Arbeit den Blick auch dafür geschärft haben, dass diesen ausdrücklichen Ideen zumeist Ungerechtigkeitsempfindungen vorausgehen, die noch keine Vorstellung davon haben, was gerecht sein könnte. Im Zuge der Aneignung eines organisationsspezifischen "Weltbildes" und des damit verbundenen Vokabulars kann allerdings auch die eigene Gefühlswelt eine Veränderung erfahren; vormals dominierende Empfindungen wie zum Beispiel Mitleid oder auch Scham könnten so in den Hintergrund gedrängt werden und Emotionen weichen, die dem Selbstverständnis der Organisation besser gerecht werden. So scheinen ein gezähmter Ärger gegenüber den Auslösern eines Problems sowie Solidaritätsbekundungen mit den Betroffenen eher zum offiziellen Gefühlsspektrum vieler sozialer Bewegungen zu gehören als zum Beispiel eine ungezügelte

Wut auf die Verursacher oder Verachtung für die untätig bleibende Masse, die den Missstand nur stillschweigend zur Kenntnis nimmt. Eine empirische Annäherung an die vielfältigen, mit den unterschiedlichen Stadien von Ungerechtigkeitseinschätzungen einhergehenden Emotionen könnte zum Beispiel durch eine Kontrastierung von Personen erreicht werden, die sich durch ein unterschiedliches Ausmaß an Engagement kennzeichnen: So ließen sich "alte" und "neue" sowie "aktive" und "passive" Mitglieder einer sozialen Bewegung gegenüberstellen; diese wiederum könnten mit den nur sporadischen oder einmaligen Teilnehmern an den Aktionen einer Bewegung verglichen werden. Eine vielversprechende Vergleichsgruppe stellen darüber hinaus jene dar, die nicht als Mitglieder, sondern nur als ein- oder mehrmalige Spender von finanziellen oder anderen materiellen Unterstützungen in Erscheinung treten. Eine Einbeziehung dieser Personengruppe könnte nicht nur in Bezug auf die sie kennzeichnenden Emotionen aufschlussreich sein; vielmehr sollte ihre Berücksichtigung auch Licht auf die Frage werfen, ob sie ihr Engagement überhaupt unter gerechtigkeitsbezogenen Erwägungen wahrnehmen: Vielleicht kennzeichnet ja gerade sie ein nur vages Ungerechtigkeitsempfinden und/oder jenes Mitleid und Mitgefühl, das im Gerechtigkeitsvokabular der aktiv Engagierten keine Rolle mehr zu spielen scheint.

Die im Kreis der Aktiven dominierende Gerechtigkeitssemantik deutet nun darauf hin, dass heutzutage ein normativer Anspruch bestehen könnte, die eigenen Einschätzungen von Ungerechtigkeit auch begründen zu können – das heißt letztlich, die eigenen Forderungen mit Verweis auf bestimmte als gerecht vorgestellte Verhältnisse zu rechtfertigen. Aber wieso haftet der Begründung des eigenen Tuns im Namen der Gerechtigkeit eine Legitimität an, die beispielsweise dem Mitgefühl oder dem Mitleid zu fehlen scheinen? Hier verspricht der Ansatz von John Meyer und anderen Einsichten zu liefern, erkennen sie doch im Zuge einer sich ausbildenden Weltgesellschaft eine damit einhergehende Verbreitung weltweit geteilter kultureller Auffassungen (Meyer u.a. 1997; Meyer 2001). Dieses gemeinsame Fundament an Vorstellungen erscheint nach Ansicht der Autoren in Gestalt von allgemeinen *kulturellen Modellen*, die eine auf der ganzen Welt verbreitete Idee von zum Beispiel "Staatsbürgerschaft", "Selbstbestimmung", "Fortschritt", "Rationalität" und eben auch "Gerechtigkeit" vermitteln. Dies heißt allerdings nicht, dass alle Menschen nun auch dieselben Vorstellungen von Gerechtigkeit teilen würden – allein die Diskurse in der Bundesrepublik zeigen, dass selbst innerhalb nationalstaatlicher Grenzen ausgesprochen heterogene Interpretationen dessen bestehen können, was zum Beispiel Leistungsgerechtigkeit bedeutet oder bedeuten sollte. Die These von einer weltweiten Verbreitung einer Idee von "Gerechtigkeit" besagt vielmehr, dass ungeachtet der sehr heterogenen Lebensbedingungen sowie der weiterhin bestehenden spezifischen Kulturen die Menschen nun die Vorstellung eint, dass Gerechtigkeit *überhaupt* ein Thema darstellt, das von Belang ist – mithin gerechtigkeitsbezogene Forderungen als legitime Äußerungen wahrgenommen werden, obgleich die formulierten Ansprüche nicht als ebenso legitim anerkannt werden müssen. Bei der Ausbreitung von "Gerechtigkeit" als globaler kultureller Leitidee geht es folglich um das "ob", nicht jedoch um das "wie" der Gerechtigkeit. Denn jenseits der Auffassung, Gerechtigkeit solle ein relevantes Thema sein, ist dieses Modell doch abstrakt genug, um seinerseits durch sehr unterschiedliche Gerechtigkeitsnormen und -ideale gefüllt werden zu können. Vor dem Hintergrund dieser Überlegung scheint es für Akteure nun durchaus sinnvoll zu sein, ihrer Unzufriedenheit und ihrer Missbilligung mit Verweis auf ihre gerechtigkeitsbezogenen Ansprüche Ausdruck zu verleihen: Lassen solche Äußerungen doch politische Anschlussmöglichkeiten sogar über kulturelle und nationalstaatliche Grenzen hinweg erhoffen. So hätte beispielsweise eine global agierende, wenngleich globalisierungskritische Bewegung wie ATTAC weit mehr Schwierigkeiten, die verschiedenen lokalen Gruppierungen unter einem gemeinsamen Dach zu vereinen, könnte sie nicht auf die gemeinsame kulturelle Leitvorstellung von "Gerechtigkeit" zurückgreifen – auch wenn dies ein Mitglied in Deutschland mit anderen Zielen und Inhalten verbinden mag als ein Aktivist in Bolivien. Zugleich scheint damit ein Diskurs auch über die verschiedenen politischen Ebenen und Akteure hinweg sichergestellt werden zu können, enthalten doch selbst die Zielvorgaben der Weltbank mit der Forderung nach Chancengleichheit den Verweis auf Gerechtigkeitsnormen, die global gelten sollen (vgl. Kreckel 2008).

Gleichwohl trägt die Ausbreitung dieser Ideale nicht schon die Garantie in sich, dass ihre Verletzung auch notwendig als ungerecht angesehen wird. In Gestalt der Mechanismen des *korrektiven Austauschs* und der *accounts* sind häufig genug Erklärungen zur Hand, die das Geschehen zu rechtfertigen oder zu relativieren vermögen. Und selbst wenn diese scheitern und abgewiesen werden, hat dies nicht automatisch zur Folge, dass Menschen sich gegen die ihnen widerfahrenen Ungerechtigkeiten auflehnen oder andere in ihrem Versuch darin unterstützen. So möchte ich meine Ausführungen denn auch mit der Beobachtung von Barrington Moore abschließen, dass es meist nur ein kleiner Bruchteil der von einem Missstand Betroffenen ist, der sich gegen diesen zur Wehr setzt. Die "überwältigende Mehrheit" der Personen verharrt, wie Moore festhielt, angespannt in ihrer Situation und versucht, das alltägliche Leben zu meistern. Einige von ihnen werden ihre Lage wohl weniger als ungerecht, sondern vielmehr als unvermeidlichen Bestandteil des Lebens ansehen; anderen mag ihre Situation zwar als ungerecht erscheinen, doch fühlen sie sich ohnmächtig den scheinbar übermächtigen Verhältnissen durch eigenes Handeln etwas entgegensetzen zu können – eine Wahrnehmung, die vermutlich auch viele derer teilen, die nur die unbeteiligten Zeugen des Geschehens bleiben. Eine soziologische (Un-)Gerechtigkeitsforschung sollte sich folglich nicht nur den aktiven, in den öffentlichen Debatten zu Wort kommenden Akteuren widmen, möchte sie der Vielfalt der empirischen

Wirklichkeit gerecht werden. Denn gerade ein Blick auf die stillschweigenden und resignativen Ausdrucksformen von Ungerechtigkeit sowie die als unvermeidlich hingenommenen Ungleichheiten vermag Soziologie im Sinne einer kritischen Wissenschaft zu sein; verspricht diese Perspektive doch jene Mechanismen aufzudecken, die es Menschen unmöglich erscheinen lassen, sich gegen ihr Leid oder die Not anderer zur Wehr zu setzen.

Literaturverzeichnis

Aisenbrey, Silke/Brückner, Hannah 2006: *Occupational Aspirations, Gender Segregation, and the Gender Gap in Wages.* Yale University, The Center for Research on Inequalities and the Life Course. Working Paper 2006-01.

Almeida, Paul D. 2003: Opportunity Organizations and Threat-Induced Contention: Protest Waves in Authoritarian Settings. In: *The American Journal of Sociology*, 109 (2), S. 345-400.

Armbruster-Sandoval, Ralph 2005: *Globalization and Cross-Border Labor Solidarity in the Americas: The Anti-Sweatshop Movement and the Struggle for Social Justice.* New York, NY [u.a.]: Routledge.

Ayres, Jeffrey M. 2004: Framing Collective Action against Neoliberalism: The Case of the "Anti-Globalization" Movement. In: *Journal of World-Systems Research*, 10 (1), S. 11-34.

Bandy, Joe/Smith, Jackie 2005 (Hg.): *Coalitions Across Borders: Transnational Protest and the Neoliberal Order.* Lanham [u.a.]: Rowman & Littlefield.

Barbalet, Jack M. 2001 [1998]: *Emotion, Social theory, and Social structure: A Macrosociological Approach.* Cambridge [u.a.]: Cambridge Univ. Press.

Batson, C. Daniel u.a. 2007: Anger at Unfairness: Is it Moral Outrage? In: *European Journal of Social Psychology*, 37 (6), S. 1272-1285.

Bauman, Zygmunt 1992: *Dialektik der Ordnung: die Moderne und der Holocaust.* Hamburg: Europ. Verl.-Anst.

Bayer, Michael/Mordt, Gabriele 2008: *Einführung in das Werk Max Webers.* Wiesbaden: VS, Verl. für Sozialwiss.

Bendell, Jem 2001: *Towards Participatory Workplace Appraisal: Report from a Focus Group of Women Banana Workers.* New Academy of Business, Occasional Paper. (zu beziehen über http://jembendell.com/)

— 2005: In Whose Name? The Accountability of Corporate Social Responsibility. In: *Development in Practice*, 15 (3/4), S. 362-374.

Benford, Robert D. 1993: Frame Disputes within the Nuclear Disarmament Movement. In: *Social Forces*, 71 (3), S. 677-701.

Benford, Robert D./Hunt, Scott A. 1995: Dramaturgy and Social Movements: The Social Construction and Communication of Power. In: Lyman, Stanford M. (Hg.): *Social Movements, Critiques, Concepts, Case Studies.* Basingstoke u.a.: Macmillan, S. 84-109.

Benford, Robert D./Snow, David A. 2000: Social Processes - Framing Processes and Social Movements: An Overview and Assessment. In: *Annual review of sociology*, 26, S. 611-640.

Bennett, Lance W. 1980: The Paradox of Public Discourse: A Framework for the Analysis of Political Accounts. In: *The Journal of Politics*, 42 (3), S. 792-817.

Berger, Johannes 2008: Soziale Ungleichheit in Marktwirtschaften. In: Bayer, Michael/Mordt, Gabriele/Terpe, Sylvia/Winter, Martin (Hg.): *Transnationale Ungleichheitsforschung. Eine neue Herausforderung für die Soziologie.* Frankfurt/New York: Campus, S. 245-282.

Berger, Peter L./Luckmann, Thomas 1997 [engl. 1966, dt. 1969]: *Die gesellschaftliche Konstruktion der Wirklichkeit : Eine Theorie der Wissenssoziologie.* Frankfurt am Main: Fischer Taschenbuch Verl.

Bourdieu, Pierre 1997: Ortseffekte. In: Ders. u.a. (Hg.): *Das Elend der Welt: Zeugnisse und Diagnosen alltäglichen Leidens an der Gesellschaft.* Konstanz: UVK, Univ.-Verl. Konstanz, S. 159-167.

Bowker, Geoffrey C./Susan Leigh Star 2000: *Sorting Things out: Classification and Its Consequences.* Cambridge, Mass. [u.a.]: MIT Press.

Bullock, Heather E. 1999: Attributions for Poverty: A Comparison of Middle Class and Welfare Recipient Attitudes. In: *Journal of Applied Social Psychology*, 29 (10), S. 2059–2082.

Bullock, Heather E./Fernald, Julian L. 2005: Predicting Support for Eliminating the Dividend Tax: The Role of Framing and Attributions for Wealth. In: *Analyses of Social Issues and Public Policy*, 5 (1), S. 49-66.

Bullock, Heather E./Fraser Wyche, Karen/Williams, Wendy R. 2001: Media Images of the Poor. In: *Journal of Social Issues*, 57 (2), S. 229-46.

Clayton, Susan D. 1992: The Experience of Injustice: Some Characteristics and Correlates. In: *Social Justice Research (Historical Archive)*, 5 (1), S. 71-91.

Clayton, Susan/Opotow, Susan 2003: Justice and Identity: Changing Perspectives on What Is Fair. In: *Personality and social psychology review*, 7 (4), S. 289-310.

Cohen, Ronald L. 1986: Power and Justice in Intergroup Relations. In: Bierhoff, Hans Werner (Hg.): *Justice in social relations.* New York [u.a.]: Plenum, S. 65-85.

Collins, Randall 1981: On the Microfoundations of Macrosociology. In: *The American Journal of Sociology*, 86 (5), S. 984-1014.

— 1988: *Theoretical sociology.* San Diego, Calif. [u.a.]: Harcourt Brace Jovanovich.

— 1990: Stratification, Emotional Energy, and the Transient Emotions. In: Kemper, Theodore D. (Hg.): *Research Agendas in the Sociology of Emotions.* Albany: State Univ. of New York Press, S. 27-57.

— 1994: *Four Sociological Traditions.* New York [u.a.]: Oxford Univ. Press.

— 2004: *Interaction Ritual Chains.* Princeton, N.J [u.a.]: Princeton Univ. Press.

Cortright, David/Pagnucco, Ron 2001 [1997]: Limits to Transnationalism. The 1980s Freeze Campaign. In: Smith, Jackie G./Chatfield, Charles/Pagnucco, Ron (Hg.): *Transnational Social Movements and Global Politics: Solidarity Beyond the State.* Syracuse, NY: Syracuse Univ. Press, S. 159-74.

Coxon, Anthony P.M./Davies, P.M./Jones, Charles L. 1986: *Images of Social Stratification: Occupational Structures and Class.* London [u.a.]: Sage.

Cress, Daniel M./Snow, David A. 1996: Mobilization at the Margins: Resources, Benefactors, and the Viability of Homeless Social Movement Organizations. In: *American Sociological Review*, 61 (6), S. 1089-1109.

Crosby, Faye J. 1982: *Relative Deprivation and Working Women.* New York [u.a.]: Oxford University Press.

Crosby, Faye J./Burris, Laura/Censor, Catherine/MacKethan, E.R. 1986: Two Rotten Apples spoil the Justice Barrel. In: Bierhoff, Hans Werner (Hg.): *Justice in social relations.* New York [u.a.]: Plenum, S. 267-281.

Crosby, Faye J./Ropp, Stacy A. 2002: Awakening to Discrimination. In: Ross, Michael/Miller, Dale T. (Hg.): *The Justice Motive in Everyday Life.* Cambridge, UK [u.a.]: Cambridge Univ. Press, S. 382-396.

Damasio, Antonio R. 1997 [engl. 1994]: *Descartes' Irrtum. Fühlen, Denken und das menschliche Gehirn.* München [u.a.]: List.

de Cremer, David 2007: Justice and Affect: When Two Friends Meet. In: Ders. (Hg.): *Advances in the Psychology of Justice and Affect.* Charlotte, NC: Information Age Pub., S. 1-14.

de Cremer, David/van den Bos, Kees 2007: Justice and Feelings: Toward a New Era in Justice Research. In: *Social justice research*, 20 (1), S. 1-9.

della Porta, Donatella/Kriesi, Hanspeter/Rucht, Dieter 1999 (Hg.): *Social Movements in a Globalizing World.* London: Palgrave MacMillan.

della Porta, Donatella/Tarrow, Sidney 2004 (Hg.): *Transnational Protest and Global Activism (People, Passions, and Power).* Lanham [u.a.]: Rowman & Littlefield.

D'Emilio, John 1983: The Gay Liberation Movement. In: Goodwin, Jeff/Jasper, James M. (Hg.) 2003: *The Social Movements Reader. Cases and Concepts.* Oxford: Blackwell, S. 32-37. Auszug aus: D'Emilio, John: *Sexual Politics, Sexual Communities: The Making of a Homosexual Minority in the United States, 1940 - 1970.* Chicago [u.a.]: Univ. of Chicago Press.

de Rivera, Joseph/Gerstmann, Elena/Maisels, Lisa 2002: Acting Righteously: The Influence of Attitude, Moral Responsibility, and Emotional Involvement. In: Ross, Michael/Miller, Dale T. (Hg.): *The Justice Motive in Everyday Life.* Cambridge, UK [u.a.]: Cambridge Univ. Press, S. 271-288.

Deutsch, Morton 1975: Equity, Equality, and Need: What Determines which Value will be used as the Basis of Distributive Justice? In: *Journal of Social Issues*, 31, S. 137-149.

Diani, Mario 1996: Linking Mobilization Frames and Political Opportunities: Insights from Regional Populism in Italy. In: *American Sociological Review*, 61 (6), S. 1053-69.

Diani, Mario/Eyerman, Ron 1992 (Hg.): *Studying Collective Action.* London [u.a.]: Sage Publ.

Diani, Mario/McAdam, Doug 2003 (Hg.): *Social Movements and Network: Relational Approaches to Collective Action.* Oxford: Oxford University Press.

Douglas, Mary 1985: *Risk Acceptability according to the Social Sciences.* New York: Russell Sage Foundation.

Elias, Norbert 1991 [1987]: Wandlungen der Wir-Ich-Balance. In: Ders.: *Die Gesellschaft der Individuen.* Frankfurt am Main: Suhrkamp, S. 207-315.

— 2000 [1970]: *Was ist Soziologie?* Weinheim [u.a.]: Juventa-Verl.

Elias, Norbert/Scotson, John L. 1990: *Etablierte und Außenseiter.* Frankfurt am Main: Suhrkamp.

Elster, Jon 1999: *Alchemies of the Mind: Rationality and the Emotions.* Cambridge [u.a.]: Cambridge Univ. Press.

Emirbayer, Mustafa 1994: Network Analysis, Culture, and the Problem of Agency. In: *The American Journal of Sociology*, 99 (6), S. 1411-1454.

Feagin, Joe R. 1972: America's welfare stereotypes. In: *Social Science Quarterly*, 52 (4), S. 921-933.

Feather, N.T. 1974: Explanations of Poverty in Australian and American Samples. In: *Australian Journal of Psychology*, 26 (3), S. 199-216.

Fein, Helen 1977: *Imperial Crime and Punishment.* Honolulu, HI: University of Hawaii Press.

— 1979: *Accounting for Genocide: National Responses and Jewish Victimization during the Holocaust.* New York [u.a.]: Free Press.
— 1990: *Genocide: A Sociological Perspective.* London [u.a.]: Sage Publ.
Ferree, Myra Marx/Merrill, David. A. 2004: Hot Movements, Cold Cognition: Thinking about Social Movements in Gendered Frames. In: Goodwin, Jeff/Jasper, James M. (Hg.): *Rethinking Social Movements: Structure, Meaning and Emotion.* Lanham [u.a.]: Rowman & Littlefield, S. 247-261.
Ferree, Myra Marx/Miller, Frederick D. 1985: Mobilization and Meaning: Toward an Integration of Social Psychological and Resource Perspectives on Social Movements. In: *Sociological Inquiry*, 55 (1), S. 38-61.
Flam, Helena 2000: *The Emotional Man and the Problem of Collective Action.* Frankfurt/Main [u.a.]: Peter Lang.
— 2002: Corporate Emotions and Emotions in Corporations. In: Barbalet, Jack (Hg.): *Emotions and Sociology. The Sociological Review Monographs.* Oxford: Blackwell Publishing, S. 90-112.
Forgas, Joseph P. 2000 (Hg.): *Feeling and Thinking: The Role of Affect in Social Cognition.* Cambridge [u.a.]: Cambridge Univ. Press.
Fritzsche, Karl Peter 2004: *Menschenrechte: Eine Einführung mit Dokumenten.* Paderborn [u.a.]: Schöningh.
Franks, David D. 1989: Power and Role-taking: A Social Behaviorist's Synthesis of Kemper's Power and Status Model. In: Ders. (Hg.): *The Sociology of Emotions: Original Essays and Research Papers.* Greenwich/Conn. [u.a.]: JAI Press, S. 153-177.
Freeman, Jo 1973: The Origins of the Women's Liberation Movement. In: Goodwin, Jeff/Jasper, James M. (Hg.) 2003: *The Social Movements Reader. Cases and Concepts.* Oxford: Blackwell, 22-31. Auszug aus: The Origins of the Women's Liberation Movement. In: *The American Journal of Sociology*, 78 (4), S. 792-811.
Freyer, Hans 1931: *Revolution von rechts.* Jena: Diederichs.
Furnham, Adrian 1982: Explanations for Unemployment in Britain. In: *European Journal Social Psychology*, 12 (4), S. 335-352.
Gamson, William A. 1995: Constructing Social Protest. In: Johnston, Hank/Klandermans, Bert (Hg.): *Social movements and culture.* Minneapolis: Univ. of Minnesota Press., S. 85-106.
— 1996 [1992]: *Talking Politics.* Cambridge [u.a.]: Cambridge Univ. Press.
Gamson, William A./Fireman, Bruce/Rytina, Steven 1982: *Encounters with Unjust Authority.* Homewood, Ill.: Dorsey Press.
Gamson, William A./Meyer, David S. 1999 [1996]: Framing Political Opportunity. In: McAdam, Doug/McCarthy, John D./Zald, Mayer N. (Hg.): *Comparative Perspectives on Social Movements: Political Opportunities, Mobilizing Structures, and Cultural Framings.* Cambridge [u.a.]: Cambridge Univ. Press, S. 275-290.
Garfinkel 1996 [1967]: *Studies in Ethnomethodology.* Cambridge [u.a.]: Polity Press.
Gerhards, Jürgen 1988: *Soziologie der Emotionen: Fragestellungen, Systematik und Perspektiven.* Weinheim [u.a.]: Juventa-Verl.
Goffman, Erving 1982: Der korrektive Austausch. In: Ders.: *Das Individuum im öffentlichen Austausch.* Frankfurt am Main: Suhrkamp, S. 138-174.
— 1996: *Rahmen-Analyse: Ein Versuch über die Organisation von Alltagserfahrungen.* Frankfurt am Main: Suhrkamp.

Goodwin, Jeff 1994: Toward a New Sociology of Revolutions. In: *Theory and Society*, 23 (6), S. 731-766.

Goodwin, Jeff/Jasper, James M. 1999: Caught in a Winding, Snarling Vine: The Structural Bias of Political Process Theory. In: *Sociological Forum*, 14 (1), S. 27-54.

— 2003 (Hg.): *The Social Movements Reader. Cases and Concepts.* Oxford: Blackwell.

— 2004 (Hg.): *Rethinking Social Movements: Structure, Meaning and Emotion.* Lanham [u.a.]: Rowman & Littlefield.

Goodwin, Jeff/Jasper, James M./Polletta, Francesca (Hg.) 2001: *Passionate Politics: Emotions and Social Movements.* Chicago [u.a.]: Univ. of Chicago Press.

Guidry, John A./Kennedy, Michael D./Zald, Mayer N. 2001 (Hg.): *Globalizations and Social Movements: Culture, Power, and the Transnational Public Sphere.* Michigan [u.a.]: University of Michigan Press.

Gould, Deborah B. 2004: Passionate Political Processes: Bringing Emotions Back into the Study of Social Movements. In: Goodwin, Jeff/Jasper, James M. (Hg.): *Rethinking Social Movements: Structure, Meaning and Emotion.* Lanham [u.a.]: Rowman & Littlefield, S. 155-175.

Gould, Roger V. 1991: Multiple Networks and Mobilization in the Pariser Commune, 1871. In: *American Sociological Review*, 56 (6), S. 716-29.

Hafer, Carolyn L./Olson, James M. 2003: An Analysis of Empirical Research on the Scope of Justice. In: *Personality and Social Psychology Review*, 7 (4), S. 311-323.

Haidt, Jonathan 2001: The Emotional Dog and Its Rational Tail: A Social Intuitionist Approach to Moral Judgment. In: *Psychological Review*, 108 (4), S. 814-834.

Harlos, Karen P./Pinder, Craig C. 2000: Emotions and Injustice in the Workplace. In: Fineman, Stephen (Hg.): *Emotion in Organizations.* London [u.a.]: Sage, S. 255-276.

Hellmann, Kai-Uwe 1998: Paradigmen der Bewegungsforschung. Forschungs- und Erklärungsansätze – Ein Überblick. In: Hellmann, Kai-Uwe/Koopmans, Ruud (Hg.): *Paradigmen der Bewegungsforschung.* Opladen: Westdt. Verlag, S. 9-30.

Hellmann, Kai-Uwe/Koopmans, Ruud 1998 (Hg.): *Paradigmen der Bewegungsforschung.* Opladen: Westdt. Verlag.

Heritage, John 1984: *Garfinkel and Ethnomethodology.* Cambridge [u.a.]: Polity Press.

Hine, Donald W./Montiel, Christina Jayme 1999: Poverty in Developing Nations: A Cross-Cultural Attributional Analysis. In: *European Journal of Social Psychology*, 29 (7), S. 943-959.

Hinz, Thomas/Gartner, Hermann 2005: *Lohnunterschiede zwischen Frauen und Männern in Branchen, Berufen und Betrieben.* IAB Discussion Paper, Nr. 04/2005.

Hirsch, Alfred 2005: *Menschenrechte des Fremden: zur Grundlegung einer interkulturellen Menschenrechtsethik.* INEF Report, Heft 76, Duisburg: Institut für Entwicklung und Frieden.

Honneth, Axel 2000: Moralbewußtsein und soziale Klassenherrschaft. In: Ders.: *Das Andere der Gerechtigkeit: Aufsätze zur praktischen Philosophie.* Frankfurt am Main: Suhrkamp, S. 110-129. Zuerst 1981: Leviathan, 9 (3-4), S. 556-570.

— 1994: *Kampf um Anerkennung. Zur moralischen Grammatik sozialer Konflikte.* Frankfurt am Main: Suhrkamp.

Hood, Christopher 2002: The Risk Game and the Blame Game. In: *Government and opposition*, 37 (1), S. 15-37.

— 2004: *Institutions, Blame Avoidance and Negativity Bias: Where Public Management Reform meets the 'Blame Culture'.* Paper for CMPO Conference on 'Public Organisation and the New Public Management'. (http://www.bristol.ac.uk/cmpo/events/workshops/publicorg/hood.pdf Zugriff: Oktober 2006)

Iyengar, Shanto 1987: Television News and Citizens' Explanations of National Affairs. In: *The American Political Science Review*, 81 (3), S. 815-832.

— 1989: How Citizens Think about National Issues: A Matter of Responsibility. In: *American Journal of Political Science*, 33 (4), S. 878-900.

— 1994 [1991]: *Is Anyone Responsible? How Television Frames Political Issues.* Chicago [u.a.]: Univ. of Chicago Press.

Jasper, James M. 1997: *The Art of Moral protest: Culture, Biography, and Creativity in Social Movements.* Chicago u.a.: Univ. of Chicago Press.

— 1998: The Emotions of Protest. Affective and Reactive Emotions In and Around Social Movements. In: *Sociological Forum*, 13 (3), S. 397-424.

Jasso, Guillermina 1999: Constructing a Justice Index. How Much Injustice is There in the World? Two New Justice Indexes. In: *American Sociological Review*, 64 (1), S. 133-168.

Javeline, Debra 2003a: *Protest and the Politics of Blame: The Russian Response to Unpaid Wages.* Ann Arbor, Mich.: Univ. of Michigan Press.

— 2003b: The Role of Blame in Collective Action: Evidence from Russia. In: *American Political Science Review*, 97 (1), S. 107-121.

Jenkins, J. Craig 1983: Resource Mobilization Theory and the Study of Social Movements. In: *Annual Review of Sociology*, 9, S. 527-553.

Jenkins, Craig J./Jacobs, David 2003: Political Opportunities and Afro-American Protest, 1948-1997. In: *The American Journal of Sociology*, 109 (2), S. 277-303.

Jenkins, J. Craig/Klandermans, Bert 1995 (Hg.): *The Politics of Social Protest: Comparative Perspectives on States and Social Movements.* London: UCL Press.

Jenkins, J. Craig/Perrow, Charles 1977: Insurgency of the Powerless: The Farm Worker Movements (1946-1972). In: *American Sociological Review*, 42 (2), S. 249-268.

Johnston, Hank/Klandermans, Bert (1995) (Hg.): *Social Movements and Culture.* Minneapolis: Univ. of Minnesota Press.

Kelman, Herbert C. 1973: Violence without Moral Restraint. In: *Journal of Social Issues*, 29 (4), S. 25-61.

Kelman, Herbert C./Hamilton, V. Lee 1989: *Crimes of Obedience: Toward a Social Psychology of Authority and Responsibility.* New Haven [u.a.]: Yale University Press.

Kemper, Theodore D. 1978: *A Social Interactional Theory of Emotions.* New York [u.a.]: Wiley.

— 1984: Power, Status and Emotions: A Sociological Contribution to a Psychophysiological Domain. In: Scherer, Klaus Rainer ; Ekman, Paul (Hg.): *Approaches to Emotion.* Hillsdale, NJ [u.a.]: Erlbaum, S. 369-383.

— 2001: A Structural Approach to Social Movement Emotions. In: Goodwin, Jeff/Jasper, James M./Polletta, Francesca (Hg.): *Passionate Politics: Emotions and Social Movements.* Chicago [u.a.]: Univ. of Chicago Press., S. 58-73.

Kemper, Theodore D./Collins, Randall 1990: Dimensions of Microinteraction. In: *The American Journal of Sociology*, 96 (1), S. 32-68.

Khagram, Sanjeev 2004: *Dams and Development: Transnational Struggles for Water and Power.* Ithaca, NY [u.a.]: Cornell Univ. Press

Khagram, Sanjeev/Riker, James V./Sikkink, Kathryn 2002 (Hg.): *Restructuring World Politics: Transnational Social Movements, Networks, and Norms.* Minneapolis, Minn. [u.a.]: Univ. of Minnesota Press.

Kitschelt, Herbert 1986: Political Opportunity Structures and Political Protest: Anti-Nuclear Movements in Four Democracies. In: *British Journal of Political Science*, 16 (1), S. 57-85.

— 1991: Resource Mobilization Theory: A Critique. In: Rucht, Dieter (Hg.): *Research on Social Movements. The State of the Art in Western Europe and the USA.* Frankfurt/New York: Campus, S. 323-347.

Klandermans, Bert 1984: Mobilization and Participation: Social-Psychological Explansisons of Resource Mobilization Theory. In: *American Sociological Review*, 49 (5), S. 583-600.

— 1991: New Social Movements and Resource Mobilization: The European and the American Approach Revisited. In: Rucht, Dieter (Hg.): *Research on Social Movements. The State of the Art in Western Europe and the USA.* Frankfurt/New York: Campus, S. 17-44.

— 1997: Disengaging from Movements. In: Goodwin, Jeff/Jasper, James M. 2003 (Hg.): *The Social Movements Reader. Cases and Concepts.* Oxford: Blackwell, 116-27. Auszug aus: Klandermans, Bert: *The Social Psychology of Protest.* Oxford [u.a.]: Blackwell.

Klandermans, Bert/Goslinga, Sjoerd 1999 [1996]: Media Discourse, Movement Publicity, and the Generation of Collective Action Frames: Theoretical and Empirical Exercises in Meaning Construction. In: McAdam, Doug/McCarthy, John D./Zald, Mayer N. (Hg.): *Comparative Perspectives on Social Movements: Political Opportunities, Mobilizing Structures, and Cultural Framings.* Cambridge [u.a.]: Cambridge Univ. Press, S. 312-337.

Klandermans, Bert/de Weerd, Marga/Sabucedo, Jose-Manuel/Costa, Maria 1999: Injustice and Adversarial Frames in a Supranational Political Context: Farmers' Protest in the Netherlands and Spain. In: della Porta, Donatella/Kriesi, Hanspeter/Rucht, Dieter (Hg.): *Social Movements in a Globalizing World.* Basingstoke, Hampshire [u.a.]: Macmillan, S. 134-47.

Klein, Ansgar/Legrand, Hans-Josef/Leif, Thomas 1999 (Hg.): *Neue Soziale Bewegungen. Impulse, Bilanzen und Perspektiven.* Opladen: Westdt. Verlag.

Kluegel, James R./Smith, Eliot R. 1986: *Beliefs about Inequality: Americans' Views of What is and What ought to be.* New York: Aldine de Gruyter.

König, Thomas 2003: *Elemente der frame analysis.* Vortragsmanuskript. (http://www.caqd.de/caqd/downloads/vortrag-koenig.pdf Zugriff: Oktober 2006)

Koopmans, Ruud 2000: Globalisierung, Individualisierung, politische Entflechtung. In: *Forschungsjournal Neue Soziale Bewegungen*, 13 (1), S. 26-31.

Kreckel, Reinhard 1992: *Politische Soziologie der sozialen Ungleichheit.* Frankfurt/New York: Campus.

— 2008: Soziologie der sozialen Ungleichheit im globalen Kontext. In: Bayer, Michael/Mordt, Gabriele/Terpe, Sylvia/Winter, Martin (Hg.): *Transnationale Ungleichheitsforschung. Eine neue Herausforderung für die Soziologie.* Frankfurt/New York: Campus, S. 23-69.

Kreidl, Martin 2000: Perceptions of Poverty and Wealth in Western and Post-Communist Countries. In: *Social Justice Research*, 13 (2), S. 151-176.

Lazarus, Richard S. 1982: Thoughts on the Relations between Emotion and Cognition. In: *American Psychologist*, 37 (9), S. 1019-1024.

— 1984: On the Primacy of Cognition. In: *American Psychologist*, 39 (2), S. 124-129.

Lengfeld, Holger/Liebig, Stefan/Märker, Alfredo 2002: Politisches Engagement, Protest und die Bedeutung sozialer Ungerechtigkeit. In: Liebig, Stefan/Lengfeld, Holger (Hg.): *Interdisziplinäre Gerechtigkeitsforschung. Zur Verknüpfung empirischer und normativer Perspektiven.* Frankfurt/New York: Campus, S. 243-264.

Lerner, Melvin J. 1980: *The Belief in a Just World: A Fundamental Delusion.* New York, NY [u.a.]: Plenum Press.

— 2002: Pursuing the Justice Motive. In: Ross, Michael/Miller, Dale T. (Hg.): *The Justice Motive in Everyday Life.* Cambridge, UK [u.a.]: Cambridge Univ. Press, S. 10-37.

— 2003: The Justice Motive: Where Social Psychologists Found It, How they Lost It, and Why They May Not Find It Again. In: *Personality and Social Psychology Review*, 7 (4), S. 388-399.

Lerner, Melvin J./Simmons, Carolyn H. 1966: Observer's Reaction to the "Innocent Victim": Compassion or Rejection? In: *Journal of Personality and Social Psychology*, 4 (2), S. 203-210.

Lichbach, Mark Irvin 1996: *The Cooperator's Dilemma.* Ann Arbor: Univ. of Michigan Press.

— 1998 [1995]: *The Rebel's Dilemma.* Ann Arbor: Univ. of Michigan Press

Liebig, Stefan 2002: Gerechtigkeitseinstellungen und Gerechtigkeitsurteile. Zur Unterscheidung zweier Urteilskategorien. In: Liebig, Stefan/Lengfeld, Holger (Hg.): *Interdisziplinäre Gerechtigkeitsforschung. Zur Verknüpfung empirischer und normativer Perspektiven.* Frankfurt/New York: Campus, S. 77-102.

— 2004: *Empirische Gerechtigkeitsforschung: Überblick über aktuelle Modelle der psychologischen und soziologischen Gerechtigkeitsforschung.* ISGF-Arbeitsbericht 41.

Liebig, Stefan/Lengfeld, Holger 2002: Gerechtigkeitsforschung als interdisziplinäres Projekt. In: Dies. (Hg.): *Interdisziplinäre Gerechtigkeitsforschung. Zur Verknüpfung empirischer und normativer Perspektiven.* Frankfurt/New York: Campus, S. 7-20.

Liebig, Stefan/Schlothfeld, Stephan 2002: Gerechtigkeit durch Verfahren oder Gerechtigkeit durch Prinzipien? Zum Problem der Verteilung knapper, unteilbarer Güter in modernen Gesellschaften. In: Liebig, Stefan/Lengfeld, Holger (Hg.): *Interdisziplinäre Gerechtigkeitsforschung. Zur Verknüpfung empirischer und normativer Perspektiven.* Frankfurt/New York: Campus, S. 187-218.

Liebig, Stefan/Wegener, Bernd 1995: Primäre und sekundäre Ideologien. Ein Vergleich von Gerechtigkeitsvorstellungen in Deutschland und den USA. In: Müller,

Hans-Peter/Wegener, Bernd (Hg.): *Soziale Ungleichheit und soziale Gerechtigkeit.* Opladen: Leske & Budrich, S. 265-293.

Liebig, Stefan/Wegener, Bernd 1999 [1996]: Protest und Verweigerung: Die Folgen sozialer Ungerechtigkeit in Deutschland. In: Schmitt, Manfred/Montada, Leo (Hg.): *Gerechtigkeitserleben im wiedervereinigten Deutschland.* Opladen: Leske & Budrich, S. 263-298.

Lyman, Stanford M. 1995 (Hg.): *Social Movements, Critiques, Concepts, Case Studies.* Basingstoke [u.a.]: Macmillan.

Märker, Alfredo 2002: Die politische Relevanz von Gerechtigkeitsvorstellungen und Ungerechtigkeitserfahrungen. In: Liebig, Stefan/Lengfeld, Holger (Hg.): *Interdisziplinäre Gerechtigkeitsforschung. Zur Verknüpfung empirischer und normativer Perspektiven.* Frankfurt/New York: Campus, S: 265-285.

Martin, Joanne 1986: When Expectations and Justice do not Coincidence: Blue Collar Visions of a Just World. In: Bierhoff, Hans Werner (Hg.): *Justice in social relations.* New York [u.a.]: Plenum, S. 317-335.

Martschukat, Jürgen 2006: Bürgerrechte, Todesstrafe und Rassismus in den USA. In: Schmidt, Burghart (Hg.): *Menschenrechte und Menschenbilder von der Antike bis zur Gegenwart.* Hamburg: DOBU Verlag, S. 240-54.

Mau, Steffen 2002: Solidarität und Gerechtigkeit. Zur Erkundung eines Verhältnisses. In: Liebig, Stefan/Lengfeld, Holger (Hg.): *Interdisziplinäre Gerechtigkeitsforschung. Zur Verknüpfung empirischer und normativer Perspektiven.* Frankfurt/New York: Campus, S. 129-154.

McAdam, Doug 1982: *Political Process and the Development of Black Insurgency, 1930-1970.* Chicago [u.a.]: Univ. of Chicago Press.

— 1988: Micro-mobilization Contexts and Recruitment to Activism: The Case of the Freedom Summer. In: *International social movement research*, 1, S. 125-54.

McAdam, Doug/McCarthy, John D./Zald, Mayer N. 1999 [1996] (Hg.): *Comparative Perspectives on Social Movements: Political Opportunities, Mobilizing Structures, and Cultural Framings.* Cambridge [u.a.]: Cambridge Univ. Press.

McCarthy, John D./Wolfson, Mark 1996: Resource Mobilization by Local Social Movement Organizations: Agency, Strategy, and Organization in the Movement Against Drinking and Driving. In: *American Sociological Review*, 61 (6), S. 1070-1088.

McCarthy, John D./Zald, Mayer N. 1977: Resource Mobilization and Social Movements. A Partial Theory. In: *The American Journal of Sociology*, 82 (6), S. 1212-1241.

McGraw, Kathleen M. 1991: Managing Blame: An Experimental Test of the Effects of Political Accounts. In: *The American Political Science Review*, 85 (4), S. 1133-1157.

Melucci, Alberto 1995: The Process of Collective Identity. In: Johnston, Hank/Klandermans, Bert (Hg.): *Social movements and Culture.* Minneapolis: Univ. of Minnesota Press, S. 41-64.

— 1996: *Challenging Codes: Collective Action in the Information Age.* Cambridge [u.a.]: Cambridge Univ. Press.

Meyer, David S. 2005 (Hg.): *Routing the Opposition: Social Movements, Public Policy, and Democracy.* Minneapolis, Minn. [u.a.]: University of Minnesota Press.

Meyer, David S./Whittier, Nancy/Robnett Belinda 2002: *Social Movements: Identity, Culture, and the State.* Oxford [u.a.]: Oxford Univ. Press.

Meyer, John W. 2001: The European Union und the Globalization of Culture. In: Andersen, Svein S. (Hg.): *Institutional Approaches to the European Union.* Oslo, S. 227-245.

Meyer, John W./Boli, John/Thomas, George M./Ramirez, Francisco O. 1997: World Society and the Nation-State, in: *The American Journal of Sociology*, 103 (1), S. 144-181.

Mikula, Gerold 1986: The Experience of Injustice. Towards a Better Understanding of its Phenomenology. In: Bierhoff, Hans Werner (Hg.): *Justice in Social Relations.* New York [u.a.]: Plenum, S. 103-123.

— 1987: Exploring the Experience of Injustice. In: Semin, Gün R./Krahe, B. (Hg.): *Issues in Contemporary German Social Psychology: history, theories and applications.* London [u.a.]: Sage, S. 74-96.

— 2003: Testing an Attribution-of-blame Model of Judgments of Injustice. In: *European Journal of Social Psychology*, 33 (6), S. 793-812.

Mikula, Gerold/Scherer, Klaus R./Athenstaedt, Ursula 1998: The Role of Injustice in the Elicitation of Differential Emotional Reactions. In: *Personality and Social Psychology Bulletin*, 24 (7), S. 769-83.

Milgram, Stanley 1992: *Das Milgram-Experiment: Zur Gehorsamsbereitschaft gegenüber Autorität.* Reinbek bei Hamburg: Rowohlt.

Miller, Dale T. 2001: Disrespect and the Experience of Injustice. In: *Annual Review of Psychology*, 52, S. 527-553.

Montada, Leo 1991: Coping with Life Stress: Injustice and the Question "Who is responsible?". In: Steensma, Herman/Vermunt, Riël (Hg.): *Societal and Psychological Consequences of Justice and Injustice.* Social Justice in Human Relations, vol. 2. New York [u.a.]: Plenum Press, S. 9-30.

— 1994: Arbeitslosigkeit ein Gerechtigkeitsproblem? In: Ders. (Hg.): *Arbeitslosigkeit und soziale Gerechtigkeit.* Frankfurt/New York: Campus, S. 53-86.

— 1995: Gerechtigkeitsprobleme bei Umverteilungen im vereinigten Deutschland. In: Müller, Hans-Peter/Wegener, Bernd (Hg.): *Soziale Ungleichheit und soziale Gerechtigkeit.* Opladen: Leske & Budrich, S. 313-33.

— 1997: Beschäftigungspolitik zwischen Gerechtigkeit und Effizienz. In. Ders. (Hg.): *Beschäftigungspolitik zwischen Effizienz und Gerechtigkeit.* Frankfurt/New York: Campus, S. 9-55.

— 1998: Justice: Just a Rational Choice? In: *Social Justice Research*, 11 (2), S. 81-101.

Moore, Barrington 1987: *Ungerechtigkeit: Die sozialen Ursachen von Unterordnung und Widerstand.* Frankfurt am Main: Suhrkamp.

Morris, Aldon D./McClurg Mueller, Carol 1992 (Hg.): *Frontiers in Social Movement Theory.* New Haven, Conn. [u.a.]: Yale University Press.

Neckel, Sighard/Dröge, Kai/Somm, Irene 2004: Welche Leistung, welche Leistungsgerechtigkeit? Soziologische Konzepte, normative Fragen und einige empirische Befunde. In: Berger, Peter A./Schmidt, Volker H. (Hg.): *Welche Gleichheit, welche Ungleichheit?* Wiesbaden: VS, Verl. für Sozialwiss., S. 137-164.

— 2005: Das umkämpfte Leistungsprinzip – Deutungskonflikte um die Legitimationen sozialer Ungleichheit. In: *WSI-Mitteilungen*, 58 (7), S. 368-374.

Nilson, Linda Burzotta 1981: Reconsidering Ideological Lines: Beliefs about Poverty in America. In: *The Sociological Quarterly*, 22 (4), S. 531-548.

Oliner, Samuel P./Oliner, Pearl M. 1988: *The Altruistic Personality: Rescuers of Jews in Nazi Europe.* New York, N.Y.: Free Press.

Oliver, Pamela 1989: Bringing the Crowd back in: The Nonorganizational Elements of Social Movements. In: *Research in Social Movements, Conflicts and Change*, 11, S. 1-30.

Oorschot, Wim van/Halman, Loek 2000: Blame or Fate, Individual or Social? In: *European Societies*, 2 (1), S. 1-28.

Opotow, Susan 1990: Moral Exclusion and Injustice: An Introduction. In: *Journal of Social Issues*, 46, S. 1-20.

Optem 2001a: *Perceptions of the European Union. A Qualitative Study of the Public's Attitudes to and Expectations of the European Union in the 15 Member States and in 9 Candidate Countries. General Report.* (http://ec.europa.eu/public_opinion/quali_en.htm Zugriff: März 2005)

— 2001b: *Perceptions of the European Union. A Qualitative Study of the Public's Attitudes to and Expectations of the European Union in the 15 Member States and in 9 Candidate Countries. Summary of results.* (http://ec.europa.eu/public_opinion/quali_en.htm Zugriff: März 2005)

Pellegrini, Robert J./Queirolo, Sergio S./Monarrez, Victor E./Valenzuela, Dona M. 1997: Political Identification and Perception of Homelessness: Attributed Causality and Attitudes on Public Policy. In: *Psychological Reports*, 80 (3), S. 1139-1148.

Philipps, Axel 2005: "Weg mit Hartz IV!" Die Montagsdemonstrationen in Leipzig zwischen 30. August und 4. Oktober 2004. In: *Berliner Debatte Initial*, 16 (5), S. 93-104.

Piven, Frances Fox/Cloward, Richard A. 1991: Collective Protest: A Critique of Resource Mobilization Theory. In: *International Journal of Politics, Culture and Society*, 4 (4), S. 435-58. Abdruck in: Lyman, Stanford M. 1995 (Hg.): *Social Movements: Critiques, Concepts, Case-Studies.* New York [u.a.]: New York University Press, S. 137-67.

Planalp, Sally/Fitness, Julie 1999: Thinking/Feeling about Social and Personal Relationships. In: *Journal of Social and Personal Relationships*, 16 (6), S. 731-750.

Poletta, Francesca/Amenta, Edwin 2001: Second that Emotion? Lessons from Once-Novel Concepts in Social Movement Research. In: Goodwin, Jeff/Jasper, James M./Polletta, Francesca (Hg.): *Passionate Politics: Emotions and Social Movements.* Chicago [u.a.] : Univ. of Chicago Press, S. 303-316.

Reykowski, Janusz 2002: The Justice Motive and Altruistic Helping: Rescuers of Jews in Nazi-Occupied Europe. In: Ross, Michael/Miller, Dale T. (Hg.): *The Justice Motive in Everyday Life.* Cambridge, UK [u.a.]: Cambridge Univ. Press, S. 251-270.

Rosenblum, Nancy L. 2002: Justice and the Experience of Injustice. In: Minow, Martha (Hg.): *Breaking the Cycles of Hatred: Memory, Law, and Repair.* Princeton, NJ [u.a.]: Princeton Univ. Press, S. 77-106.

Ross, Michael; Miller, Dale T. 2002 (Hg.) *The Justice Motive in Everyday Life: New Essays in Honor of Melvin J. Lerner.* Cambridge, UK [u.a.]: Cambridge Univ. Press.

Roth, Louise Marie 2006: Because I'm Worth It? Understanding Inequality in a Performance-Based Pay System. In: *Sociological Inquiry*, 76 (1), S. 116-139.

Runciman, W. G. 1966: *Relative Deprivation and Social Justice: A Study of Attitudes to Social Inequality in Twentieth-Century England.* London: Routledge & Kegan Paul.

Rupp, Leila J./Taylor, Verta A. 1999: Forging Feminist Identity in an International Movement: A Collective Identity Approach to Twentieth-Century Feminism. In: *Signs*, 24 (2), S. 363-386.

Scheff, Thomas J. 1994: *Bloody Revenge: Emotions, Nationalism, and War.* Boulder [u.a.]: Westview Press.

— 1997: *Emotions, the Social Bond, and Human Reality.* Cambridge [u.a.]: Cambridge Univ. Press.

— 2000: Shame and the social bond: A Sociological Theory. In: *Sociological Theory*, 18 (1), S. 84-99.

Schmidt, Burghart 2006: Menschenrechte und Menschenbilder von der Antike bis zur Gegenwart. In: Ders. (Hg.): *Menschenrechte und Menschenbilder von der Antike bis zur Gegenwart.* Hamburg: DOBU Verlag, S. 7-75.

Schmidt, Volker H. 2000a: Ungleichheit, Exklusion und Gerechtigkeit. In: *Soziale Welt*, 51 (4), S. 383-400.

— 2000b: *Bedingte Gerechtigkeit: soziologische Analysen und philosophische Theorien.* Frankfurt/New York: Campus

Scott, James C./Light, Matthew A. 2004: The Misuse of Numbers: Audits, Quantification, and the Obfuscation of Politics. In: Purdy, Jedediah (Hg.): *Democratic Vistas: Reflections on the Life of American Democracy*. New Haven, Conn. [u.a.]: Yale Univ. Press, S. 115-137.

Scott, Marvin B./Lyman, Stanford M. 1968: Accounts. In: *American Sociological Review*, 33 (1), S. 46-62.

Shamir, Ronen 2005a: Corporate Social Responsibility: A Case of Hegemony and Counter-hegemony. In: de Sousa Santos, Boaventura (Hg.): *Law and Globalization from Below: Towards a Cosmopolitan Legality.* Cambridge [u.a.]: Cambridge Univ. Press, S. 92-117.

— 2005b: Mind the Gap: The Commodification of Corporate Social Responsibility. In: *Symbolic Interaction*, 28 (2), S. 229-253.

Shklar, Judith N. 1992 [1990]: *Über Ungerechtigkeit: Erkundungen zu einem moralischen Gefühl.* Berlin: Rotbuch-Verl.

Silver, Beverly J. 2003: *Forces of Labor: Worker's Movement and Globalization since 1870.* Cambridge [u.a.]: Cambridge University Press.

Smith, Jackie G./Chatfield, Charles/Pagnucco, Ron 2001 [1997] (Hg.): *Transnational Social Movements and Global Politics: Solidarity Beyond the State.* Syracuse, NY: Syracuse Univ. Press.

Smith, Jackie G./Johnston, Hank 2002 (Hg.): *Globalization and Resistance: Transnational Dimensions of Social Movements.* Lanham [u.a.]: Rowman & Littlefield.

Smith-Lovin, Lynn 1995: The Sociology of Affect and Emotion. In: Cook, Karen S./Fine, Gary Alan/House, James S. (Hg.) *Sociological Perspectives on Social Psychology.* Boston [u.a.]: Allyn and Bacon, S. 118-148.

Snow, David A./Benford, Robert D. 1988: Ideology, Frame Resonance, and Participant Mobilization. In: *International Social Movement Research*, 1, S. 197-217.

— 1992: Master Frames and Cycles of Protest. In: Morris, Aldon D./McClurg Mueller, Carol (Hg.): *Frontiers in Social Movement Theory.* New Haven, Conn. [u.a.]: Yale University Press, S. 133-155.

Snow, David A./Rochford, E.B./Worden, Steven K./Benford, Robert D. 1986: Frame Alignment Processes, Micromobilization and Movement Participation. In: *American Sociological Review*, 51 (4), S. 464-481.

Solomon, Robert C. 1989: The Emotions of Justice. In: Social Justice Research, 3 (4), S. 345-374.

Staerklé, Christian/Clémence, Alain 2004: Why People are Committed to Human Rights and Still Tolerate Their Violation: A Contextual Analysis of the Principle–Application Gap. In: *Social Justice Research*, 17 (4), S. 389-406.

Staggenborg, Suzanne 1988: The Consequences of Professionalization and Formalization in the Pro-Choice Movement. In: *American Sociological Review*, 53 (4), S. 585-605.

Stone, Deborah A. 1989: Causal Stories and the Formation of Policy Agendas. In: *Political Science Quarterly*, 104 (2), S. 281-300.

Stouten, Jeroen/de Cremer, David/Dijk, Eric van 2007: Managing Equality in Social Dilemmas: Emotional and Retributive Implications. In: Social Justice Research, 20 (1), S. 53-67.

Tarrow, Sidney G. 1995: *Power in Movement: Social Movements, Collective Action, and Politics.* Cambridge [u.a.]: Cambridge Univ. Press.

Taylor, Verta A./Whittier, Nancy E. 1992: Collective Identities in Social Movement Communities: Lesbian Feminist Mobilization. In: Morris, Aldon D./McClurg-Mueller, Carol (Hg.): *Frontiers in Social Movement Theory.* New Haven, Conn. [u.a.]: Yale University Press, S. 104-129.

Tenbruck, Friedrich H. 1984: Die unbewältigten Sozialwissenschaften oder Die Abschaffung des *Menschen.* Graz [u.a.]: Verlag Styria.

Terpe, Sylvia 1999: *Die Schaffung sozialer Wirklichkeit durch emotionale Mechanismen.* Der Hallesche Graureiher 99-6. Halle (Saale): Institut für Soziologie. (http://www.soziologie.uni-halle.de/publikationen/pdf/9906.pdf)

— 2004: Die Welt der Berufe in der Wahrnehmung von Schüler/innen. In: Lutz, Burkart/Grünert, Holle/Steiner, Christine (Hg.): *Jugend – Ausbildung – Arbeit.* Bildung und Beschäftigung in Ostdeutschland, Bd. 2., Berlin: Berliner Debatte Wiss.-Verl., S. 53-92.

Tilly, Charles 1978: *From Mobilization to Revolution.* New York [u.a.]: McGraw-Hill Publ.

— 1998: *Durable Inequality.* Berkeley, Calif. [u.a.]: Univ. of California Press.

— 2004: *Social Movements, 1768 – 2004.* Boulder: Paradigm Publishers.

Tripp, Thomas M./Bies, Robert J./Aquino, Karl 2007: A Vigilante Model of Justice: Revenge, Reconciliation, Forgiveness, and Avoidance. In: *Social Justice Research*, 20 (1), S. 10-34.

Turner, Jonathan H./Stets, Jan E. 2005: *The Sociology of Emotions.* Cambridge [u.a.]: Cambridge Univ. Press.

Turner, Ralph H. 1969: The Theme of Contemporary Social Movements. In: *The British Journal of Sociology*, 20 (4), S. 390-405.

Turner, Ralph H./Killian, Louis M. 1987 [1957]: *Collective Behavior.* Englewood Cliffs, N.J.: Prentice-Hall.

van den Bos, Kees 2003: Interpersonal Relations and Group Processes – On the Subjective Quality of Social Justice: The Role of Affect as Information in the Psychology of Justice Judgments. In: *Journal of Personality and Social Psychology*, 85 (3), S. 482-97.

Weaver, Kent R. 1986: The Politics of Blame Avoidance. In: *Journal of Public Policy*, 6 (4), S. 371-398.

Weber, Max 1972 [1921]: *Wirtschaft und Gesellschaft.* Tübingen: J.C.B. Mohr.

— 1988 [1904]: Die "Objektivität" sozialwissenschaftlicher und sozialpolitischer Erkenntnis. In: Winckelmann, Johannes (Hg.): *Max Weber. Gesammelte Aufsätze zur Wissenschaftslehre.* Tübingen: Mohr, Uni-Taschenbücher, S. 146-214.

— 1988 [1920]: *Die protestantische Ethik und der Geist des Kapitalismus.* Gesammelte Aufsätze zur Religionssoziologie I. Tübingen: Mohr, Uni-Taschenbücher, S. 17-206.

Wegener, Bernd 1995: Auf dem Weg zur Interdisziplinarität in der sozialen Gerechtigkeitsforschung? Anmerkungen zu Scherer, Elster, Rawls und Walzer. In: *Berliner Journal für Soziologie*, 5 (2), S. 251-264.

Wegener, Bernd/Liebig, Stefan 1993: Eine Grid-Group-Analyse sozialer Gerechtigkeit. Die neuen und alten Bundesländer im Vergleich. In: *Kölner Zeitschrift für Soziologie und Sozialpsychologie*, 45 (4), S. 668-690.

Weiner, Bernard 2003: A Naïve Psychologist Examines Bad Luck and the Concept of Responsibility. In: *The monist*, 86 (2), S. 164-80.

— 2006: *Social Motivation, Justice, and the Moral Emotions: An Attributional Approach.* Mahwah, N.J: Lawrence Erlbaum Associates.

Wenzel, Michael 2000: Justice and Identity: The Significance of Inclusion for Perceptions of Entitlement and the Justice Motive. In: *Personality and social psychology bulletin*, 26 (2), S. 157-176.

— 2004: A Social Categorisation Approach to Distributive Justice. In: *European Review of Social Psychology*, 15 (7), S. 219-257.

Wuthnow, Robert 1987: *Meaning and Moral Order. Explorations in Cultural Analysis.* Berkeley [u.a.]: Univ. of California Press.

— 1998: *After Heaven. Spirituality in America since the 1950s.* Berkeley [u.a.]: Univ. of California Press.

Zajonc, Robert B. 1980: Feeling and Thinking: Preferences need no inferences. In: *American Psychologist*, 35, S. 151-175.

— 1984: On the Primacy of Affect. In: *American Psychologist*, 39 (2), S. 117-123.

— 2000: Feeling and Thinking: Closing the Debate Over the Independence of Affect. In: Forgas, Joseph P. (Hg.): *Feeling and thinking: the role of affect in social cognition.* Cambridge [u.a.]: Cambridge Univ. Press, S. 31-58.

Zald, Mayer N. 1991: The Continuing Vitality of Resource Mobilization Theory: Response to Herbert Kitschelt's Critique. In: Rucht, Dieter (Hg.): *Research on Social Movements. The State of the Art in Western Europe and the USA.* Frankfurt/New York: Campus, S. 348-354.

— 1999: Culture, Ideology and Strategic Framing. In: McAdam, Doug/McCarthy, John D./Zald, Mayer N. 1999 [1996] (Hg.): *Comparative Perspectives on Social Movements: Political Opportunities, Mobilizing Structures, and Cultural Framings.* Cambridge [u.a.]: Cambridge Univ. Press, S. 261-274.

Zavestoski, Stephen/Agnello, Kate/Mignano, Frank/Darroch, Francine 2004: Issue Framing and Citizen Apathy Toward Local Environmental Contamination. In: *Sociological Forum*, 19 (2), S. 255-283.

Zelizer, Viviana A. 1994: *The Social Meaning of Money.* New York, NY: Basic-Books.

Zerubavel, Eviatar 1991: *The Fine Line. Making Distinctions in Everyday Life.* Chicago [u.a.]: University of Chicago Press.

— 1997: *Social Mindscapes. An Invitation to Cognitive Sociology.* Cambridge: Harvard University Press.

Zimbardo, Philip G./Maslach, Christina/Haney, Craig 2000: Reflections on the Stanford Prison Experiment: Genesis, Transformations, Consequences. In: Blass, Thomas (Hg.): *Obedience to Authority. Current Perspectives on the Milgram Paradigm.* Mahwah, N.J.: Lawrence Erlbaum Associates, S. 193-237.

Zucker, G; Weiner, Bernard 1993: Conservatism and Perceptions of Poverty: An Attributional Analysis. In: *Journal of Applied Social psychology*, 23 (12), S. 925-943.

Internetquellen

http://www.arbeitsgemeinschaft-finanzen.de/weblog/20060801 (Zugriff: 05.04.2007)

http://www.dradio.de 19.10.2005 (Zugriff: 05.04.2007)

http://www.dradio.de 18.03.2006 (Zugriff: 05.04.2007)

http://www.dradio.de 19.08.2006 (Zugriff: 05.04.2007)

http://www.dradio.de/dlf/sendungen/politischeliteratur/693152 (Zugriff: 19.11.2007)

http://www.einbürgerung.de (Zugriff: 9.03.2007)

http://www.isjp.de (Zugriff: 24.07.2007)

http://www.verdi-im-klinikum-stuttgart.de "Krankenhaus info EXTRA" vom 28.06. 2006 (Zugriff: 05.04.2007)